BIBLIOTHÈQUE DES MERVEILLES

LE
FOND DE LA MER

PAR

L. SONREL

OUVRAGE ILLUSTRÉ DE 93 GRAVURES
PAR YAN' DARGENT, FÉRAT ET A. MESNEL

PARIS
LIBRAIRIE HACHETTE ET Cie
BOULEVARD SAINT-GERMAIN, 79

BIBLIOTHÈQUE
DES MERVEILLES

PUBLIÉE SOUS LA DIRECTION

DE M. ÉDOUARD CHARTON

LE FOND DE LA MER

24382. — PARIS, TYPOGRAPHIE A. LAHURE
Rue de Fleurus, 9

Ruines du temple d'Hercule à Gibraltar.

BIBLIOTHÈQUE DES MERVEILLES

LE FOND DE LA MER

PAR

L. SONREL

QUATRIÈME ÉDITION

REVUE, AUGMENTÉE

ET ILLUSTRÉE DE 93 VIGNETTES SUR BOIS

PAR

YAN' DARGENT, FÉRAT ET A. MESNEL

PARIS

LIBRAIRIE HACHETTE ET CIE

BOULEVARD SAINT-GERMAIN, 79

1880

Droits de propriété et de traduction réservés

PRÉFACE

DE LA TROISIÈME ÉDITION

L. SONREL

Le sympathique auteur des *Merveilles du Fond de la Mer* a été l'une des victimes de la terrible année. Il était du nombre de ceux que les malheurs de la patrie frappent au cœur; mais c'était aussi l'une de ces âmes bien trempées, qui ont confiance dans les efforts de la volonté. Dès les premiers moments du siège de Paris, Sonrel avait été appelé à faire servir son expérience des instruments d'optique à l'observation des positions et des mouvements de l'ennemi. Il se dévoua à cette mission, avec une ardeur admirable, jusqu'au moment où l'épidémie de la variole l'enleva à ses travaux, à sa famille, à ses espérances en décembre 1870. Il était à peine âgé de trente et un ans.

L. Sonrel, d'origine lorraine, était entré à l'École normale en 1859; il en sortit en 1862. Avant de s'élancer dans la grande voie de la science pure, il voulut acquérir un fonds sérieux d'instruction ; doué d'une extraordinaire facilité, d'une assiduité au travail vraiment exceptionnelle, il obtint successivement les diplômes des trois licences, ès sciences mathématiques, physiques et naturelles. Il fut reçu en outre agrégé ès sciences physiques et naturelles, et enfin docteur ès sciences naturelles.

L'étude de la géologie séduisit d'abord le jeune savant. A la fin de sa deuxième année à l'École normale, il avait été chargé d'étudier certaines parties des Alpes savoisiennes. Au commencement de 1864, il entra à l'Observatoire de Paris, où il fut associé aux grandes études météorologiques qui s'y développaient. A peu près à la même époque, il devint secrétaire, puis vice-président de la Société météorologique de France, en même temps qu'il fut attaché à l'Observatoire de Montsouris.

En météorologie, la théorie des bourrasques le préoccupa particulièrement. Cette théorie ne tarda pas à devenir la base et le but de ses recherches sur les aurores boréales. Il s'appliqua en même temps à des observations sur les taches solaires.

« Malgré la diversité des sujets, Sonrel, dit un de ses biographes, regardait comme intimement liées ses recherches de météorologie et celles d'astronomie physique. L'étude attentive des mouvements de l'atmosphère solaire l'aurait conduit à quelques grands résultats sur les mouvements de notre atmosphère terrestre. Sonrel avait le idées larges, et au lieu de disséminer ses forces il le concentra tout entières sur les grands problèmes de l météorologic *dynamique*. Dans les études d'astronomi physique qui ont tant occupé ses deux dernières année le point de vue seul était changé. Au fond, c'était toujours la théorie des bourrasques que le jeune savant poursuivait dans l'observation de cette agitation colossale, de ces bouleversements incessants, qui remuent les masses de feu, les éléments dissociés du centre de notre système planétaire [1]. »

Travailleur infatigable, Sonrel consacrait une partie de ses nuits à l'étude, et menait de front des labeurs multiples. Doué d'une remarquable intelligence, d'une puissante conception des phénomènes naturels, d'une mémoire prodigieuse, d'un profond savoir, il était certainement destiné à attacher son nom à de grandes œuvres. Il possédait toutes les qualités de la jeunesse, l'activité, le courage, l'entrain. Comme toutes les natures d'élite, et tout modeste qu'il était, il avait conscience de sa valeur; aussi se plaisait-il à parler de ses projets, des travaux qu'il méditait, du but qu'il voulait atteindre. Il aimait à fixer ses regards sur l'avenir, comme le voyageur vers le rivage de la patrie. L'horizon de sa vie lui apparaissait riant et paisible; mais l'infortuné comptait sans les misères de l'invasion et les coups imprévus de la mort.

Le directeur de la *Bibliothèque des Merveilles* a bien voulu nous confier le soin de revoir la nouvelle édition de l'ouvrage que le lecteur a sous les yeux. Nous n'avons accepté cette mission qu'en souvenir de notre amitié pour l'auteur. Nous avons respecté l'œuvre telle qu'elle a été

---

[1] Lemoine, *Notice nécrologique sur Sonrel.* Société météorologique de France, séance du 20 décembre 1876.

conçue ; il nous a paru seulement indispensable de tenir l'ouvrage au courant de la science, qui avance sans cesse. C'est ainsi que nous avons fait connaître les récentes explorations sous-marines, celle du *Challenger* principalement.

Dans un chapitre additionnel, nous avons aussi indiqué et décrit quelques appareils nouveaux, sondes, thermomètre sous-marin, et autres.

Gaston Tissandier.

Juillet 1874.

INTRODUCTION

Qu'y a-t-il de plus mystérieux que le fond de la mer? C'est à peine si toutes les ressources de la science moderne ont permis d'en sonder quelques parties.

Le sujet est vaste, intéressant, mais hérissé de difficultés sans nombre.

L'homme a pu sillonner la surface des océans, voler sur l'aile des vents et les vaincre en leur opposant la vapeur. Il a pu transmettre instantanément sa volonté d'un bout à l'autre du globe, ou s'appuyer sur de légers gaz pour visiter l'empire des oiseaux. Il a pu multiplier à l'infini les traces de sa pensée; lire dans le ciel les lois qui régissent l'univers; asservir la lumière, cet élément insaisissable : il n'a pu connaître en son entier la surface de la terre. Nous n'avons acquis, au prix de grands sacrifices, qu'une idée imparfaite des continents et des mers qui les entourent. Le centre de l'Afrique et de l'Asie, l'Australie, les régions polaires ont été visités seulement par quelques hardis explorateurs, et l'on peut enregistrer plus d'une victime parmi ces courageux pionniers de la science et de la civilisation.

Le fond des mers recèle d'immenses richesses. Tous les ans, de nombreux naufrages ajoutent de nouveaux trésors à ceux qu'il nous a déjà dérobés. Combien de galiotes chargées d'or, de caravelles apportant aux rois d'Espagne et de Portugal, à Venise la magnifique, à la commerçante Albion, les produits des régions les plus lointaines, ont sombré avant d'avoir accompli leur dangereuse mission !

Quelques épaves rejetées sur la plage nous avertissent parfois que l'Océan vient d'exiger un nouveau tribut.

Que de richesses ne nous rend-il pas en échange ! Les nuées de poissons qui le sillonnent en tous sens, le sel extrait de ses eaux, les algues qu'il rejette lui-même sur ses rives, la perle, la nacre, l'ambre, la pourpre des anciens, ne sont-ils pas de brillantes compensations ?

Mais ce n'est pas le seul avantage que nous présente l'Océan. La conquête de la mer a, de tout temps, excité chez les peuples une noble émulation. C'est toujours sur ses bords et par elle que les idées de progrès et de civilisation ont pu se propager sur

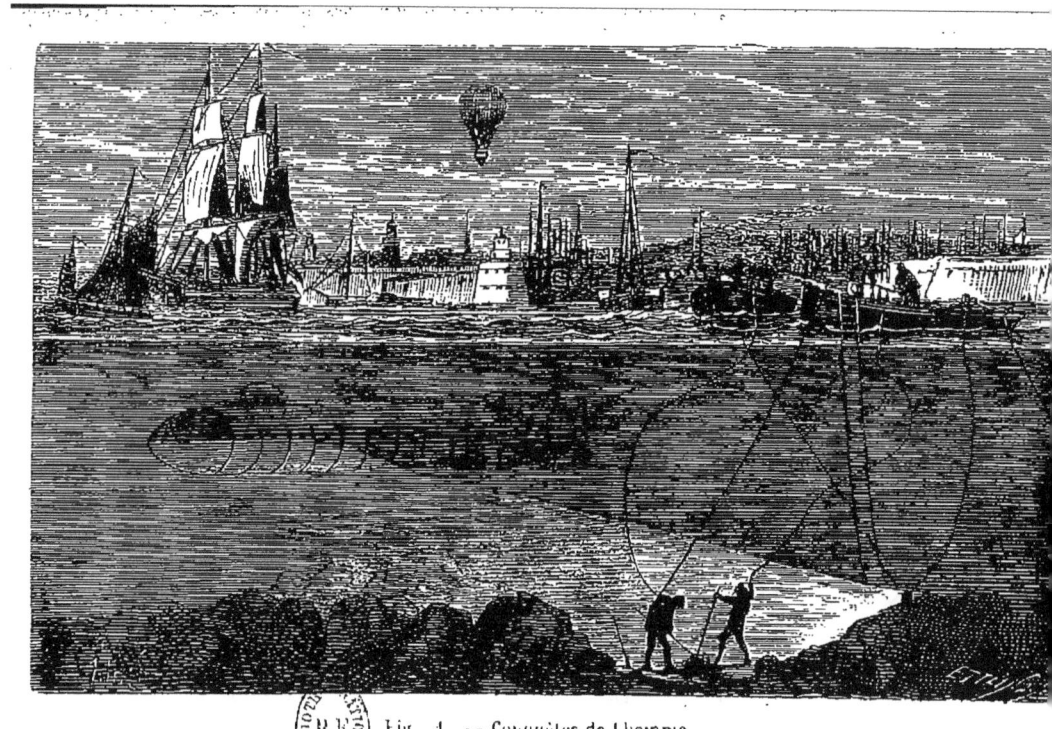

Fig. 1. — Conquêtes de l'homme.

toute la terre. La vue des eaux sans bornes élève notre âme, et les difficultés de la navigation aiguisent notre intelligence.

« Ce n'est pas seulement comme un fond de ressources inépuisables pour nos besoins matériels, a dit Jonathan Franklin ; c'est aussi comme éducateur du sentiment moral, que nous devons honorer l'Océan. Combien l'intelligence humaine a-t-elle gagné à exploiter la mer ! combien de facultés l'homme a-t-il déployées en luttant avec elle ! combien d'habileté, de force, le puissant et hasardeux abîme des eaux a-t-il exigée de notre race, et cela sous peine de mort ! combien de lumières, d'expériences et de sagesse il nous a fallu acquérir, avant que nous pussions blanchir sa surface de nos voiles déployées, la couper dans toutes les directions avec la quille de nos vaisseaux, explorer les côtes dentelées de criques et de promontoires, franchir les gouffres sans fond, changer l'Atlantique en un chemin de fer ! En vérité, il y a quelque chose de plus beau que la mer elle-même, et cette chose est encore son ouvrage : c'est le génie qu'elle a développé chez ceux qui ont tenté ses vagues, jusqu'au jour où ils ont été à même de poser leur main sur sa crinière, de calculer, comme un problème d'algèbre, le cercle annuel de ses tempêtes, soumises, elles aussi, à un mouvement de rotation, à un ordre, comme les comètes et les astres. »

Si la navigation est périlleuse, que dira-t-on des travaux sous-marins, des pêches, où l'homme descend lui-même dans l'Océan pour lui disputer ses trésors gardés par des monstres plus terribles que ceux de la Fable?

Ce n'est plus à ciel ouvert, dans un milieu respirable et adapté à notre constitution ; c'est au sein des eaux que se poursuivent les recherches. Et si, appelant la science à notre aide, nous emportons dans cet élément inhospitalier la provision d'air nécessaire à notre respiration, la lumière sans laquelle nos yeux ne sont qu'un ornement superflu, nos explorations sont limitées encore par la difficulté de descendre à une grande profondeur. Pénétrons-nous dans l'air trop raréfié des hautes régions de l'atmosphère, notre sang déborde et sort par tous nos pores, devenus impuissants à le retenir. Descendons-nous à plusieurs dizaines de mètres au-dessous de la surface des mers, le milieu qui nous entoure est bientôt trop comprimé pour nous, et la vie y devient impossible. Dans le vide des espaces planétaires, nous éclatons ; nous serions écrasés sous les énormes pressions du fond des mers.

Malgré toutes ces difficultés, nous avons reconnu les principales inégalités des terres submergées, nous savons que des myriades de petits êtres y travaillent sans relâche à l'édification de nouveaux continents.

Nous avons étudié les mouvements continuels de l'écorce terrestre. Les lois en sont encore inconnues ; ils s'accomplissent en général avec une extrême lenteur, et le déplacement des eaux à la surface du globe est le moyen le plus sûr de les bien constater. Des contrées jadis florissantes sont aujourd'hui submergées ; forêts, prairies, villes, tout a disparu. D'autre part, nous voyons presque partout des traces du séjour de l'Océan. Les montagnes les plus élevées ont retenu sur leurs flancs, sur leur sommet, les débris pétrifiés de poissons et de coquillages marins. Leur présence atteste parfois de grandes révolutions, mais, le plus souvent, des changements survenus avec une extrême lenteur. Les siècles deviennent des minutes, et notre esprit se perd en impuissantes conjectures sur la durée de ces transformations.

Nous n'avons pas la vaine prétention d'épuiser, dans le cours de cet ouvrage, toutes les merveilles du fond de la mer. Une rapide excursion sur les terres submergées ressemble beaucoup à une course d'un instant à travers un vaste musée ou une exposition universelle de tout le globe. Si l'on veut embrasser l'ensemble du tableau, les détails, vus de trop loin, passent inaperçus. Veut-on fouiller dans les recoins les plus obscurs, on est forcé de s'éloigner après avoir soulevé seulement un coin du voile qui cache trop de merveilles.

Nous avons cherché à donner un rapide aperçu. Les détails sont épars dans les divers ouvrages de zoologie et de botanique de notre collection. La *Bibliothèque des Merveilles* offre l'ensemble des connaissances humaines. Quelques-unes de ses parties semblent, au premier abord, empiéter l'une sur l'autre; toutes ont forcément des points communs, comme les anneaux d'une longue chaîne. Plusieurs ne sont qu'un tableau réunissant les éléments décrits ailleurs. Devons-nous condamner ces dernières comme inutiles et faisant double emploi ? Non certainement. Là surtout notre intérêt sera vivement soutenu, si l'auteur s'efforce de nous montrer les rapports de phénomènes qu'aucun lien ne semble rattacher à une même cause, et de faire jaillir quelque idée nouvelle d'un rapprochement inattendu.

L. Sonrel.

LE
FOND DE LA MER

LE FOND ACTUEL DE LA MER

OROGRAPHIE SOUS-MARINE

Sondes. — Sonde de Brooke.

Lorsqu'un navire s'éloigne des côtes, il ne tarde pas à se trouver isolé entre la mer vaste, sans rives, et le ciel qui s'appuie de tous côtés sur la plaine monotone des eaux. Il marche, les nuages marchent au-dessus de lui, l'eau se meut au-dessous en courants très-irréguliers. Dans cette agitation universelle, comment le marin saura-t-il reconnaître la route qu'il a suivie et la position qu'il occupe sur l'immense étendue des océans ? L'astronomie vient à son secours, elle lui fournit des procédés assez simples et très-précis pour déterminer à chaque instant le chemin qu'il a fait, la distance qui le sépare du port; elle le guide à travers les dangers sans nombre, les écueils et les récifs contre lesquels il se jetterait en aveugle si la science n'éclairait ses pas incertains.

Il arrive souvent que l'observation des corps célestes fait défaut au navigateur, lorsqu'elle pourrait lui rendre les plus grands services. Rappelons seulement les nombreux sinistres causés, en plein calme, par des atterrissages involontaires sur des côtes masquées par un épais rideau de brumes. Dans ce cas et dans d'autres analogues le marin doit abandonner ses lunettes et recourir à de nouveaux instruments.

Le plus universellement employé est la sonde. Veut-on savoir si l'on approche d'une terre ou d'un banc de sable, on jette la sonde à la mer. Dans quelques parages où les écueils abondent, la sonde est l'auxiliaire indispensable de la navigation. Elle indique la profondeur et la nature du fond. Est-ce de la vase, du sable, du gravier ou du rocher? pourra-t-on jeter l'ancre avec avantage, ou devra-t-on chercher un lieu plus propice ? La sonde se charge de l'apprendre.

Dans sa plus grande simplicité, elle consiste en un cylindre de plomb, dont une base est soutenue par une corde ou *ligne*. L'autre face, enduite de graisse, est destinée à rapporter quelque échantillon du sol sous-marin.

On laisse tomber la sonde jusqu'à ce qu'elle s'arrête brusquement. La longueur de ligne filée indique la profondeur, le plomb rapporte un échantillon du fond.

On voit, au premier abord, à combien de causes d'erreurs est soumis cet appareil, et combien ses indications doivent être le plus souvent révoquées en doute.

Si la mer est immobile et peu profonde, elles seront suffisantes, à condition que la graisse puisse maintenir assez fortement collés au cylindre les graviers ou la vase qu'elle aura recueillis. Mais combien de fois le plomb ne revient-il pas nu ? La mer, d'un autre côté, n'est-elle pas sans cesse agitée, n'y observe-t-on pas des courants continuels? Que nous dira la sonde quand plusieurs kilomètres de la ligne auront filé sans que le plomb paraisse arrêté dans sa descente ?

On a cherché à perfectionner la sonde de manière à

rapporter sûrement des échantillons des terres sous-marines, à diminuer l'influence des courants, et à faire disparaître l'erreur due à ce qu'une grande longueur de ligne pèse assez pour masquer le choc du plomb contre le sol.

Un des plus ingénieux appareils a été imaginé par Brooke, officier de la marine des États-Unis. Il se compose d'une ligne et d'un cylindre fixé à son extrémité. Pour que la diminution de la vitesse avec laquelle la ligne file soit nettement perceptible à l'instant où le cylindre rencontre le fond, on charge ce dernier d'un poids très-lourd, un boulet pesant 29 kilogrammes. Mais, lorsque la profondeur est grande, le poids de la ligne s'ajoutant à celui du boulet pourrait la rompre dans un grand nombre de cas, si une disposition particulière ne permettait au cylindre de remonter seul.

Le boulet est percé de part en part d'un trou dans lequel on engage le cylindre. Ce dernier porte à sa partie supérieure deux pièces mobiles autour d'une charnière commune. Chacune d'elles est suspendue à la ligne, qui se bifurque à son extrémité. Des crochets pratiqués dans ces pièces servent à retenir deux cordes soutenant le boulet.

Tant que la sonde descend, les pièces mobiles sont relevées par la traction de la ligne. Le boulet est soutenu. Dès que la sonde touche le fond, le cylindre cesse de peser sur la ligne; le boulet pèse toujours, incline les deux pièces mobiles, entraîne avec lui les cordes détachées du cylindre, et devient libre (fig. 2). L'observateur retire la ligne, le boulet reste au fond.

Pour rapporter des échantillons du sol, on a pratiqué dans le cylindre une cavité profonde garnie intérieurement de suif. Dans d'autres appareils, une soupape s'ouvrant de bas en haut ferme l'orifice de la cavité, de manière à permettre l'entrée des sables, de la vase, et à les empêcher de retomber lorsqu'on relève la sonde.

Dans ces dernières années, grâce aux magnifiques travaux des explorateurs anglais, la science des sondages s'est accrue d'un grand nombre de nouveaux engins aussi ingénieux qu'efficaces ; dans les expéditions du navire le *Porcupine*, dans celles qui s'accomplissent avec le *Chal-*

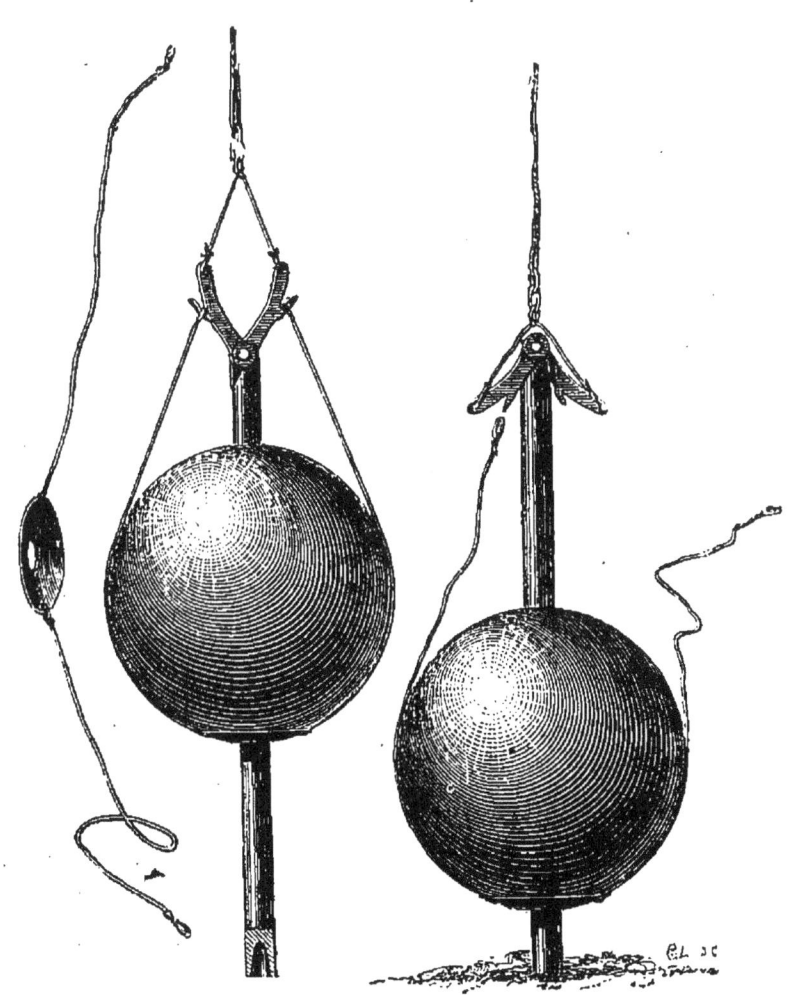

Fig. 2. — Sonde de Brooke.

lenger, M. Wyville Thomson, qui a attaché son nom à l'investigation sous-marine, à très-fréquemment employé une drague particulière, à laquelle on doit la prise de magnifiques échantillons. C'est un sac dont l'ouverture métallique, terminée en bizeaux, reste toujours ouverte ; attaché à une longue corde, il traîne au fond de l'Océan, remorqué par le navire, il se remplit ainsi, dans le voyage qu'il exécute, des débris et des êtres vivants qui se rencontrent sur son passage dans les profondeurs de la mer.

Appareil de M. de Tessan pour la mesure des profondeurs.

M. de Tessan, ingénieur hydrographe de la marine, a indiqué un procédé fort original pour connaître la profondeur. Le principe de sa méthode est le suivant : on laisse

Fig. 5. — Mesure de la profondeur au moyen d'une bombe.

tomber à la mer une bombe qui fait explosion en touchant le fond. Le bruit qui en résulte est entendu par le marin, qui note avec soin le temps écoulé depuis que la bombe a commencé de tomber, et conclut aisément de cette observation la distance verticale parcourue, c'est-à-dire la profondeur de la mer.

On peut trouver étonnant que le bruit de l'explosion se fasse entendre quand la profondeur est de plusieurs milliers de mètres. Or on sait que l'eau transmet très-bien le son, et l'observation faite par Colladon sur le lac de Genève est encore plus probante. Ce physicien fit frapper une cloche sous l'eau : le son fut entendu, dans une première expérience, à la distance de quatre lieues. Dans une seconde expérience, on l'entendit à la distance énorme de neuf lieues.

Construction des cartes et des coupes du sol sous-marin. — État peu avancé de la question. — Initiative de Maury.

Si, partant du rivage, le marin consulte la sonde pendant tout son voyage, en la retirant ou la laissant filer jusqu'à ce qu'elle touche exactement le fond de la mer, il lui arrivera, dans de grandes proportions, ce qui arriverait au batelier traversant une rivière. La sonde s'enfoncera d'abord jusqu'à une certaine profondeur, elle remontera, s'enfoncera de nouveau, redescendra pour remonter encore, et ainsi de suite jusqu'à ce qu'une île ou un continent la ramène à la surface.

A-t-il noté sans cesse la position qu'il occupait et la longueur de la ligne filée, le marin peut réunir ses observations sur une feuille de papier, de manière à faire comprendre au premier coup d'œil comment a varié la profondeur de la mer sur tout le trajet qu'il a parcouru.

La figure 4, où nous donnons la coupe verticale de l'océan Atlantique du Yucatan au Sénégal, serait le résultat d'un semblable voyage. Le niveau de la mer y est représenté par une ligne droite horizontale. La courbe irrégulière qui la coupe en plusieurs points suit les ondulations du sol. Quand elle est au-dessus de la ligne horizontale, le sol domine les eaux ; il est sous-marin tant que la ligne courbe reste au-dessous de l'horizontale.

Ainsi, en partant des côtes mexicaines, la sonde descendrait d'abord jusqu'à 600 mètres environ pour regagner la surface sur les côtes du Yucatan. Le marin doublerait cette presqu'île et trouverait ensuite une descente rapide du fond, jusqu'à 1,000 mètres environ. Du Yucatan à Cuba cette vallée ne serait interrompue que par une chaîne de collines sous-marines fort peu importante. En contournant Cuba, on se trouverait, entre cette île et Haïti, au-dessus d'un étroit et profond ravin ; on planerait ensuite sur de semblables précipices de 2,000 mètres entre Haïti,

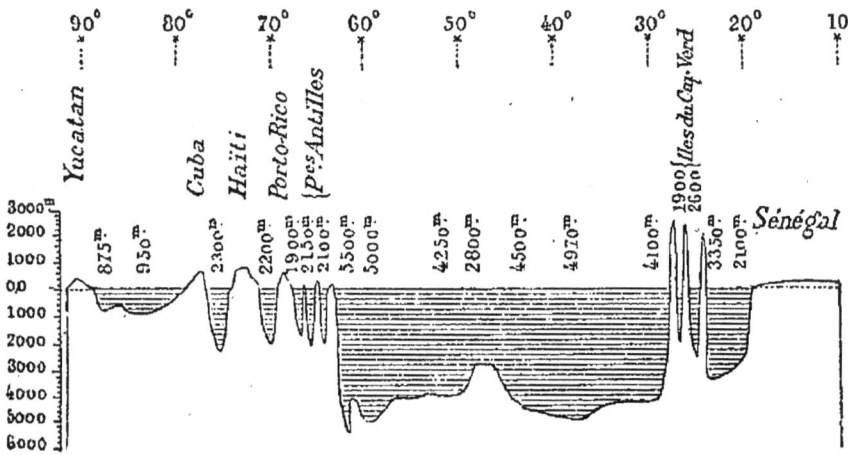

Fig. 4. — Coupe verticale de l'Atlantique du Yucatan au Sénégal.

Porto Rico et les îles Sous-le-Vent. Au delà des Petites-Antilles, rien ne gêne plus la marche du navire jusqu'aux îles du cap Vert. La sonde tombe d'abord très-vite à 5,500 mètres environ pour remonter subitement à 4,200 mètres, redescendre aussi promptement à 5,000 mètres, osciller entre 5,000 et 3,000 et passer brusquement, près des îles du Cap-Vert, de 4,500 mètres jusqu'au niveau de la mer. Les îles, très-étroites, s'élèvent jusqu'à 3,000 mètres au-dessus de la surface des eaux. De profondes tranchées les séparent les unes des autres, et un canal aux rives très-escarpées amène le navigateur jusqu'aux côtes africaines.

On a vu plus haut les difficultés que présente l'usage de la sonde. Ce que nous avons dit relativement à cet imparfait instrument montre assez qu'il serait impossible d'obtenir avec lui des indications continues. Il faut laisser tomber la corde chaque fois que l'on veut mesurer une profondeur, et l'arrêter lorsque le plomb est au fond. On ne peut donc avoir qu'une suite de points ; seulement, en répétant souvent l'opération l'on diminuera autant que possible les intervalles entre les points obtenus, et l'on obtiendra une représentation assez exacte du fond de la mer.

Quand on fait le nivellement d'une contrée, c'est-à-dire quand on veut connaître exactement sa forme, on peut, en général, se promener librement sur le terrain que l'on étudie. Les opérations géodésiques donnent avec la plus grande exactitude les positions et les hauteurs d'un aussi grand nombre de points que l'on désire. Supposons que les conditions de notre existence nous maintiennent constamment à 5,000 mètres au-dessus de la surface libre des mers, les opérations acquerraient le même degré de difficulté que nous présente l'étude du sol sous-marin. Quelques sommets de très-hautes montagnes pénétreraient seuls dans notre atmosphère. Nous pourrions les explorer directement, tandis que des sondes nous seraient indispensables pour nous faire une idée des régions moins élevées.

C'est ce qui nous arrive lorsque nous voulons faire pénétrer nos regards sous les eaux. La surface des océans présente une régularité qui l'a fait prendre comme point de départ commun pour mesurer la hauteur relative des différents points de la surface terrestre. S'il y avait assez d'eau pour engloutir tous les continents, notre globe serait terminé par une surface uniforme représentant à très-peu près une sphère. Bien qu'il n'en soit pas ainsi, les grands océans et toutes les mers communiquant avec eux ont le même niveau.

L'air presse l'océan, la pression qu'il exerce est sensiblement constante en tous les points de cette surface ; elle diminue, quand on s'élève dans l'atmosphère, du poids de toute la couche d'air traversée. Les instruments qui donnent cette indication servent à mesurer l'altitude d'un lieu. C'est même le seul moyen que l'on ait à sa disposition dans un grand nombre de cas. Un procédé analogue serait employé avec avantage pour déterminer les profondeurs de la mer. A mesure qu'on s'enfonce dans l'eau, les couches que l'on a traversées ajoutent leur pression à celle de l'air, et, l'eau étant à peu près 1,300 fois plus lourde que l'air, ce qui est possible pour l'air, le serait *a fortiori* pour l'eau. Un appareil capable d'indiquer, lorsqu'on l'aurait retiré de l'eau, la plus forte pression qu'il aurait subie pendant son immersion, contrôlerait les résultats donnés par la sonde ordinaire [1].

Si nous ajoutons à l'imperfection des procédés la grande difficulté que présente leur application, nous saurons pourquoi le sujet que nous abordons est encore peu avancé. Des sondages faits par de grandes profondeurs exigent dans un navire un matériel considérable, réservé uniquement à cet usage. Une seule opération dure une journée entière, elle nécessite un temps calme et elle occupe un grand nombre de personnes. Les navires de commerce ne peuvent donc pas, en général, effectuer de grandes sondes : il leur faudrait des câbles de 8,000 mètres au moins de longueur : souvent leur équipage serait insuffisant pour les manœuvrer, ils perdraient énormément à s'arrêter pendant des journées entières, et, si les câbles se cassaient, la dépense serait trop grande pour qu'ils pussent les remplacer.

Des expériences de ce genre ne peuvent être entreprises que par l'initiative des gouvernements, ou par des Compagnies que de puissants intérêts poussent à ce genre d'explorations. La pose des câbles télégraphiques sous-marins

---

[1] La discordance des nombres donnerait d'utiles renseignements sur la direction des courants sous-marins.

a nécessité, depuis quelques années, de nombreux sondages. Chaque jour une sonde s'ajoute aux autres, et nul doute que la multiplication des réseaux télégraphiques sous-océaniens n'accélère le moment où nous aurons une idée assez exacte de la forme de notre terre et des moindres accidents de sa surface.

A l'époque où la figure de la terre était inconnue, la profondeur de la mer était l'objet des suppositions les plus exagérées. On trouve à chaque pas dans les écrits des géographes les expressions de *mer sans fond* et *sans bornes* pour désigner l'océan Atlantique.

Les idées modernes sur notre planète et sur sa constitution devaient nécessairement amener la chute de ces croyances absurdes. Mais, si la masse d'eau qui recouvre environ les trois quarts de l'écorce solide de la terre est limitée, quelle est la profondeur des bassins qui la renferment? L'écorce terrestre est plissée irrégulièrement; là elle est soulevée, ici elle s'est affaissée; l'eau s'est retirée dans les endroits les plus bas. La mesure de la plus grande profondeur des mers, jointe à l'altitude des pics les plus élevés, devait donc être considérée comme très-utile, en nous apprenant la grandeur des inégalités produites sur l'écorce terrestre par les forces intérieures du globe.

Les voisinages des côtes, les passages très-fréquentés et peu profonds étaient connus; la question était cependant peu avancée quand Maury fit un appel aux marins de toutes les nations. Comme il leur avait demandé leur concours pour noter les courants marins, pour observer les vents et les autres phénomènes météorologiques, il leur demanda de faire une sonde environ à chaque centaine de lieues de leur voyage. Son appel fut entendu.

Au bout de peu d'années, l'Atlantique nord, sillonné par tant de navires appartenant à toutes les nations, avait été sondé en un assez grand nombre de points pour que Maury pût, en réunissant sur une même carte les nombres obtenus, tracce, pour le fond de cet océan, des *cour-*

bes *de niveau*, analogues à celles que les géographes dessinent sur la carte d'une contrée dont ils veulent indiquer le relief; mais, tandis que les *courbes de niveau* des géographes correspondent à des hauteurs au-dessus de la surface libre des océans, celles de Maury sont des lignes passant par tous les points situés à la même hauteur au-dessous du niveau de la mer. Ces lignes ont été tracées pour des profondeurs variant de 1,800 en 1,800 mètres. Elles donnent donc une idée encore très-imparfaite du relief du sol.

La Méditerranée, la mer Noire, la Baltique, la mer du Nord, les parages de la France et des îles Britanniques sont beaucoup mieux connus. Ces mers sont bien moins profondes que l'Océan, et les marines européennes avaient un intérêt trop immédiat à leur étude pour la négliger.

Mais, dans les immenses espaces que laissent dans l'hémisphère sud les continents et les îles de l'Océanie, rarement on a jeté la sonde. On a peu étudié ces vastes et profonds bassins qui séparent l'Asie et l'Afrique de la Nouvelle-Hollande et de l'Amérique; le navigateur y laisse le vent pousser son navire sans que la crainte de toucher un écueil lui fasse désirer de connaître l'épaisseur de la nappe d'eau qui le supporte. Quelques indications recueillies dans des voyages scientifiques de circumnavigation, pendant un relevé de côtes exécuté par des navires de l'État, sont les seules données que l'on puisse utiliser.

La portion méridionale de l'océan Atlantique est également très-pauvre en documents.

On n'a pu tracer encore, pour toutes ces mers, les courbes de niveau qui donnent une idée des bassins des mers européennes.

La plus grande partie du monde submergé est donc encore très-mal connue. Si l'on ajoute à cela que les plus vastes surfaces continentales sont désertes ou sauvages, et qu'elles ont été parcourues seulement par quelques hardis voyageurs, on comprendra combien il reste encore de lacunes dans l'étude de la terre et quelle ample moisson de découvertes pourront faire les consciencieux observateurs de la nature.

Malgré leur insuffisance, les résultats acquis aujourd'hui à la science montrent que la profondeur de la mer n'excède pas 9 kilomètres, qu'elle ne dépasse pas celle des plus hautes montagnes.

Analogie entre le relief des continents et celui du fond de la mer.
Coupe équatoriale de la terre.

On trouve cette grande profondeur dans tous les océans; souvent même des sondes indiquent une épaisseur d'eau de 9,300 mètres ou plus, mais la discussion de ces nombres, de circonstances dans lesquelles ils sont obtenus, montre qu'il ne faut pas y attacher une entière confiance et que, s'ils sont erronés, ils sont trop forts. C'est dans ce cas surtout qu'il conviendrait d'employer l'appareil à pression dont nous avons indiqué le principe.

Le sol sous-marin est la suite immédiate du sol sous-aérien. Le géomètre y trouve les mêmes accidents géographiques: des plaines, des vallées, des ravins, des collines, des escarpements, des déserts de sables, d'immenses étendues de vase molle, des pierres roulées, des rochers menaçants, des sources, des volcans.

La scène est bien différente pour le physicien. A une faible distance de la surface, la lumière ne parvient qu'avec peine; aux plantes terrestres se substituent les algues, flottant comme de longs rubans aux vives couleurs, ou se dressant légèrement et finement découpées comme les arbres de nos montagnes. Des animaux aux formes lourdes et arrondies se meuvent dans un élément grossier si on le compare à notre atmosphère; les sources d'eau douce, au lieu de couler sur le sol, s'élèvent comme font dans l'air des colonnes de vapeur ou de fumée. Les volcans eux-mêmes ne vomissent pas de la même manière les produits de leurs éruptions.

Cependant le fond du bassin est, pour le géomètre, en tout point semblable à ses bords.

Faisons un instant abstraction de l'eau pour mieux voir l'ensemble de l'écorce terrestre, ses plissements qui se croisent dans tous les sens, ses inégalités, qui nous semblent si considérables, et qui sont si peu de chose lorsqu'on les compare à la grandeur de notre planète.

Supposons la terre réduite à l'état où paraît se trouver la lune, c'est-à-dire sans atmosphère et sans eau. Nous verrions des rugosités dont l'épaisseur totale atteindrait de 16 à 17 kilomètres. La plus grande correspondrait à l'ancien continent; son point culminant serait la chaîne de l'Himalaya. Tout autour, un sillon la séparerait de la gibbosité formée par les deux Amériques, de la proéminence dont les sommets sont l'Australie et les îles voisines, et du grand continent austral presque entièrement enseveli sous les glaces.

Les points culminants et les points les plus bas des bassins sont souvent peu éloignés les uns des autres. Le sommet de l'Himalaya est voisin du fond du bassin indien, les Montagnes-Rocheuses, du fond de l'océan Pacifique septentrional, les monts Alleghanys, du point le plus bas de l'océan Atlantique nord, le massif du mont Blanc, du fond du bassin méditerranéen occidental. Cette remarque est générale; on peut y ajouter que si, d'un côté, le sommet de la gibbosité touche presque le sommet de la dépression, du côté opposé il en est assez éloigné, comme si tous les plissements auxquels est dû le relief actuel de l'écorce terrestre étaient dissymétriques et avaient produit d'un côté une pente douce, de l'autre un escarpement.

Nous voyons, dans la partie aérienne de la terre, de vastes plateaux à des altitudes souvent considérables. Les plateaux sous-marins sont tout aussi fréquents. Ils séparent deux bassins dont les bords voisins ne se sont pas assez élevés pour sortir des eaux. C'est ainsi que, dans l'océan Atlantique septentrional, un vaste plateau s'étend de l'Islande aux Açores et aux Antilles; les Açores correspondent à quelques pics volcaniques se dressant sur cette chaîne de montagnes sous-marines.

Un autre plateau s'étend au nord, à l'est et un peu au sud de Terre-Neuve. A la latitude de New-York, ce plateau se termine brusquement par une falaise abrupte devant laquelle coule le célèbre Gulf-Stream ; près de là nous trouvons le centre d'un bassin ; la différence de niveau est, pour une distance de quelques lieues, de 8,000 mètres.

D'autres fois le plateau porte des pics nombreux dont les sommets pénètrent dans l'atmosphère. Les îles des archipels océaniens sont les points culminants de chaînes implantées sur un plateau submergé. Si l'Amérique était recouverte d'eau jusqu'à la hauteur de 2,000 mètres, on verrait à sa place des archipels correspondant à ses Montagnes-Rocheuses, à ses Andes, aux montagnes brésiliennes, à quelques pics des Antilles et des Alleghanys. La sonde indiquerait sous les eaux de grandes vallées séparées par des collines, des plateaux ou des montagnes aux pentes assez douces en général, mais abruptes près du rivage, surtout sur le versant occidental qui regarde le grand Océan.

Le fond de la mer ne peut être complètement assimilé, comme on le fait souvent, au lit d'une rivière. Ce dernier

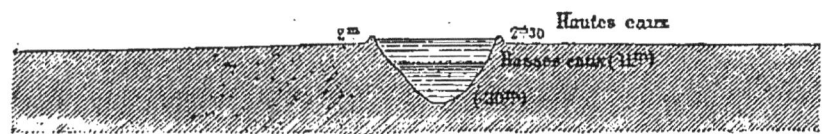

Fig. 5. — Coupe du Mississipi à Plaquemines.

(fig. 5) a la forme d'une gouttière. Un lac d'une faible étendue ne nous donne pas davantage la forme du sol sous-marin. Le bassin du lac est une cavité quelquefois très-profonde. En joignant deux rives opposées par une ligne droite, cette dernière sera complétement au-dessus du fond du lac ; elle se confondra sensiblement avec sa surface. Il n'en est plus de même si nous considérons une mer d'une certaine étendue. La terre est ronde, la surface libre des océans est à peu près sphérique, et c'est à partir de cette surface que doit être comptée la profondeur,

Unissons, par exemple, Paris à Terre-Neuve (fig. 6) par un tunnel rectiligne. Ce tunnel ne rencontrera pas l'Océan ; il passera bien au-dessous. Son ouverture à Paris ne sera ni verticale ni horizontale ; il s'enfoncera sous la Manche, sous l'Océan, dont il s'éloignera d'abord malgré l'augmentation de profondeur de ce dernier, s'en rapprochera vers Terre-Neuve et regagnera la surface de la terre à Terre-Neuve, obliquement, comme il l'avait quittée à Pa-

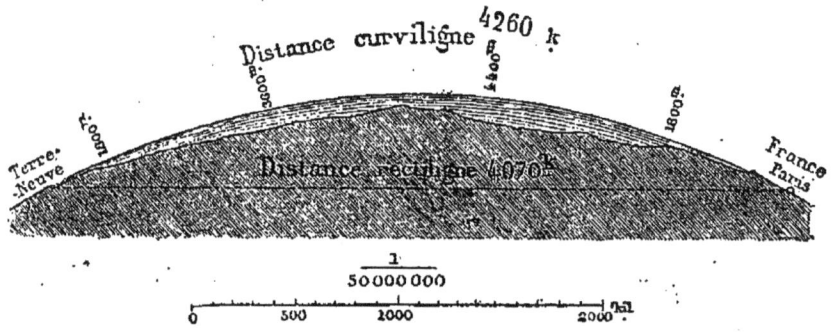

Fig. 6. — Coupe de l'Océan Atlantique de Paris à Terre-Neuve.
L'échelle des profondeurs est vingt-cinq fois plus grande que celle des longueurs.

ris. Cette remarque, qui s'applique à toutes les vastes mers, tient, comme nous l'avons dit, à la forme sphérique de la terre ; le fond des océans, loin d'être une cavité, est, en général, convexe.

Nous ne croyons pouvoir mieux faire, pour donner une idée exacte de l'épaisseur relative de la croûte solide, de son enveloppe liquide et de son atmosphère gazeuse, que de présenter la coupe (fig. 7) de la terre suivant son équateur. Au centre, est la matière ignée incandescente, dont on ne préjuge la nature que d'après les produits des éruptions volcaniques. Une enveloppe solide, relativement très mince, entoure le noyau fluide et repose sur lui comme un radeau sur les flots. Quand la mer interne s'agite, ses palpitations nous sont révélées par des ressauts brusques, des déchirements de cette fragile écorce sur laquelle reposent toutes nos espérances.

Une double atmosphère entoure la couche solide. La

portion inférieure, aqueuse, nous est fermée. Nous ne pouvons que planer à sa surface. Elle est comme déchirée par la terre qui a pénétré dans la portion gazeuse, la seule appropriée à notre nature.

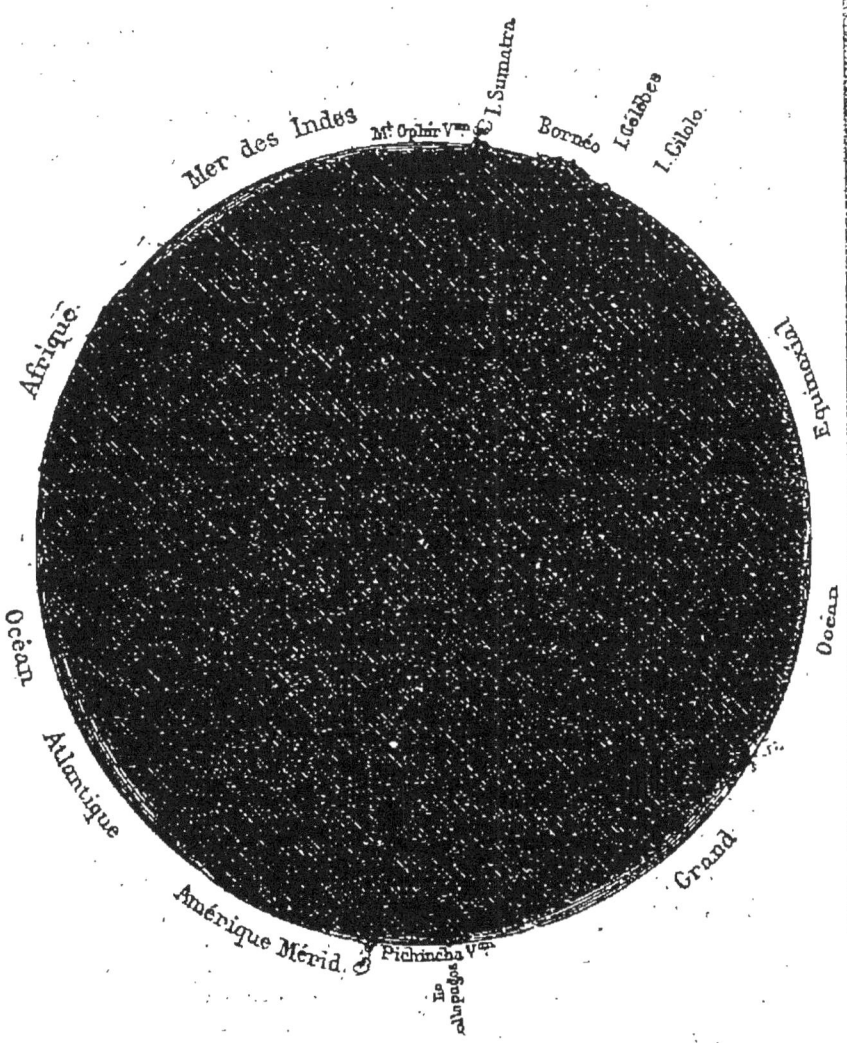

Fig. 7. — Coupe équatoriale de la terre.
L'échelle des profondeurs est cinquante fois plus grande que celle des longueurs.

L'épaisseur de la terre ferme est probablement assez variable; elle ne peut pas dépasser, ni même atteindre 100 kilomètres, c'est-à-dire la quinzième partie du rayon de notre globe. Elle doit être beaucoup moindre en quelqués points. Et même, dans le voisinage des volcans, elle devient assez faible pour que les matières ignées puissent être rejetées par les fissures dont ces montagnes sont criblées.

La plus grande profondeur de la couche liquide est inférieure à 10 kilomètres, et la portion respirable de l'atmosphère gazeuse ne s'étend pas à plus de 8 à 9 kilomètres au-dessus de la surface des eaux.

C'est dans cette zone mince, de 18 à 20 kilomètres d'épaisseur, que s'accomplissent tous les phénomènes de la vie. Qu'elle est faible, si on la compare à la grosseur du globe terrestre, dont le rayon est environ de 6,369 kilomètres, et qui n'est lui-même qu'un atome errant dans l'immensité de l'univers !

Le fond du Grand Océan équinoxial et celui de la mer des Indes ont été indiqués en pointillé, les documents étant trop rares pour les déterminer avec précision.

La coupe équatoriale représentée figure 7 rencontre la portion nord de l'Amérique méridionale et passe par le volcan Pichincha; elle touche aux îles Gallapagos, séparées du continent par un profond bras de mer. Après avoir traversé la partie moyenne de l'océan Pacifique, elle coupe l'archipel des îles Scarborough. Plus loin, ce sont les Moluques, Bornéo, Sumatra, avec l'un de ses volcans, le mont Ophir, diamétralement opposé au Pichincha; puis l'océan Indien, l'Arique et son immense plateau, l'île Saint-Thomas et l'océan Atlantique. N'a-t-on pas lieu d'être frappé de la régularité de ce vaste circuit? La surface externe de l'écorce terrestre est presque exactement figurée par un cercle : c'est à peine si elle forme une ligne très-légèrement ondulée, dont nous sommes forcés d'exagérer les sinuosités pour les rendre perceptibles à l'œil.

Océan Atlantique septentrional. — Carte Maury.

L'océan Atlantique a la forme d'un grand canal dirigé moyennement du nord au sud, en inclinant vers l'est dans sa portion septentrionale. La carte de Maury nous aidera beaucoup à comprendre le relief de cette dernière partie.

Les courbes de niveau y ont été tracées de 1,700 mètres en 1,800 mètres. De sorte que, pour tous les points situés entre le rivage et la courbe la plus voisine, la profondeur de la mer est comprise entre 0 mètre et 1,800 mètres, et qu'elle augmente, en général, à mesure qu'on s'éloigne du rivage pour s'approcher de la courbe. Entre la première courbe et la seconde, la profondeur est comprise entre 1,800 et 3,600 mètres, et ainsi de suite.

On remarque d'abord sur la carte (fig. 8), que les plus grandes profondeurs sont entre le banc de Terre-Neuve et les Bermudes, sur le trajet du Gulf-Stream. La sonde y descend à plus de 9,000 mètres. On trouve, à l'ouest des îles Canaries, un autre point très-profond, où la sonde indique 6,000 mètres environ.

Une zone, où la profondeur est comprise entre 5,400 et 7,000 mètres, s'étend au sud de Terre-Neuve, environne le pic des Bermudes, suit à peu près la direction de la côte américaine, jusqu'à la hauteur de la Floride, se rejette alors vers le sud-est en restant à une certaine distance des Antilles, et s'arrête près de l'extrémité nord-est de cet archipel.

Non loin de là commence une seconde excavation. Elle est séparée de la première par une chaîne sous-marine; semblable à une gouttière allongée, elle se prolonge du nord-ouest au sud-est, jusqu'au sud de l'équateur en se tenant plus près des côtes brésiliennes que de l'Afrique.

Autour de ces régions, les plus basses de l'Océan, le sol s'élève inégalement. Rapide du côté de l'Amérique et des Antilles, la pente est douce du côté de l'Europe et de l'Afrique. Nous voyons, en effet, les courbes très-rapprochées les unes des autres à l'ouest, très-espacées à l'est de la dépression la plus grande. De ce côté, la vallée se partage en deux autres, séparées par un immense plateau qui, descendant de l'Islande, passe aux Açores et s'étend jusqu'au sud-est des Bermudes. La partie méridionale,

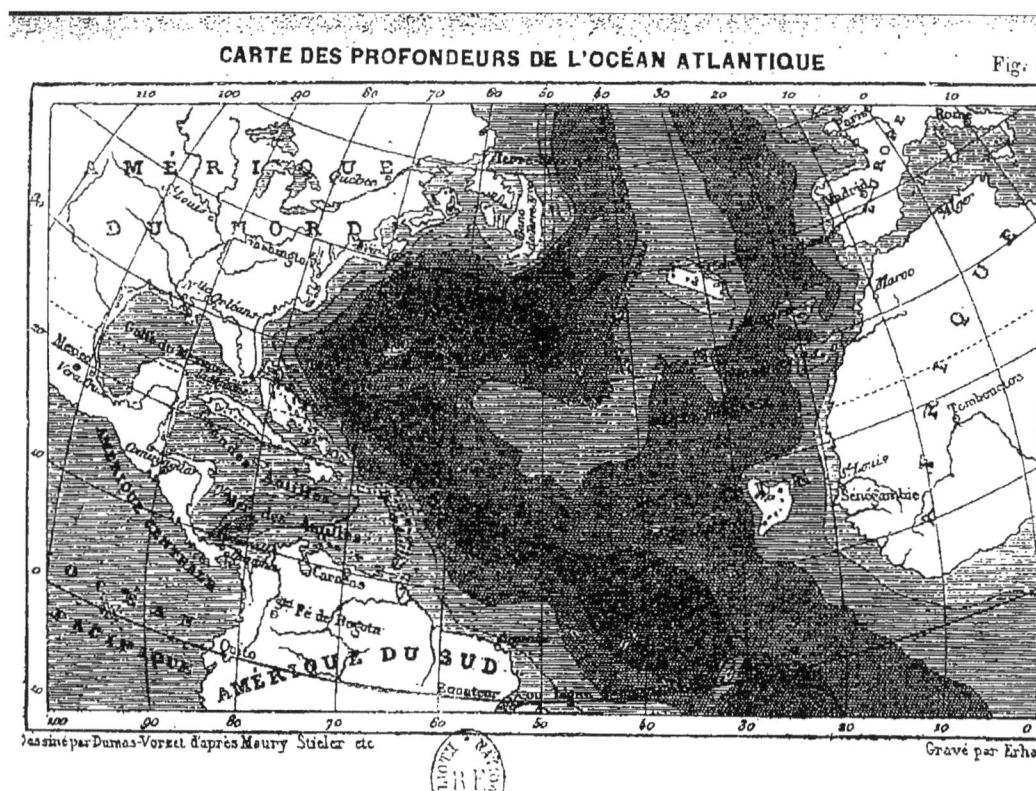

CARTE DES PROFONDEURS DE L'OCÉAN ATLANTIQUE Fig. 8

limitée par la courbe de niveau de 3,600 mètres, occupe en partie la place indiquée par la mer de Sargasse. Entre ce plateau et l'Europe, une longue vallée court presque du nord au sud et rejoint, près des îles du Cap-Vert, la dépression limitée par l'Amérique, l'Afrique et le plateau sous-océanien.

La profondeur, dans cette vallée, n'est jamais supérieure à 5,400 mètres; elle est surtout assez uniforme dans le nord, entre les îles Britanniques et Terre-Neuve. C'est pourquoi, lorsqu'on voulut installer un câble télégraphique, destiné à relier l'ancien monde et le nouveau, le fond de la mer sembla, grâce à ce plateau, disposé à souhait pour recevoir le conducteur de la pensée humaine, d'où le nom de Plateau télégraphique.

Vers les Açores, la profondeur est, dans un rayon assez étendu, inférieure à 1,800 mètres. Il en est de même d'une région assez circonscrite, que l'on remarque à peu près à moitié chemin entre les Açores et Terre-Neuve. De l'Espagne aux Açores, de ces îles à Terre-Neuve, nulle part la profondeur n'atteint 5,400 mètres. C'est encore un trajet sur lequel on a voulu poser un câble transatlantique.

Le sol sous-marin remonte beaucoup lorsqu'on suit la côte du Brésil et de la Guyane. Si le grand courant marin équatorial qui porte les eaux de l'est vers l'ouest occupait une grande épaisseur de la mer, il ne serait pas étonnant de voir sa vitesse s'accroître en s'approchant de ces côtes à cause du resserrement de son lit.

Le sol redescend ensuite; il présente une cavité dont le point le plus bas est peu éloigné de l'isthme de Panama, et qui s'étend jusqu'à Haïti et Saint-Domingue. Mais le fond ne tarde pas à s'exhausser de nouveau pour rester relativement très-élevé dans tout le golfe du Mexique, l'archipel des grandes Antilles et le voisinage des États-Unis.

Une grande étendue de mer peu profonde se remarque également de la Nouvelle-Écosse à l'est du banc de Terre-Neuve et aux côtes du Labrador. C'est par là, on le sait, que les glaces polaires descendent vers le Gulfstream;

courant chaud qui achève de les fondre, et sur le bord duquel elles déposent les derniers débris des continents arctiques auxquels elles ont été arrachées.

Méditerranée et mer Noire. — Carte de Böttger.

La Méditerranée et la mer Noire sont peu profondes. La sonde n'y atteint généralement pas 3,600 mètres ; et même, dans la plus grande étendue de ces bassins, elle ne descend pas à plus de 1,800 mètres.

Les eaux de la Méditerranée recouvrent plusieurs grandes vallées. La plus basse est entourée par la régence de Tripoli, la Grèce et l'Italie. Elle est séparée, par une étroite chaîne de montagnes, d'une autre grande vallée qui occupe l'espace compris entre l'Archipel grec, l'Asie Mineure, les côtes syriennes et l'Égypte.

Si nous pénétrons dans cette mer par le détroit de Gibraltar, nous voyons d'abord le sol sous-océanien s'élever près des côtes espagnoles et marocaines. Il n'est plus, dans la partie occidentale du détroit, qu'à 300 ou 400 mètres de la surface. A mesure qu'on s'avance vers l'est, la profondeur augmente rapidement. Elle devient supérieure à 3,600 mètres au sud-est de Malaga. Bientôt le fond se relève : il n'est plus, au nord de Melilla, qu'à 360 mètres environ ; c'est une véritable chaîne sous-marine, qui limite à l'est une sorte de petit bassin compris entre la Sierra Nevada et les montagnes marocaines réunies sous la mer au détroit de Gibraltar.

En continuant sa route vers l'est, l'explorateur descendrait dans une autre vallée presque aussi profonde, et communiquant avec la grande dépression par un col de la chaîne qui s'étend, sous les eaux, d'Oran au cap de Gates.

Après avoir franchi ce passage, on pénètre, en marchant vers l'est-nord-est, dans la grande dépression qui, d'abord étroite, s'élargit petit à petit et devient une vaste plaine terminée aux îles Baléares, à la Sardaigne et aux

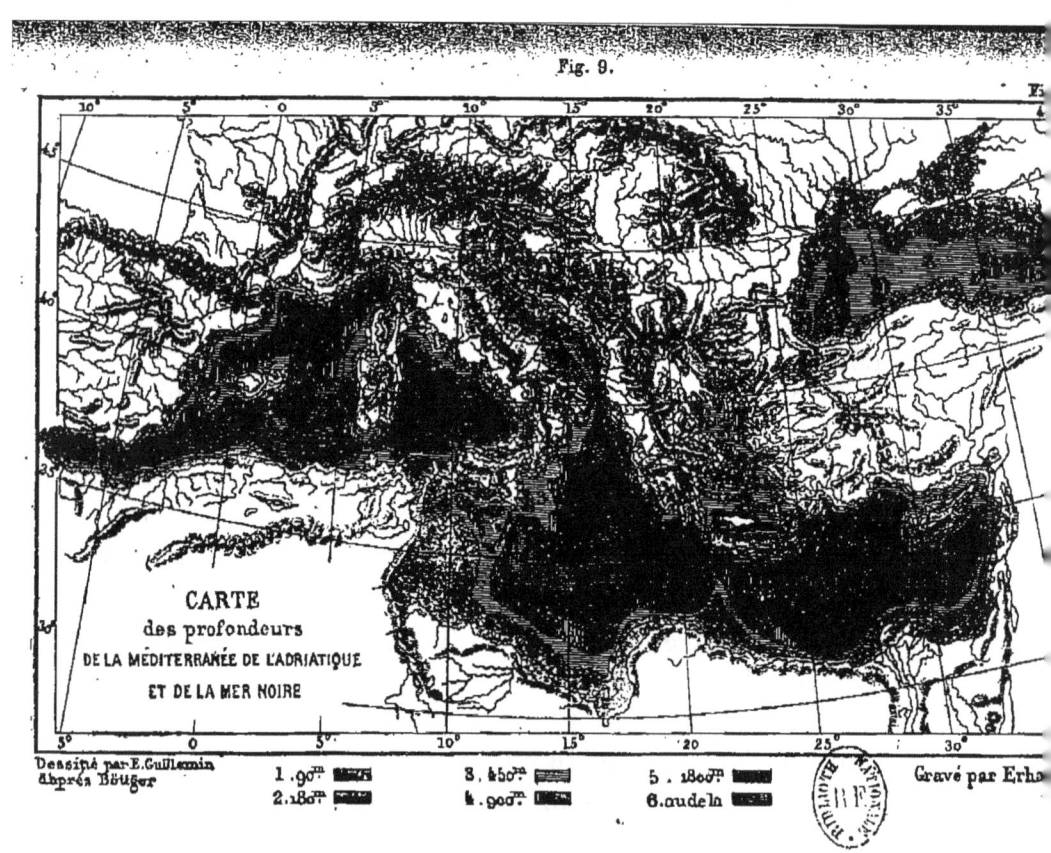

Fig. 9.

côtes algériennes. La pente à gravir, pour sortir de ce bassin, fermé de toutes parts, est assez rapide sur son versant nord-ouest, par lequel nous arrivons à un long plateau couvert de quelques pics. Les îles Baléares en sont les principaux.

Le plateau s'interrompt à peine de Carthagène et de Valence aux Baléares et à la Corse. Il devient étroit entre ces îles, et nous trouvons au nord une autre cavité irrégulière occupant l'espace compris entre Majorque et la côte d'Espagne, les golfes du Lion et de Gênes. La profondeur de la mer n'y est pas supérieure à 1,800 mètres, et nous y voyons un pic isolé à l'entrée du golfe du Lion.

En sortant de la dépression algérienne par son versant oriental, nous aurions dû éviter les escarpements qui règnent près de la Sardaigne, et descendre vers la province de Tunis pour trouver une pente facile à gravir.

Tout autour de la Sardaigne et de la Corse, la profondeur de la mer est faible ; le bassin formé par la mer Tyrrhènièenne offre lui-même seulement deux ravins étroits et allongés, l'un de l'ouest à l'est en contournant les îles Lipari, l'autre du nord-ouest au sud-est, parallèlemen aux côtes napolitaines.

Le banc *Aventure*, les roches de Skerki forment, près de la régence de Tunis et de la Sicile, un plateau ondulé par lequel nous arrivons au bassin méditerranéen oriental. Une descente escarpée nous conduit de Malte, l'un des points culminants du plateau, au fond de la dépression que limitent l'Italie, la Grèce, la Turquie d'Asie et l'Afrique. C'est près de Malte qu'on trouve la plus grande profondeur. La sonde y descend à 4,500 mètres, c'est-à-dire plus bas qu'en tout autre point de la Méditerranée.

Les montagnes de la Grèce et de Candie se prolongeant sous les eaux, partagent en deux parties à peu près égales la grande cavité que nous étudions.

La portion occidentale offre quelques pentes rapides : mais, en général, le terrain s'élève petit à petit jusqu'aux bas-fonds qui bordent l'Afrique et jusqu'à la mer Adriatique. On ne trouve dans cette mer qu'un petit bassin de 1,200 mètres de profondeur, et la sonde ne descend pas même à 200 mètres dans tous ses autres points.

La portion orientale, ou bassin gréco-égyptien, se prolonge, dans la partie méridionale de l'Archipel, jusqu'aux côtes de la Grèce. Les îles de Candie, Kaso, Karpatho, Rhodes, Chypre sont implantées sur ses bords. Les alluvions du Nil tendent à la combler vers le sud, et l'on peut voir sur la carte cette influence indiquée par les courbes

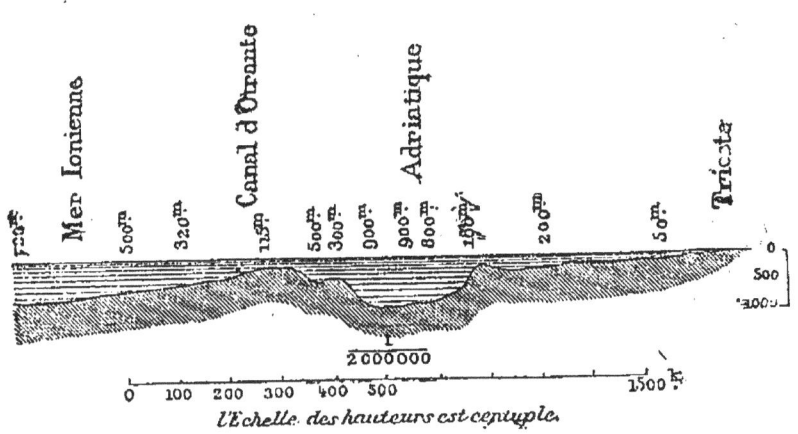

Fig. 10. — Profondeurs de l'Adriatique.

de niveau. Ces courbes sont d'abord assez espacées près du Delta égyptien. Si l'on marche vers le nord, on arrive, après avoir descendu une pente assez douce, à un talu, au delà duquel la sonde indique jusqu'à près de 3,000 mètres de profondeur. Les courants marins marchent, près des bouches du Nil, de l'ouest vers l'est ; ils entraînent les alluvions avec eux. C'est pourquoi les bas-fonds s'étendent plus loin des côtes à l'est du Delta qu'à l'ouest.

Lorsqu'on remonte vers le nord-ouest on parvient, en s'engageant dans les gorges sinueuses dominées par Candie et Karpatho, à un plateau irrégulier, siège d'une grande activité volcanique, et dont les pics principaux constituent l'Archipel grec.

Le défilé des Dardanelles, la vallée de Marmara et l'étroit ravin que dominent Constantinople et Scutari, nous ouvrent la plaine inondée par les plus grands fleuves de l'Europe. Peu profonde, cette dépression est entourée, dans sa partie méridionale, par les hautes cimes du Caucase, des montagnes arméniennes et des Balkans. Au nord, les steppes russes se prolongent sous la mer que leurs débris, apportés par les fleuves, tendent à combler.

Baltique. — Mer du Nord. — Pas-de-Calais. — Manche. Golfe de Gascogne.

La mer Baltique est remarquable, comme la mer Noire, par sa faible profondeur. Son lit est le siége de phénomènes intéressants que nous étudierons plus loin. Il se soulève lentement dans le nord, en sorte que le golfe de Bothnie diminue d'étendue et de profondeur chaque siècle, chaque année. Le sud s'abaisse, la mer envahit lentement les plaines basses du Mecklembourg et de la Poméranie.

Le Skager-Rak nous conduit de la Baltique dans la mer du Nord ou mer d'Allemagne, également très-peu profonde. A part un long et étroit sillon qui suit le côtes de Norwége, nous sommes dans une plaine ondulée, recouverte d'une couche d'eau dont l'épaisseur n'atteint pas 180 mètres. De grands bancs arrivent presque au niveau des eaux ; d'autres n'en sont qu'à 30 mètres. Les poissons y trouvent une abondante nourriture de vers marins ; de beaux sites ornés d'algues leur offrent une agréable retraite, et l'eau battue par les vents fournit une quantité d'air à ses hôtes.

Les abords des îles Britanniques sont très-accidentés, mais le sol ne s'abaisse notablement qu'à l'ouest de l'Irlande et des îles Hébrides. A 20 lieues environ de Valentia, nous avons descendu de 180 mètres. Plus on s'avance vers l'ouest, plus le sol s'abaisse jusqu'à ce qu'on arrive au plateau télégraphique dont nous avons déjà parlé.

La France, la Manche, les îles Britanniques et la mer du Nord appartiennent à un massif qu'entoure à l'ouest et au nord un talus très-rapide. La coupe (fig. 11) en donne une idée. La droite horizontale indique le niveau de la mer. La ligne courbe tracée au-dessous en représente le fond. Ce dernier a, d'après la coupe, la forme d'un plateau, près de la côte norwégienne se trouve le ravin dont il a été question. A gauche, le sol s'abaisse lentement, on

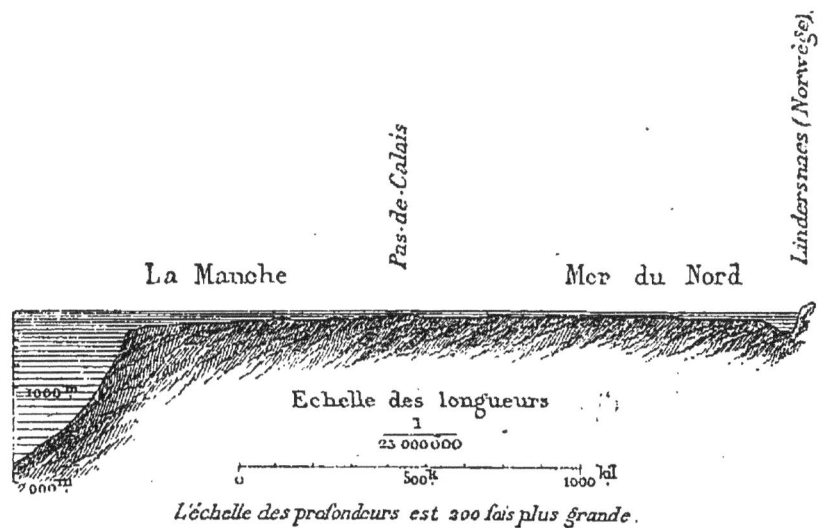

Fig. 11.— Profil continu, allant de la pointe méridionale de la Norwége, à travers le Pas-de-Calais jusqu'au 10° de long. O. et 47° de lat. N.

rencontre une éminence au milieu du Pas-de-Calais ; la pente reste faible dans la Manche, puis elle augmente tout à coup, comme si l'on arrivait au bord du talus d'un rempart à la Vauban.

Nous remarquerons ici que, contrairement à une opinion généralement admise, l'aspect de la côte ne peut que donner des idées souvent très-erronées sur celui du sol sous-marin. Si les escarpements des montagnes plongeant leur pied dans la mer nous font pressentir une grande profondeur, nous consultons la sonde, et nous reconnaissons que nous sommes sur une mince couche d'eau. Là nous redoutons un banc de sable en voyant dans le lointain une plage basse et dépourvue de rochers. La sonde nous rassure en descendant sans toucher le fond. Combien n'avons-nous pas vu d'exemples de ce que nous avançons dans notre exploration rapide du sol sous-marin ?

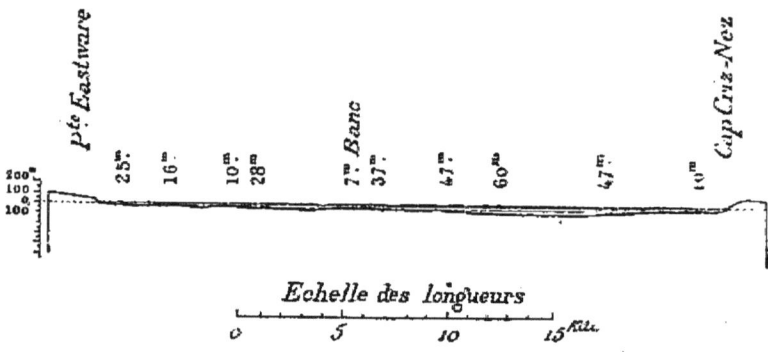

Fig. 12 — Coupe verticale du Pas-de-Calais.

Malgré toutes les falaises qui bordent ses côtes, la Manche est peu profonde. En dépit des falaises anglaises et françaises qui se regardent, le Pas-de-Calais a si peu d'eau qu'il suffirait d'un abaissement de 54 mètres du niveau de l'Océan pour qu'une chaussée naturelle nous unit à nos voisins d'outre-mer, et que, si la mer baissait de 7 mètres seulement, il y aurait une île au milieu de cet étroit passage. Mais le contraire est plus probable : le sol tend à s'abaisser dans cette partie de l'Europe, ainsi que nous le verrons plus loin.

L'EAU DE MER

Composition de l'eau de mer. — Variation dans sa salure.

L'eau des mers existait primitivement à l'état de vapeur dans l'atmosphère, elle s'est condensée en une onde pure. Mais la terre avec laquelle elle était en contact renfermait des matières solubles ; elles se sont dissoutes. La pureté de l'eau était dès lors irrévocablement perdue.

La vapeur enlevée aux mers par les courants atmosphériques sort pure de l'Océan. Déposée à l'état de pluie ou de neige sur un sol d'où elle doit s'écouler vers son point de départ, elle s'empare de substances diverses et les jette dans la mer. Chaque fois qu'elle s'est évaporée, elle revient, après sa condensation, chargée de nouveaux sels.

Les migrations de l'eau à la surface de notre globe sont donc une cause incessante d'augmentation de la salure des océans. Si rien ne la contre-balançait, depuis longtemps déjà la mer serait saturée de sels. Mais des animaux extraient de ses eaux le test calcaire de leurs coquilles, et leurs débris vont, après leur mort, exhausser lentement le fond. La mer en est peuplée. Ce sont les foraminifères, les polypiers et les mollusques. Les innombrables habitants de l'Océan contribuent probablement à en retirer les autres sels. Si nous ajoutons à l'action des animaux celle des plantes, nous pourrons dire que la vie empêche la saturation de l'eau de mer. Quoi qu'il en soit, l'eau océanienne a de nos jours la composition moyenne suivante :

962,0	parties	d'eau douce.
27,1	id.	sel marin ou chlorure de sodium.
5,4	id.	chlorure de magnésium.
0,4	id.	chlorure de potassium.
0,1	id.	bromure de magnésium.
1,2	id.	sulfate de magnésie.
0,8	id.	sulfate de chaux.
0,1	id.	carbonate de chaux.
2,6	id.	résidu non déterminé.
Total : 1,000,0	id.	eau de mer.

Elle est, à volume égal, bien plus lourde que l'eau pure. Ainsi 1 litre d'eau pure pèse $0^k,998$ à la température de $+20°$ centigrades ; le même volume d'eau de mer, placé dans les mêmes conditions, pèserait moyennement $1^k,027$. Son poids est du reste, comme sa composition, loin d'être constant. Il varie suivant les lieux et suivant la profondeur à laquelle on l'a puisée.

L'air, à quelque hauteur qu'on le prenne, a sensiblement la même composition. L'eau de mer jouit-elle de cette propriété? les gaz qu'elle dissout sont-ils dans les mêmes proportions ?

L'eau est d'autant plus pesante qu'elle est plus salée. On ne doit donc pas s'étonner de voir la salure de la mer augmenter avec la profondeur. Cette augmentation n'est pas indéfinie. A une température déterminée l'eau ne peut dissoudre qu'une quantité limitée de matières minérales.

L'évaporation et les pluies donnent aux couches superficielles une salure très variée. L'évaporation l'augmente, les pluies la diminuent. Les effets dus à ces deux causes, peu sensibles en général, deviennent appréciables lorsque l'une d'elles est prépondérante.

S'il pleut fréquemment dans certaines régions, la salure y est plus faible à la surface de la mer que dans celles où la pureté du ciel favorise l'évaporation.

Or la salure est plus faible à l'équateur que près des tropiques, elle est maxima vers 21° de latitude boréale et 16° de latitude australe dans l'océan Atlantique. Au delà de ces zones, elle diminue jusque dans le voisinage des pôles. D'un autre côté, la météorologie nous apprend qu'il existe près de l'équateur une zone où la précipitation de la vapeur d'eau à l'état de pluie est presque continue. Au nord et au sud, les vents alizés balayent la surface de la mer, et le ciel est pur ou seulement sillonné par des nuages poussés vers la région des pluies. On trouve, en se rapprochant des pôles, des zones de vents variables, où des tempêtes fréquentes brassent l'air et donnent lieu à d'abondantes condensations.

La relation indiquée plus haut est évidente.

Près des pôles, une autre cause également active modifie la salure des couches superficielles. C'est la fusion des glaces accumulées comme deux vastes calottes aux extrémités de la terre. Tous les ans, pendant l'été de chaque hémisphère, des nappes d'eau douce se dirigent vers les régions tempérées; chemin faisant, elles se mélangent peu à peu avec l'eau salée sur laquelle elles coulent comme un fleuve dans son lit; aussi la salure diminue-t-elle à la surface à mesure qu'on s'avance des régions tempérées vers les pôles.

L'eau que l'évaporation a tirée de l'Océan lui est intégralement rendue par les pluies et par les fleuves. Il n'en est pas de même pour certaines mers intérieures complétement isolées de l'Océan, ou communiquant avec lui par un étroit canal.

Ou les vents qui soufflent sur cette mer sont dépouillés de leur humidité par leur passage au-dessus de grands continents, et les fleuves eux-mêmes n'apportent à la mer qu'un tribut insuffisant pour combler le vide produit par une puissante évaporation; ou bien la quantité d'eau versée dans la mer par les pluies et par les fleuves est égale à celle que l'évaporation enlève chaque année; ou enfin la première est supérieure à l'autre. On voit immédiatement ce qui doit en résulter pour la salure. Elle est dans le premier cas supérieure; dans le second, égale; dans le troisième, inférieure à celle de l'Océan.

Si la mer intérieure communique avec l'Océan, un courant traversera généralement le canal qui les unit. Il portera les navires dans la mer intérieure si celle-ci perd plus d'eau qu'elle n'en reçoit. Il les poussera vers l'Océan si la mer intérieure reçoit plus d'eau qu'elle n'en perd. La Méditerranée et la mer Rouge reçoivent les eaux de l'Océan; la mer Noire et la Baltique sont pour ainsi dire trop riches, et versent dans les mers voisines l'excédant de leurs eaux.

Quand la mer intérieure est le fond d'un bassin sans issue, les pluies et les fleuves doivent apporter un volume d'eau égal à celui que l'évaporation enlève, sans quoi la mer se retire ou déborde. La Caspienne et la mer Morte sont des exemples de mers qui se sont retirées. La première est environnée de steppes salées où l'on voit de nombreuses traces du passage récent des eaux. Aujourd'hui la mer Morte est de 430 mètres environ au-dessous de la mer Rouge. Des voyageurs ont reconnu entre les deux mers le lit desséché d'une rivière. Pour une cause encore inconnue, la rivière a cessé de les unir. A partir de cette époque, la mer Morte recevant du Jourdain moins d'eau que l'évaporation ne lui en enlevait, son niveau a baissé et sa salure a augmenté jusqu'à ce que l'équilibre entre les deux causes inverses se fût établi.

Un grand nombre de lacs salés de l'ancien monde et du nouveau ne doivent leurs qualités spéciales qu'à l'apport constant de sels par les eaux qui s'y réunissent. Les rivières qui les alimentent augmentent-elles leur débit, les lacs débordent. Le débit diminue-t-il, les eaux se retirent et la salure augmente. Quelquefois l'eau s'évapore entièrement; c'est lorsque la quantité versée dans le lac est très-faible par rapport à celle qui s'évapore. Au lac succède une vallée couverte d'une couche de sel.

Couleur de l'eau de mer. — Phosphorescence. — Influence exercée sur cette couleur par les matières tenues en suspension, par le fond de la mer, par l'agitation de l'eau.

Quelle est la couleur de l'eau de mer? Le capitaine Scoresby compare au bleu d'outremer l'aspect général des mers glaciales. Le plus bel indigo ou le bleu céleste représente, pour M. Costoz, les eaux méditerranéennes. L'Atlantique a montré à Tuckey une teinte riche, désignée par ce capitaine sous le nom d'azur vif.

La mer semble, d'après ces exemples, avoir la même couleur que l'eau pure provenant de la fonte des neiges ou des glaciers. Cette dernière, vue en petite quantité, est incolore; mais elle est d'un bleu magnifique lorsqu'on la voit sur une grande épaisseur.

L'Océan présenterait toujours ce reflet bleu plus ou moins foncé, c'est-à-dire plus ou moins mélangé de lumière blanche, si les causes déjà passées en revue ne modifiaient de diverses manières sa teinte naturelle, et si le fond lui-même ne contribuait à varier le phénomène en superposant à la couleur de l'eau celle qu'il réfléchit.

Si la teinte du fond est beaucoup plus vive que celle de la mer, elle sera peu altérée. Un sable jaunâtre donne à la mer un reflet vert. Cependant, si le sable est d'un jaune éclatant, la mer paraît elle-même jaune, parce que la teinte est à peine verdie par le bleu peu intense de l'eau.

Tuckey a vu à Loango la mer couleur de sang. Le fond en était très-rouge. Dans d'autres points, des fonds d'un rouge semblable, mais moins vif, font paraître les eaux orangées ou même jaunes.

Souvent pendant la nuit l'Océan se transforme en une mer de feu, quand elle est phosphorescente. Ce phénomène est dû à la présence d'animalcules qui brillent comme le ver luisant et qui montent parfois à la surface de l'élément liquide (fig. 13).

Fig. 15. — Mer phosphorescente au Cap.

L'influence du fond sur la teinte de la mer semblerait devoir se borner au cas où les profondeurs sont très-petites. L'eau de mer absorbe, en effet, si rapidement les rayons lumineux, que, sur une épaisseur peu considérable, elle devient totalement opaque. Bien des observations, et entre autres la suivante, faite par M. de Tessan sur le banc des Aiguilles au sud de l'Afrique, montrent que même dans le cas de grandes profondeurs, l'influence du fond sur la couleur de l'eau est encore sensible.

« La mer a très-visiblement changé de couleur à notre arrivée sur le banc des Aiguilles, dans la matinée de ce jour. Comme nous suivions à très-peu près la direction même du courant qui nous emporta avec rapidité, cette variation de teinte ne peut pas être attribuée à une coloration particulière de l'eau, et l'on doit admettre nécessairement que c'est un effet de la couleur du fond lui-même, dont la teinte jaunâtre, transmise à travers la couche d'eau, se mêle à la teinte bleue normale de cette eau pour lui donner la teinte verdâtre observée. »

Or la profondeur étant de plus de 200 mètres en ce point, la lumière solaire réfléchie par le fond avait parcouru 400 mètres d'eau sans s'éteindre, puisqu'elle était encore assez intense pour influencer la couleur de l'eau.

La contradiction entre ce fait et la théorie n'est qu'apparente. Regardez, en effet, à travers un corps peu diaphane, une surface très-éclairée, mais peu étendue ; regardez à travers le même corps une autre surface beaucoup moins éclairée, mais d'une grande étendue ; puis éloignez-les simultanément. La première disparaîtra d'abord, et l'autre continuera longtemps encore à être visible. On reconnaît aisément que nous sommes en présence d'un phénomène du même ordre, vu l'étendue du banc des Aiguilles. Le banc est une large surface éclairée faiblement ; on l'aperçoit à une grande distance à travers un milieu imparfaitement diaphane.

On doit se garder d'une illusion très-commune dans l'appréciation de la couleur du fond de la mer. Ainsi l'on se demande pourquoi le sable blanc change la couleur de l'eau. Il ne devrait, paraît-il au premier abord, que la teinter légèrement de blanc. Or le sable est blanc quand on l'a tiré de l'eau, séché et examiné dans l'air. Envoyez sur lui des rayons de lumière rouge, verte ou de toute autre nature : il prend la couleur de la lumière qu'il reçoit. L'eau paraît bleue quand on la voit par réflexion ; par transparence, elle est verte. Le sable reçoit, au fond de la mer, de la lumière verte ; il ne peut donc paraître blanc.

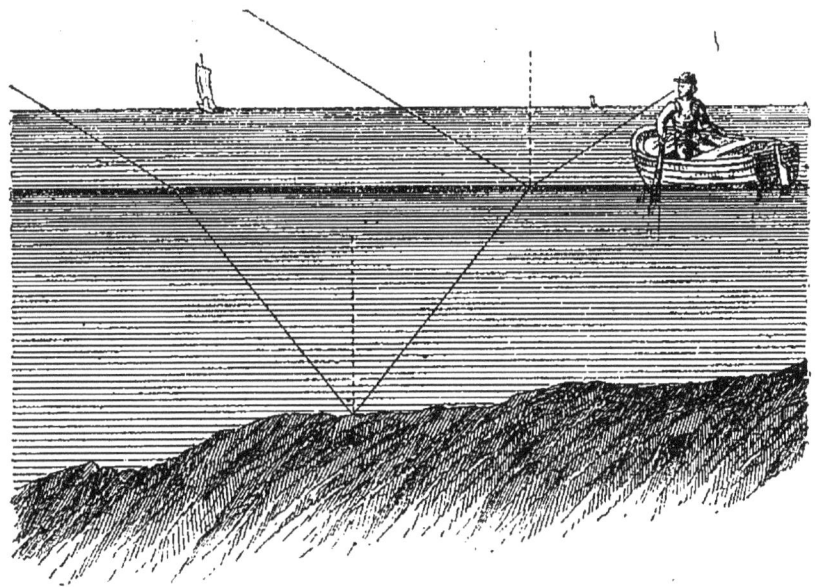

Fig. 14. — Marche des rayons de lumière dans l'eau et à sa surface.

Il y a, dans le fond, une teinte verdâtre qui se mélange à celle de l'eau. En un mot, il faut, dans tous les cas, tenir compte de ce que le fond de la mer ne reçoit qu'une lumière verte, au lieu de la lumière blanche qui traverse notre atmosphère.

Quand la surface de la mer n'est pas unie, les remarques précédentes cessent d'être applicables. Les ondulations ou vagues font arriver à l'œil de l'observateur de la lumière qui a passé dans l'eau en même temps que de la lumière réfléchie. La première est celle qui, tombant sur la partie antérieure d'une vague, s'y réfléchit et pénètre dans la partie supérieure de la vague suivante avant d'arriver à l'œil. Cette lumière transmise est verte. Si elle domine la lumière réfléchie, qui est bleue, la vague paraît jaune verdâtre. Du reste, on conçoit que des orientations différentes de la vague par rapport au soleil contribuent, ainsi que ses changements de forme, à varier les jeux de lumière. Cette propriété optique des vagues permet de reconnaître de loin des changements des vents à des tons différents de la mer.

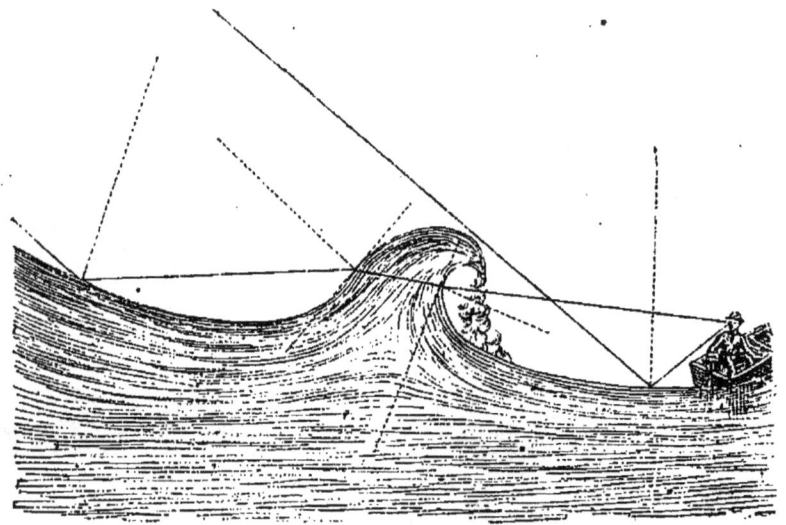

Fig. 15. — Marche des rayons de lumière, lorsqu'il y a des vagues.

Mesure de la température du fond de la mer.

On rencontre dans la mesure des températures les mêmes difficultés que dans le puisement de l'eau sous-marine. Le thermomètre subit en effet, outre l'influence de la température, celle de la pression exercée sur lui par l'eau environnante. Cette dernière, peu importante près de la surface, devient énorme quand la profondeur est de plusieurs milliers de mètres.

M. Despretz a proposé de laisser le thermomètre ouvert, de manière que la pression s'exerce à la fois à l'intérieur et à l'extérieur du tube.

Généralement on préfère enfermer l'instrument dans une enveloppe très-solide et fermée hermétiquement. Cette enveloppe, en cuivre ou en fer, est bonne conductrice de la chaleur. Le thermomètre qu'elle protége se met donc facilement en équilibre de température avec l'eau environnante.

La température des couches profondes n'est pas la même que celle des couches superficielles. On est donc forcé d'employer des instruments qui gardent la trace des températures extrêmes par lesquelles ils ont passé.

Pour cela Péron prenait une enveloppe formée d'une substance mauvaise conductrice de la chaleur. L'appareil, laissé longtemps dans l'eau, prenait à la longue la température des couches ambiantes. Lorsqu'on le retirait, il n'avait pas le temps de varier sensiblement avant qu'on eût fait la lecture.

Bunten a imaginé son appareil plongeur pour atteindre au même but. Le thermomètre n'a rien de particulier : il est enfermé dans un tube ; une soupape, qui s'ouvre de l'extérieur à l'intérieur, laisse pénétrer l'eau de la mer, mais l'empêche de sortir lorsqu'on retire l'appareil. Il est facile de voir qu'on n'est pas sûr de la profondeur à laquelle cette eau a été puisée, qu'on se trouve alors dans le cas de Péron, c'est-à-dire qu'on a simplement une enveloppe formée d'un corps mauvais conducteur. Enfin la pression de l'eau, contre laquelle on ne s'est pas garanti, fausse les indications. Le plongeur de Bunten ne peut donc servir pour de grandes sondes.

Le moyen considéré longtemps comme le meilleur consiste à enfermer un thermomètre métastatique de Walferdin dans une boîte très-solide en fer forgé ou en cuivre, et de noter, au retour de l'instrument à bord, la température la plus basse qu'il a indiquée. Nous avons toujours supposé que l'enveloppe protectrice n'a pas été broyée ; malheureusement cet accident arrive quelquefois encore.

La fragilité de cet appareil est un des motifs qui ont engagé les constructeurs à le remplacer. M. Johnson songea d'abord à utiliser la propriété de dilatation que possèdent les métaux sous l'influence de la chaleur. Le thermomètre métallique de Johnson se compose de deux lames de cuivre fixées sur une monture solide, et terminée à sa partie inférieure par un ressort en caoutchouc destiné à amortir les chocs. Par l'effet de sa dilatation, le cuivre met en mouvement un système d'aiguilles doubles qui indique les températures.

M. Siemens, après M. Johnson, a eu recours à l'électricité. Il a construit un très-remarquable appareil différentiel dont les indications sont fournies à l'aide de deux courants transmis à travers des bobines de fil de platine. « Une bobine est immergée à la profondeur d'expérimentation, pendant qu'une autre est placée dans un vase contenant de l'eau. Avant l'observation, on égalise la température avec de la glace, ou l'on chauffe l'eau, jusqu'à ce qu'il y ait équilibre entre la température du vase et celle du fond. Aussitôt qu'elle est établie, un galvanomètre d'une construction particulière très-ingénieuse, indique automatiquement sur le cadran la température du lieu d'observation. Quelque séduisante que soit cette invention, elle a le défaut grave d'être incompatible avec les oscillations du navire et d'exiger des précautions embarrassantes pour identifier les températures. Ces thermomètres de M. Siemens ont été placés à bord du *Challenger*[1]. »

Diminution de la température de la mer à mesure qu'on s'éloigne de sa surface. — Irrégularités introduites dans cette loi par les courants sous-marins. — Température constante et uniforme du fond de l'Océan. — Causes principales des courants sous-marins.

La température de l'atmosphère diminue à partir du niveau de la mer. Celle de la mer diminue en général à partir de sa surface. Dans la mer, la variation est très-faible, du jour à la nuit et même d'une saison à l'autre. A une faible profondeur, elle devient nulle.

[1] Jules Girard, *les Explorations sous-marines*.

Les eaux superficielles sont chaudes à l'équateur et glacées aux pôles. Entre ces deux latitudes extrêmes, les températures sont moyennes, mais elles sont loin de décroître régulièrement de l'équateur aux pôles. Les courants marins, brassant les eaux, masquent en effet la loi du décroissement.

La relation entre la température et la profondeur est également très-compliquée.

Plusieurs courants se superposent en effet; les uns sont chauds, les autres froids, et leurs directions se croisent de mille manières. On conçoit qu'il puisse y avoir plusieurs lits successifs de courants, à condition que leur densité augmente avec la profondeur à laquelle ils sont situés. Pour s'en convaincre, il suffit de remarquer la rapidité avec laquelle la température varie dans les sondages à partir d'une profondeur dépendant de l'épaisseur du courant superficiel, pour rester encore longtemps constante pendant que la sonde continue de descendre.

D'autres faits révèlent l'existence de courants superposés. De grandes sondes thermométriques ont donné 5°,1 à une latitude de 43°, et 3°,2 sous l'équateur, à la même profondeur de 1,800 mètres. Cela tient à la direction de courants sous-marins venant, les uns des pôles, les autres de l'équateur.

On a trouvé dans la zone torride jusqu'à + 1° centigrade à 3,700 mètres de profondeur, tandis que la température était de 26° ou 27° à la surface. Ce résultat surprendra moins si l'on songe que l'eau de mer n'a pas, comme l'eau douce, un maximum de densité à + 4° et que, les eaux se laissant difficilement traverser par les rayons du soleil, elles gardent à très-peu près la température des lieux où elles ont longtemps séjourné. Les eaux polaires décèleront donc leur présence au marin par un abaissement subit de la température de la mer, les eaux équatoriales porteront jusque dans les zones arctiques une température douce et rappelant la portion du globe d'où elles sont parties.

En général, un courant est d'autant plus dense qu'il est moins chaud. Les courants superposés ont donc des températures diminuant en même temps qu'ils sont situés à une plus grande profondeur. On a cependant observé le contraire dans les mers polaires. La température y croît dans certaines limites avec la profondeur, et accélère la fusion dont la partie inférieure des champs de glace est le siège.

La neige et la glace conduisent mal la chaleur. On sait que le cultivateur appelle la neige de tous ses vœux pour protéger contre les fortes gelées les pousses délicates du blé semé avant l'hiver. La glace produit le même effet dans les régions arctiques que dans nos contrées. Des mesures thermométriques ont montré que, par un froid de 47° centigrades au-dessous du point de fusion de la glace, l'eau était restée relativement chaude sous une couche de glace de 10 mètres d'épaisseur, puisqu'elle n'était descendue qu'à 2° au-dessous de zéro.

Les eaux chaudes se trouvent à l'équateur près de la surface. Au pôle, elles sont au fond, tandis que les couches superficielles sont généralement très-froides. La température du fond est assez uniforme sur toute la terre, et peu différente de 0°.

On ne trouve pas dans les mers intérieures une aussi grande différence entre la température de la surface et celle du fond. La Méditerranée, par exemple, reçoit les eaux de la surface océanienne par le détroit de Gibraltar, tandis que les couches profondes se meuvent de la Méditerranée vers l'Océan [1]. Par suite, ce sont les eaux chaudes de l'Océan qui pénètrent dans cette mer inté

---

[1] La première idée des courants sous-marins de Gibraltar fut donnée par un fait curieux. Un brick corsaire, coulé bas en vue de Ceuta, disparut. Le courant est très-fort en ce point, et va de l'ouest à l'est. Combien ne fut-on pas surpris de voir quelque temps après le brick reparaître à plusieurs lieues à l'ouest du point où il avait été coulé ! Son transport ne pouvait avoir été produit que par un courant sous-marin de direction contraire à celle du courant superficiel.

rieure, et l'action du soleil s'exerçant dans un bassin fermé d'une manière beaucoup plus constante que dans l'Océan où les eaux polaires viennent se réchauffer à l'équateur, le fond doit en être à une température moins basse. La mer Rouge présente le même phénomène que la Méditerranée, les courants de Bab-el-Mandeb sont analogues à ceux de Gibraltar. La mer Rouge est l'une des plus chaudes du globe; la vie pullule dans tous ses recoins; c'est là que les polypiers édifient leurs plus gigantesques remparts de pierre.

Si l'on creusait sur le rivage un puits de 3,700 mètres de profondeur, la température serait au fond du puits environ de 15° centigrades. Or nous venons de voir que la température du fond de la mer est assez constante et voisine de 0°. Quelle perturbation l'eau n'apporte-t-elle pas dans la distribution de la température sur l'écorce terrestre !

L'Océan est remué par la chaleur jusque dans ses abîmes. Les inégalités de température et de salure donnent naissance à des courants de surface et à des courants profonds.

Nous passerons sous silence les agitations superficielles qui ressortent de notre sujet, et qui produisent les vagues et les raz de marée. Ce dernier phénomène, souvent effroyable, est presque toujours dû à un tremblement de terre ou à une éruption volcanique. Le raz de marée d'Acapulco, célèbre dans l'histoire des révolutions géologiques modernes, n'avait pas d'autre cause (fig. 16).

Fig. 16. — Raz de marée à Acapulco.

DÉPOTS EN VOIE DE FORMATION AU FOND DES MERS

Universalité du travail de sédimentation. — Coup d'œil général sur le mécanisme de la sédimentation. — Action des vagues sur les rivages.

Depuis le rocher ou le monstrueux cétacé jusqu'à la molécule vaseuse et à l'infusoire que l'eau charrie à des distances énormes de leur point originel ; depuis l'algue et le polypier jusqu'à l'habitant des forêts ou à l'oiseau qui plane fièrement dans les airs, le bassin géogénique absorbe tout. Le travail de la sédimentation est universel.

Pour mieux comprendre le jeu de la sédimentation, suivons-le dans ses différentes phases. La roche fixée sur le sommet de la haute montagne vole en éclats en hiver par suite des variations brusques de la température ; ou bien elle se fissure lentement, et les agents atmosphériques, exerçant continuellement sur elle une action destructive, la détachent et la font rouler dans le lit du torrent. Ce dernier déchaîne contre elle sa fureur. Il broie les quartiers de rochers qui entravent sa course désordonnée ; les fragments, heurtés sans cesse les uns contre les autres, se brisent eux-mêmes et leurs angles s'émoussent. La roche rencontre dans la plaine la rivière au cours moins tumultueux ; elle devient galet et s'arrondit de plus en plus. La rivière pousse lentement le galet vers la mer et diminue incessamment son volume. Du galet elle fait du gravier, le gravier devient sable et le sable embarrasse le lit du large fleuve. Le fleuve entraîne le sable et les terres détrempées qui bordent son empire jusqu'à la mer, où il les dépose à une distance plus ou moins grande du rivage, suivant leur ténuité.

Les petits cailloux restent sur le bord, les sables sont déposés plus loin, la vase légère va former les dépôts de haute mer.

Fig. 17. — Falaise battue par la vague.

Les roches de la côte apportent leur tribut à la construction du sol marin ; elles contribuent amplement à combler par leurs débris ces abîmes dont l'exhaussement lent et continu finit par modifier notablement l'aspect de notre globe. Sans cesse battues par les flots, elles cèdent petit à petit devant des attaques sans cesse renouvelées. Mais l'action des vagues est très-différente suivant la nature et la forme des côtes.

La pesanteur pousse leurs débris vers les points les plus profonds de la mer; les courants favorisent cette tendance. Nous avons vu, dans l'un des précédents cha-

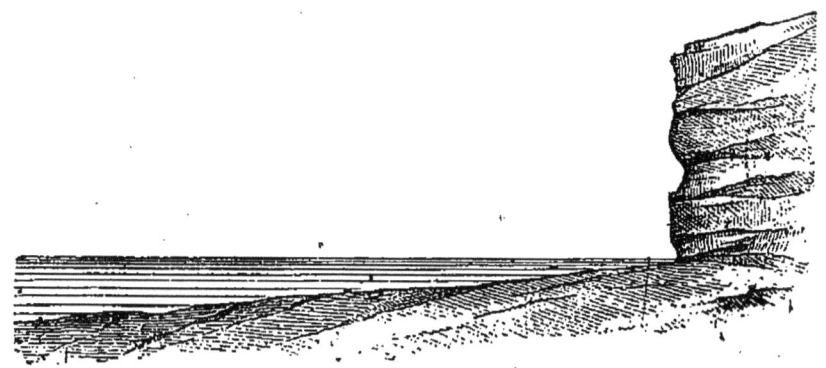

Fig. 18. — Falaise méditerranéenne (d'après É. Reclus).

pitres, que l'écorce de notre globe est sillonnée de rides se réunissant pour former des bassins, cavités séparées

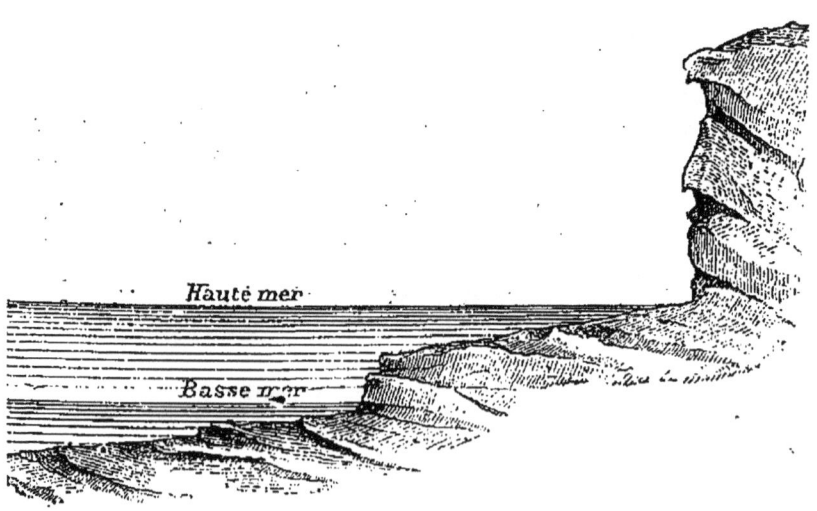

Fig. 19. — Falaise de l'Océan (d'après É. Reclus).

les unes des autres par des lignes de faîte plus ou moins nettement accentuées.

Le géographe étudie les bassins des fleuves. Ce sont les

régions où les eaux tendent à se réunir en un seul courant situé dans la partie la plus basse du bassin, pour se diriger vers le point le plus bas, le niveau de la mer. Ce n'est pas là que s'arrête pour nous le bassin. Nous le suivons sous les eaux océaniennes, nous descendons aussi profondément que nous le pouvons, jusqu'à ce que nous arrivions en un point central, d'où l'on ne peut marcher dans aucune direction sans monter. Nous circonscrivons autour de ce point, par une ligne de faîte, une région plus ou moins étendue, et nous avons un *bassin*, que nous appelons *géogénique* pour le distinguer du *bassin géographique*.

Les bassins du Rhône, de l'Èbre, de l'Arno et du Tibre se réunissent à plusieurs autres plus petits pour constituer un vaste bassin géogénique. La mer Tyrrhénienne est l'une des divisions de ce grand bassin; les golfes du Lion, de Gênes en sont deux autres.

L'action de la mer sur les rivages n'est pas moins importante que celle qu'elle exerce dans les phénomènes de sédimentation; mais notre but est d'envisager surtout ce qui se passe dans les fonds océaniques, aussi nous bornerons-nous à énumérer seulement les phénomènes superficiels, à rappeler au lecteur que les vagues dégradent les côtes abruptes (fig. 17) et qu'elles y exercent une œuvre de destruction plus ou moins profonde, suivant la disposition des assises géologiques qu'elles attaquent sans cesse (fig. 18 et 19).

Dépôts de haute mer et dépôts côtiers. — Importance en géologie des dépôts côtier pour reconnaître les limites des anciennes mers. — Dépôts des mers françaises.

Les sondages pratiqués en grand nombre peuvent seuls nous apprendre la nature des dépôts sous-marins. Quand ils sont faits par de grandes profondeurs, ils indiquent généralement la présence de roches très-divisées. Pour en citer qu'un exemple, rappelons qu'à 70 lieues au sud des îles Aléoutiennes, à 2,800 mètres on trouve du sable fin et de la vase.

Les hauts-fonds ne se rencontrant qu'à une distance notable des côtes, les corps les plus considérables et les plus lourds n'ont pu être emportés aussi loin par les courants. Si des débris d'animaux et de plantes y tombent

Fig. 20. — Roches percées à jour.

directement de la haute mer, ils conservent leurs arêtes vives et leur forme ; le calme de ces contrées encore mystérieuses leur permet de rester indéfiniment à la place qu'ils ont adoptée d'abord, sans que rien les fasse changer. L'entassement des matériaux se fait lentement, sans secousses. Ils s'amassent en couches horizontales assez homogènes ; les roches qui en résultent sont compactes et à grain fin.

Les rivages et les zones peu profondes sont en général occupés par des galets et par des corps trop volumineux pour être entraînés par les courants vers la haute mer. Les matériaux qui constituent les dépôts littoraux subissent l'influence du mouvement continuel de l'eau. Ils ont perdu leurs angles et ils tendent vers la forme ovoïde. Ils s'usent et ils se renouvellent sans cesse. Une fois réduits par les frottements à des dimensions moindres, ils sont entraînés plus loin du rivage; d'autres les remplacent pour subir ensuite le même sort.

Les dépôts des rivages n'ont ni la même constance, ni la même régularité que ceux de la pleine mer dans les endroits profonds. Ils ne présentent pas, comme ces derniers, une structure compacte, et c'est seulement dans les dépôts de haute mer que l'on peut trouver des angles bien saillants, des formes bien conservées.

L'action des vagues s'étend à une faible profondeur, surtout dans les cas ordinaires d'une agitation moyenne; aussi les dépôts littoraux sont-ils généralement peu considérables, mais leur importance théorique est très-grande. La connaissance précise de leurs caractères permet, en effet, dans mainte circonstance, au naturaliste de constater les oscillations de la mer, son retrait ou son empiétement, et de mesurer par suite les mouvements incessants de l'écorce terrestre.

Nous empruntons les détails suivants à un travail présenté à l'Institut pendant les premiers mois de 1867 par M. Delesse. Ce mémoire est une étude très-complète des dépôts qui se forment de nos jours sur les côtes de France, des relations qu'ils ont avec les courants, les animaux marins et surtout avec la nature des roches attachées à la rive.

Le dépôt littoral des rivages français présente une composition minéralogique assez variée au niveau de la marée haute, parce qu'il renferme les débris provenant des falaises voisines. Mais, au niveau de la marée basse, il est beaucoup plus uniforme dans l'Océan; il reste même constant sur une grande étendue. Alors, quelles que soient les roches qui concourent à sa formation, la mer ne tarde pas à les détruire ; en sorte que l'on y retrouve surtout les corps qui résistent bien à son action à cause de leur dureté ou de leur inaltérabilité.

De tous les minéraux du dépôt littoral de marée basse, le plus important est de beaucoup le quartz hyalin. Il y est répandu à profusion, souvent même il le constitue presque entièrement. Ce résultat s'explique par sa dureté et son abondance dans les roches.

Les argiles se voient dans le dépôt littoral au fond des golfes et des anses retirées ; mais elles sont surtout entraînées à l'état de limon, et elles vont se déposer dans le calme des mers profondes. D'un autre côté, lorsque des couches d'argile ou de schiste affleurent sur un rivage, comme à Honfleur, la proportion d'argile contenue dans le dépôt littoral peut devenir très-grande.

Le carbonate de chaux (ou calcaire) est en proportion très-variable. Il peut provenir, soit des roches calcaires, soit surtout de restes de mollusques. Dans la Méditerranée, il est très-abondant sur les côtes calcaires, comme celle de Nice ou de Marseille ; ses grains y sont toujours bien arrondis. Dans l'Océan, le calcaire ne forme qu'une assez faible proportion du dépôt littoral, le balancement des marées le dissout et l'use rapidement, en sorte qu'il ne tarde pas à disparaître, lors même qu'il est pierreux ou compacte. C'est ce qui s'observe entre le Havre et Dunkerque, ou bien au pied des falaises des Basses-Pyrénées. Il arrive même que le dépôt littoral, formé sur un rivage de craie ou de calcaire friable, ne contienne pas trace de débris calcaires. Sur les côtes de France, baignées par l'Océan, le carbonate de chaux du dépôt littoral provient presque entièrement des tests sécrétés par les mollusques de l'époque actuelle. Il est en fragments anguleux ou faiblement arrondis, et il résiste beaucoup mieux à la destruction que les calcaires les plus compactes. Aussi voyons-nous une côte dépourvue de calcaire, comme celle de la

Bretagne, présenter cependant un dépôt littoral très-riche en carbonate de chaux, qui est exclusivement fourni par des débris de coquilles.

Si l'on s'éloigne du rivage, la profondeur augmente, en même temps le dépôt marin change de propriétés physiques et chimiques. Ainsi, le grain de ce dépôt diminue, et la proportion de carbonate de chaux s'accroît; cette transformation est même parfois assez rapide.

L'ensemble de ces recherches montre que le dépôt littoral a des caractères variables avec les bassins hydrographiques auxquels il appartient, et avec les côtes émergées et submergées sur lesquelles il se forme; mais dans l'Océan, il reste constant sur de vastes étendues [1].

Charriage des roches par les glaces flottantes.

Lorsque l'eau charrie les roches, elle entraîne les plus légères et les plus ténues plus loin que les graviers, ceux-ci plus loin que les galets, ces derniers enfin plus loin que les gros blocs de pierre. La glace est encore pour les matériaux de l'écorce terrestre un puissant et majestueux moyen de transport. Mais elle emporte tout pêle-mêle, et elle dépose indistinctement mélangés les fragments de toute nature emprisonnés dans les mailles serrées de ce filet fragile.

Tous les ans, nous voyons nos rivières se couvrir d'une couche de glace; au printemps la chaleur fond cette couverture solide, et les glaçons courent en désordre vers la mer. Ce phénomène constitue la débâcle annuelle. Les eaux qui touchaient à la rive ont englobé dans leur solidification des cailloux et de la terre. Si la rivière est complétement gelée, comme il arrive quelquefois dans les contrées septentrionales, tout le lit contribue à charger les glaçons de débris qu'ils transportent plus loin.

---

[1] Delesse, *Recherches sur le dépôt littoral de la France*. (*Comptes rendus de l'Institut de France*. N° du 28 janvier 1867, pages 165 et suivantes.)

Le phénomène dont nous sommes témoins une fois par an se produit sur une grande échelle dans les mers polaires. Les glaciers y descendent souvent des montagnes jusqu'à la mer. Leur surface et leur intérieur sont remplis de blocs de rochers, de graviers et de boue. Une cause quelconque détache-t-elle du glacie une masse plus ou moins considérable, le radeau gelé flotte sur la mer et obéit aux vents et aux courants marins qui le poussent vers l'équateur. Chemin faisant, les chocs des uns contre les autres, les vagues et la fusion dont leur surface est

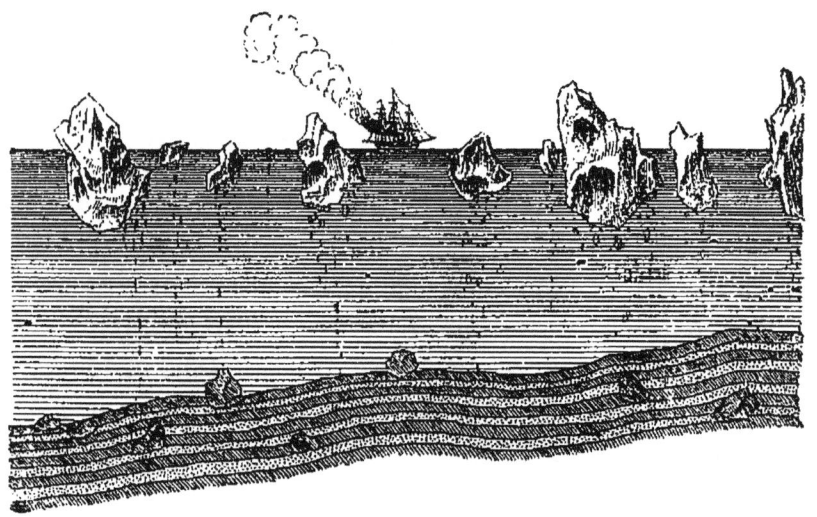

Fig. 21. — Coupe de la mer et du ond sur le trajet des ice-bergs allant du Groënland à Terre-Neuve.

le siège les détruisent, et ils abandonnent successivement leur chargement de matériaux terrestres. Ces débris tombent pêle-mêle au fond de l'eau. Ils entrent dans l'appareil de la sédimentation.

Les dépôts dus au charriage des glaces atteignent à la longue de grandes épaisseurs. Le banc de Terre-Neuve paraît avoir été ainsi formé. Tous les ans des courants froids venus de la mer de Baffin visitent Terre-Neuve avec leur imposant cortége de banquises et de montagnes gelées. Ils rencontrent près de cette île le Gulf-Stream ; les glaces disparaissent, rongées par les eaux dont la chaleur les mine rapidement. Les terres et les roches tombent au fond.

Chaque année le courant chaud les arrête au même point. Les glaces brisent tout sur leur passage. Un simple cours d'eau oppose à leur marche une barrière infranchissable. Les débris s'accumulent tous les ans près de Terre-Neuve sans jamais empiéter sur le domaine du courant mexicain. Quelle série de siècles n'a-t-il pas fallu pour que le dépôt sous-marin ait dominé les abimes voisins de 7,000 à 8,000 mètres!

L'influence des glaces polaires est donc assez considérable pour modifier à la longue le relief du globe. Elle se fait sentir sur de très-grandes étendues, puisque le charriage s'étend aujourd'hui jusqu'au 40e degré de latitude dans l'hémisphère boréal, et au 36e dans l'hémisphère austral.

Eau d'origine terrestre. — Entonnoirs. — Aveü. — Katavotron. — Sinkholes. — Geysers. — Sources sous-marines. — Dépôts geysériens. — Couches oolithiques.

Les eaux répandues sur la terre pénétrent dans ses profondeurs jusqu'à une certaine distance de sa surface. L'imbibition se fait par les régions sablonneuses, par les terres meubles de toutes sortes et même par les roches les plus dures. Ces dernières se fissurent sous l'influence des variations de température, et les fentes servent de conduit à l'eau pour pénétrer dans l'intérieur de l'écorce terrestre.

Les terrains calcaires ont une structure caverneuse. Ils cachent des gouffres dont les noms diffèrent suivant les pays. Ce sont des *entonnoirs* ou *puits* dans le Jura, des *sinkholes* en Amérique, des *katavotron* en Grèce, et des *aveü* dans le midi de la France. La vallée du Mississipi et celles de ses affluents sont remplies de *sinkholes*. Les *entonnoirs* se trouvent même quelquefois sur le trajet des fleuves. En somme, de quelque manière que se produise l'absortion de l'eau par l'écorce terrestre, cette absorption est très-considérable.

Après un séjour plus ou moins prolongé dans les entrailles de la terre, l'eau revient à la surface. Les sources, les fontaines jaillissantes, les puits artésiens, les geysers, n'ont pas d'autre origine. Les geysers [1] sont des sources

[1] *La Lilloise*, commandée par M. de Blosseville, se perdit dans les glaces lors du voyage entrepris par ce brave et savant officier pour explorer la côte orientale du Groënland. Une expédition scientifique, dirigée par M. Paul Gaimard, fut envoyée à la recherche des traces de *la Lilloise*. L'Islande et le Groënland furent explorés pendant les années 1835 et 1836. M. Lottin, qui a rédigé la partie physique du voyage, décrit, ainsi qu'il suit, les éruptions du grand Geyser (ou Geysir, dans la langue du pays).

« Le 25 juin, à deux heures du matin, nous avons dressé nos tentes sur le terrain des Geysers ; une colonne de fumée peu intense s'élevait au-dessus de chacune des ouvertures, dont elle annonçait ainsi l'existence. Le bassin du grand Geyser était plein, les eaux calmes, sauf quelques bouillonnements très-légers au centre. La pluie tomba pendant la majeure partie de cette journée, que nous passâmes assez tristement, car, malgré notre ardent désir, il n'y eut aucune apparence d'éruption. La nuit fut également paisible ; puis le lendemain 24, à quatre heures du matin, après vingt-six heures d'attente, le grand Geyser fit entendre de sourdes détonations, comparées avec justesse aux décharges d'une artillerie éloignée ; mais il ne montra que quelques bouillonnements qui atteignirent au plus un quart de mètre de hauteur, accompagnés de dégagements de vapeur et suivis d'épanchements d'eau. De sept heures à huit heures du soir, il gronde de nouveau, bouillonne et déborde au milieu d'une vapeur intense, puis rentre dans son état de tranquilité.

« Dans la nuit du 24 au 25, quatre fois de sourdes détonations, plus fortes que les précédentes, font trembler le sol à quelques pas du cône : entre minuit et une heure, entre deux heures et trois heures, et deux fois entre quatre et cinq heures. Chacun de nous veille à son tour, pour ne pas laisser passer inaperçu le moindre symptôme du phénomène ; à chaque alerte, nous sommes tous debout ; mais, après quelques bouillonnements accompagnés de nuages et de vapeurs, l'eau se déverse sur les parois du cône, le bassin reste plein, et tout rentre dans le silence.

« Enfin, le 25, vers deux heures trente minutes du soir, nous provoquons une éruption en versant dans le puits des pierres et des mottes de tourbe. Peu après les détonations se font entendre, le sol éprouve plusieurs secousses sensibles, toujours dans le sens vertical, puis l'éruption a lieu ; deux fois d'énormes bouillons de $0^m,80$ à intermittentes d'eau bouillante observées pour la première fois en Islande, où elles sont très-remarquables.

Le retour de l'eau vers la surface terrestre se fait sous la mer comme sur les continents. Des observations nombreuses de sources sous-marines d'eau douce le prouvent.

Plusieurs ont été remarquées sur le littoral méditerranéen. D'après M. de Villeneuve-Flayosc, celles qu'on rencontrée entre Perpignan et la Spezzia, à une distance du rivage plus ou moins grande, ont un débit total de 50 mètres cubes par seconde. La Seine donne moyennement 150 mètres cubes pendant le même temps.

On voit dans le golfe de la Spezzia, à 50 mètres du rivage, une sorte de boursouflure dans la mer ; elle a 25 mètres de diamètre sur $0^m,3$ à $0^m,4$ de hauteur. Quand la mer est calme, on reconnaît très-bien une multitude de jets verticaux s'élevant du fond. L'eau qui produit ce phé-

$1^m,50$ de hauteur se manifestent à la surface, au-dessus du puits, une masse de vapeurs se dégage et les eaux débordent bruyamment ; puis tout à coup elles s'élancent avec fureur et forment une immense gerbe dont les épis, perçant la vapeur, retombent sur eux-mêmes dans le bassin qui déborde de toutes parts. Les pierres envoyées par nous, quelques instants auparavant, sont rejetées avec violence, et plusieurs jets sont salis par la tourbe délayée.

« La gerbe diminue graduellement de hauteur, l'éruption semble approcher de sa fin ; mais soudain, par un violent et dernier effort, l'eau s'élance et atteint sa plus grande hauteur, puis tout s'apaise, et le Geyser reste enveloppé d'un nuage de vapeurs blanchâtres, qu'une brise légère emporte vers l'ouest.

« Les Geysers sont situés à 15 milles environ au nord-est de Skalholt, et à 22 milles au nord-nord-ouest du mont Hécla, au pied des collines de Laugarfell. Une petite rivière, la Beina, barrée par de fréquents rapides, coule à l'est, et à environ 200 mètres des Geysers. Elle reçoit les eaux de ces sources, qui s'y rendent dans des conduits tapissés de silice (matière qui forme les cailloux blancs de nos rivières). Les Geysers sont répandus sur un espace d'environ 500 mètres du nord au sud, sur 100 mètres de l'est à l'ouest ; il y a une quarantaine d'ouvertures, de formes et de dénominations différentes. Le nom de geysir (fureur), ou geyser proprement dit, est affecté aux puits dont les eaux sont jaillissantes ; leur orifice est ordinairement circulaire et bordé d'une lèvre due à la silice déposée par les eaux. »

nomène est douce ; c'est celle d'une source sous-marine. Sa plus grande légèreté la fait remonter à la surface avant qu'elle ait eu le temps de se saler. A quelque distance de l'embouchure du Galesus, dans le golfe de Tarente, il s'élève du fond de la mer un jet si puissant, qu'on peut y puiser de l'eau douce presque sans mélange d'eau salée. Un jet semblable existe dans l'étang salé de Thau,

Fig. 22. — Origine des sources sous-marines.

aa. — Eau salée.
bb. — Eau douce.
cc. — Terrains imperméables.
dd. — Terrains perméables.

près de Cette ; l'eau potable jaillit si rapidement qu'elle produit des vagues.

Un véritable fleuve souterrain a de même son embouchure sous la mer près de Raguse.

Les ports de Cattaro et d'Aulona renferment de pareilles sources d'eau douce.

Près de l'embouchure de l'Achéron, au milieu de la mer, sur une étendue circulaire d'environ 15 mètres de diamètre, s'élève en grande abondance et avec force un jet d'eau douce, le même probablement dont parle Pausanias (*Arcad.*, VII).

Un courant s'élance du fond de la mer près de Tortose, sur les côtes syriennes ; il a tellement de puissance qu'on y puise l'eau douce. Pline décrit des phénomènes analogues près d'Arcadus.

Le golfe d'Argos fournit un exemple d'une riche source nommée Anavolo, située entre Kiveri et Astros. Les relations des anciens, bien qu'un peu incertaines, prouvent qu'elle est en activité depuis 1,700 ans au moins. Le colonel Leake (*Voyage en Grèce*, t. II, p. 480) en parle ainsi : « La colonne d'eau douce ne paraît pas avoir moins de 50 pieds de diamètre. Quand l'air était calme, je remarquais qu'elle jaillissait avec une grande force du fond de la mer, au point de bomber la surface et de l'agiter suivant des couches concentriques jusqu'à plusieurs centaines de pieds de distance. On se trouvait évidemment sur l'embouchure d'un fleuve souterrain débouchant au fond de la mer. »

Ce fait peut, dans une certaine mesure, être assimilé à celui des puits artésiens, si connus maintenant. Des eaux se sont infiltrées dans des terrains perméables. Des couches d'argile ou d'autres matières peu perméables les enferment dans des conduits souterrains débouchant au fond de la mer. L'eau douce, maintenue dans ces conduits, est plus légère que l'eau salée. Si elle arrive en quantité suffisante pour ne pas se mêler complètement à elle, on la voit monter comme l'huile dans l'eau pure.

Aussi rencontre-t-on dans toutes les mers des sources sous-marines d'eau douce. Humboldt en a observé une à plusieurs kilomètres au sud de Cuba. La force de son éruption est telle, que les petites embarcations ne s'en approchent pas sans courir quelques dangers. Les navires y puisent fréquemment de l'eau, qui est d'autant plus douce qu'on la prend plus profondément.

Les eaux qui ont séjourné dans la terre s'y chargent de quelques sels. La dissolution se concentre à mesure que leur séjour s'y prolonge davantage, et qu'elles ont été chercher à une plus grande profondeur une température plus élevée. Le retour à la surface est accompagné, sur le sol immergé comme sur le sol émergé, du dépôt des sels tenus en dissolution.

Il en résulte des couches plus ou moins puissantes, dont l'accumulation modifie le fond de la mer et fournit des matériaux à la sédimentation. Pour réunir sous une dénomination commune les dépôts ainsi formés, il convient de les appeler *dépôts geysériens*, comme l'a fait M. Alexandre Vézian, en les désignant d'après le phénomène qui peut leur servir de type.

Des sources chargées de principes pierreux, ou sources pétrogéniques, leur donnent toujours naissance ; mais leur aspect est très-différent suivant que l'eau dans laquelle s'épanchent les sources est calme ou agitée. Dans le premier cas, le dépôt se fait tranquillement, la roche engendrée est homogène et compacte. Lorsque l'eau jaillit à une faible profondeur ou sur des points soumis à l'influence des courants marins, les corps menus déjà déposés sont à chaque instant soulevés et retournés de mille manières ; ils présentent successivement toutes leurs faces à l'action pétrogénique. La matière incrustante se dépose autour d'eux en couches concentriques, et leur réunion rappelle vaguement un amas de petits œufs. L'agglutinement de toutes les particules *oolithiques* par la matière incrustante n'enlève pas complètement au dépôt formé son caractère primitif, et on le désigne sous le nom d'*oolithe* (pierre formée d'œufs). La structure de la roche est dite oolithique.

Les dépôts sous-marins résultant de l'action geysérienne sont beaucoup moins importants que les dépôts dus à la sédimentation purement mécanique. Les forces physiques jouent seules un rôle dans leur production. Or la vie apporte de nombreuses modifications dans l'aspect du sol submergé et dans la nature des dépôts qui s'accumulent au fond des océans. Indépendamment des débris d'animaux et de plantes terrestres entraînés dans la mer et charriés par les courants ou roulés par les vagues, des êtres y vivent et y laissent leurs dépouilles. Une étude rapide de ces êtres est indispensable à quiconque veut se faire une juste idée de cette portion de l'écorce terrestre et des phénomènes qui s'y produisent.

VIE SOUS-MARINE

Exubérance de la vie dans les profondeurs de l'Océan. — Tableau des mers tropicales. — La vie dans les mers tempérées et dans les mers froides. — Illumination naturelle des obscurs abîmes océaniques.

La vie plaît à Dieu. Partout, nous voyons ou nous sentons cette grande et incompréhensible manifestation de sa toute-puissance. Des myriades d'animaux et de plantes ornent la surface des continents, ou se laissent porter légèrement par les vents. Mais, nulle part, la puissance créatrice ne se révèle avec autant de grandeur et de magnificence que dans les abîmes de l'Océan. Là se trouve le principe de toute vie. La Bible nous peint le créateur planant sur l'abîme et versant dans les eaux les germes de tous les êtres vivants. De nos jours encore, les continents ont beaucoup moins d'habitants que les eaux. La surface de la mer est moins variée que celle des parties solides de notre globe, en revanche aucune région ne peut donner une idée de l'exubérance de vie que l'on trouve dans son sein.

Les formes les plus inattendues, la fécondité la plus merveilleuse, nous remplissent, à chaque pas, d'admiration. Ici nous voyons un arbre fixé sur un rocher. Mais que cet arbre est extraordinaire! De ses branches nues sortent des fleurs aux couleurs éclatantes; des pétales mobiles renouvellent sans cesse l'eau qui les entoure, et

64 LES MERVEILLES DU FOND DE LA MER.

les petits êtres qui les touchent deviennent la proie de ces fleurs animées.

Voyez-vous plus loin briller deux yeux sur la vase ou le sable fin? une forme vivante s'en détache, et une feuille s'élève, en ondulant dans l'eau; elle soulève autour d'elle

Fig. 25. — Poulpe.

un nuage de sable ou de terre. Cette forme vivante est un turbot ou une sole. Au moindre danger, elle se retire au fond, et, se mettant à plat, elle devient presque invisible. Tel est le seul moyen de défense de ces animaux, qui, sans cette ruse, offriraient une proie trop facile à presque tous les poissons. L'un des côtés du corps est blanc,

Fig. 24. — Soles et limandes.

l'autre, où sont les yeux, est brun verdâtre, comme le fond de la mer.

Et ce faisceau de serpents qui s'agite à l'entrée de cette caverne! ils se tordent de mille manières et saisissent les animaux qu'un mauvais destin entraîne dans leur voisinage. Tout à coup, ils se précipitent hors de leur ténébreuse retraite; un corps armé d'un bec acéré les retient; deux yeux énormes éclairent la marche du monstre le plus hideux que l'imagination puisse enfanter.

Mais une forme gigantesque s'avance rapidement. Une lutte terrible va s'engager. Le monstre aux longs bras vomit un noir venin; un épais brouillard infecte au loin les eaux, son ennemi s'enfuit et le poulpe continue ses chasses dans un domaine dont peu d'animaux osent s'approcher.

La lourde masse des baleines, les formes élégantes de l'argonaute, le crabe armé d'une épaisse cuirasse, l'oursin qu'on prendrait difficilement pour un animal, sans les mouvements de ses baguettes et de ses petits tubes locomoteurs, les innombrables essaims des poissons qui sillonnent en tous sens l'Océan comme les oiseaux fendent l'air, les immenses bancs de méduses transportés par les courants marins comme les nuées de sauterelles émigrant sur l'aile des vents, tous ces hôtes de la mer donnent à leur élément une étrange animation.

Voyez-vous, dans les hautes herbes, à l'embouchure de ce grand fleuve, un long poisson qui peut mesurer de 2 à 6 mètres de la tête à l'extrémité de la queue? Sa forme rappelle une colonne pentagonale. Il est là blotti, silencieux, immobile. Son museau est garni de grandes lèvres bénignes, des barbillons flottent tout autour, semblables à de petits vers. Belle proie pour les poissons qui passent dans le voisinage! Mais ces vers sont sous la garde d'un grand monstre. Le petit chasseur s'avance avec précipitation pour les saisir. Les lèvres se séparent, l'imprudent est englouti. S'il a été cette fois le jouet d'une illusion, n'avait-il pas souvent donné la chasse à des vers aussi souples et aussi frétillants?

Le ver flotte dans l'eau, ou se creuse des repaires dans le sable fin, loin de toute agitation. Il se nourrit d'infiniment petits, mais quelquefois il s'attache à de grands animaux, aux dépens desquels il vit comme nous le voyons chez les hôtes des continents. Certaines espèces atteignent plusieurs dizaines de mètres. Partout il rencontre des ennemis voraces. Poursuivis dans l'étang, traqués dans le sable, ces êtres échappent à un anéantissement complet par leur extrême fécondité.

Il semble, du reste, que la nature, a cherché, dans la plupart des hôtes de l'Océan, à compenser par ce moyen toutes les causes de destruction qui les entourent. Quelques poissons de grande taille ont seulement deux ou trois petits, comme la plupart des espèces terrestres, mais que dira-t-on de la fécondité du hareng, du maquereau, de la morue, de l'esturgeon et de tant d'autres habitants des mers?

On a calculé que, si un hareng pouvait se multiplier pendant vingt ans sans perte de frai ni de fretin, sa progéniture formerait une masse dix fois plus grande que toute la terre. Combien les insectes ne doivent-ils pas être plus féconds, puisqu'ils suffisent à nourrir les immenses bancs de harengs qui assiègent les mers tempérées?

Dès que nous nous éloignons un peu de la surface, les espèces brillantes et aux formes gracieuses se fondent, pour ainsi dire, dans des organismes plus simples et mieux adaptés à une existence uniforme. Mais quelle richesse dans cette pauvreté relative, quelle profusion de vie dans ces abîmes dont l'abord même nous est interdit!

Les habitants des grandes profondeurs, comme ceux de nos montagnes, sont les plus généralement répandus. Beaucoup sont tout à fait cosmopolites; d'autres, confinés dans les régions basses, sont séparés par les hauts-fonds de tout le reste du monde comme par une barrière infranchissable. Près de la surface, au contraire, dans cette couche bouleversée par les vents et soumise à des variations notables de température, les animaux présentent des caractères bien différents suivant qu'ils habitent les eaux chaudes de la zone torride ou les régions glacées qui entourent les pôles.

Un courant d'eau tiède sépare des faunes très-distinctes aussi bien qu'un rempart de flammes. Le Gulf-Stream nourrit des êtres pour qui les eaux voisines sont mortelles, et il arrête les espèces habituées aux glaces du Nord. La baleine franche aime les courants froids. Jamais on ne la rencontre qu'à la suite des bancs de harengs ou d'autres petits poissons, dont elle avale des troupes entières. S'avançant dans les rangs serrés de ses faibles ennemis, elle engloutit dans sa vaste bouche des légions de victimes; elle les retient avec ses fanons dans cette antichambre de la mort, pour les dévorer ensuite un à un, son étroit gosier limitant son énorme appétit. Le cachalot ne se tient que dans les régions chaudes, il y dispute au terrible requin l'empire de la mer. Le phoque, le marsouin, le narval abandonnent aux dauphins la ceinture équatoriale du globe; ils se cantonnent dans les pays froids, où leur chasse fournit des ressources précieuses aux voyageurs dans les zones glaciales.

L'aspect des mers chaudes et celui des mers froides sont donc très-différents. Les acteurs ne sont pas les mêmes. Le paysage offre aussi des caractères presque opposés. Des plantes nombreuses et au port gracieux ornent les coteaux et les vallées. Comme nous le voyons sur terre, ce ne sont pas les mêmes essences qui étalent sur les cimes leurs longs rubans flexibles allongés par les courants, ou qui constituent les pelouses dans le calme des eaux profondes. Les régions tempérées offrent la plus riche végétation. Les plantes y forment ces vastes forêts, bien plus mystérieuses que les bois consacrés jadis aux divinités. Les poissons, les mollusques de tout genre, les crabes y trouvent une abondante nourriture. Mais qui peut se flatter d'avoir pénétré dans l'un de ces repaires? Ne semblent-ils pas à jamais fermés à l'homme? Qui a sondé le mystère de ces immenses forêts, plus épaisses que les forêts vierges du nouveau monde ? Que de joies et de douleurs, de luttes et de massacres dans ces bois dont notre imagination nous donne vaguement une idée!

Lorsqu'on s'avance vers l'équateur, la végétation devient moins abondante et moins variée. Les eaux trop chaudes ne plaisent pas à la plupart des algues, et, si la végétation sous-marine garde dans les mers équatoriales un cachet de remarquable grandeur et de magnificence, on ne trouve plus en elle toute la délicatesse et toute l'élégance qui caractérisent les zones tempérées.

Les algues se tiennent à une assez grande distance des pôles. Elles craignent le froid des mers arctiques. Longtemps après que les algues ont disparu, le marin trouve encore des animaux. Si des fleurs gardent leur éclat sous la neige qui les préserve des froids trop intenses, les glaces polaires ne semblent pas protéger efficacement les plantes marines. La vie s'éteint au pôle par l'engourdissement. Les plantes paraissent ressentir les premières cet effet. Des rochers, des sables ou de la vase sont les seuls accidents du paysage. Là, plus de ces charmantes retraites où se jouent les hippocampes, ces jolis hybrides de la création; plus de ces républiques de pierres édifiées à grand renfort d'ouvriers et de temps. La nature semble à bout de ressources. Les êtres condamnés à ces tristes solitudes n'appartiennent plus en général à un seul élément. Ils vivent alternativement dans l'air et dans l'eau. C'est comme un chaînon reliant le monde aérien et le monde sous-marin. La mer, couverte de glaces épaisses, leur fournit pendant l'hiver une nourriture insuffisante. Ils chassent alors les animaux terrestres que le hasard met sur leur route; ils arrivent à se dévorer entre eux, et l'on sait combien leur voisinage est dangereux pour les marins forcés d'hiverner dans ces contrées inhospitalières.

C'est ainsi que la chaleur et le froid arrêtent l'expansion de la vie sous-océanienne.

Il ne faut pas s'éloigner beaucoup de la surface pour trouver les limites de cette zone vitale pourtant si étendue et en apparence si bornée. A de faibles profondeurs, chaque ondulation de la surface océanique fait passer le tableau par les plus rapides alternatives de lumière et d'ombre. Le silence et l'obscurité ne sont bientôt plus troublés que momentanément, lorsqu'il plaît à l'homme de lancer un câble au fond de la mer, ou que les débris

Fig. 25. — Hippocampe.

d'un naufrage descendent dans le réservoir immense d'où jamais ils ne seront tirés. Mais avant d'arriver à ces couches profondes, on en trouve d'autres où le jour ne parvient que rarement et avec peine, et que des légions d'animaux parcourent en tous sens.

A quel astre inconnu de nous empruntent-ils leur lumière? Leur nature leur permet-elle de substituer à la vue un sens plus délicat encore? Ces animaux voient. Ils sont chargés d'éclairer eux-mêmes leur marche. Ils sont phosphorescents.

Les infusoires, on le sait aujourd'hui, ne sont pas les seuls producteurs de la phosphorescence. Cet état brillant de la mer est encore déterminé par des méduses, des astéries, des mollusques, des néréides, des crustacés et même des poissons, Tous engendrent la lumière, comme la lumière engendre l'électricité. Ils multiplient et diversifient les effets du phénomène. Les lueurs qu'ils produisent passent tantôt au verdâtre, tantôt au rougeâtre. On croit voir par moments, dans le sombre royaume, des disques rayonnants, des plumets étoilés, des franges éclatantes. Quelques-uns de ces êtres bizarres paraissent ds loin, comme des masses métalliques rougies à blanc, ou comme des bouquets de feu lançant des étincelles. On voit des festons de verres de couleur comparables aux guirlandes de nos illuminations publiques, et des météores incandescents, allongés ou globuleux, qui se suivent à travers les vagues, montent, descendent, s'atteignent, se groupent, se séparent, décrivent mille courbes capricieuses, et s'éteignent pour se rallumer et recommencer à se poursuivre.

C'est dans les mers chaudes que les poissons-astres brillent de tout leur éclat. Aucune illumination de nos fêtes publiques n'approche de ces splendeurs sous-marines. Avez-vous eu l'heureuse fortune d'assister par une belle soirée d'été aux joutes des lucioles dans les vallons de la Corse ou de l'Italie, à ces courses vagabondes d'insectes lumineux dont les troupes innombrables ressemblent aux étincelles d'un vaste incendie ; avez-vous remarqué dans les prés fleuris ce joli petit lampyre qui répand autour de lui une si vive lumière : supposez que lampyres et lucioles deviennent des globes de toutes les formes et de toutes les couleurs, que parfois leurs bataillons serrés éclairent des étendues de plusieurs centaines de lieues carrées ; ajoutez à cela que tous les recoins du sombre empire ont leur lumière propre, que tout ce qui nous paraît brun, terne et uniforme quand nous l'observons au soleil, acquiert, dans les abîmes de l'Océan, ces teintes riches et ces lueurs phosphorescentes que les conteurs arabes ont entrevues dans leurs songes féeriques, vous aurez un vague aperçu des spectacles offerts par l'Océan au plongeur qui oserait braver les dangers sans nombre d'une excursion sous-marine.

<small>Animaux voyageurs. — Des nids au fond de la mer. — Pêches.</small>

L'homme a de tout temps puisé dans l'observation de la nature les plus utiles renseignements. La mer surtout a aiguisé son intelligence. « Le nautile ou argonaute est l'un des animaux marins les plus anciennement connus, et l'un de ceux que l'on regardait comme ayant enseigné aux hommes la navigation. L'espèce qui habite la Méditerranée (*Argonauta Argo*) devait y être jadis plus répandue. Elle se retrouve aujourd'hui dans les parages les mieux abrités, l'Archipel, l'Adriatique, le détroit de Messine. C'est pendant les plus beaux jours, quand l'air est serein, la mer tranquille, qu'on voit flotter l'élégante coquille de l'argonaute, qui nage en refoulant l'eau au moyen d'un tube locomoteur et en étendant au vent deux de ses bras munis de fines membranes d'une couleur argentée. Les autres bras s'allongent, comme des rames, de chaque côté de la coquille. On comprend, en voyant cette vivante et gracieuse carène, ces légères membranes irisées, semblables à de petites voiles, qu'Aristote et Pline aient vu dans le nautile une des merveilles de la mer, et l'aient représenté avec tous les attributs de la navigation[1]. »

On rencontre l'argonaute dans un grand nombre de mers. Ce n'est cependant pas à proprement parler un animal voyageur. A la moindre houle, à l'approche du moindre péril, l'argonaute retire ses bras. Il recharge d'eau sa coquille, et il va chercher le calme au fond de la mer.

---

[1] Zurcher et Margollé, *Histoire de la navigation*.

Il exécute cette retraite avec tant d'habileté qu'on peut bien difficilement le surprendre. Le Vaillant, désirant en obtenir de beaux échantillons dans un de ses voyages au cap de Bonne-Espérance, envoya quelques-uns de ses matelots pour les saisir dans l'eau. A peine ces hommes approchaient-ils les mains, que ces trop clairvoyants animaux se laissaient tomber au fond, et l'on ne put en prendre aucun.

L'attention de l'homme a de tout temps aussi été éveillée par la forme du corps des poissons, sur laquelle paraît calquée la quille des vaisseaux. L'incroyable agilité du dauphin, qui voyage par troupes assez nombreuses et gambade joyeusement autour des navires ; l'apparition d'immenses bancs de poissons et leur disparition presque subite à certaines saisons, tandis qu'on les voit sur d'autres côtes ; les migrations annuelles des oiseaux ; tout devait laisser supposer à l'homme que les poissons faisaient souvent de longs voyages, et que certaines espèces les accomplissaient régulièrement.

Les circonstances curieuses de ces expéditions périodiques ne furent cependant l'objet d'études sérieuses qu'à l'époque où la surface de l'Océan fut asservie par les nations de l'Occident, lorsque les pêcheries de Terre-Neuve, des côtes de Norwége, d'Angleterre et de Bretagne eurent appelé l'attention des savants sur les poissons voyageurs, dont quelques-uns seulement étaient bien connus des anciens.

Le thon est de ce nombre. Dans la Méditerranée, qu'il fréquente aujourd'hui comme du temps de Polybe, il forme des phalanges triangulaires. Une pointe en est tournée de manière à fendre plus facilement les flots. La base en est souvent très-étendue. La mer d'Allemagne, les côtes de Guinée, les parages des Antilles, les eaux du Brésil, du Chili et de la Chine en renferment beaucoup.

Le thon recherche, pour frayer, les eaux chaudes. Un grand nombre passent l'hiver dans la partie orientale de la Méditerranée, où ils déposent leurs œufs à des profondeurs de 30 à 40 mètres, en évitant avec un grand soin les bas-fonds. Les troupes quittent l'Orient au mois de mai; elles deviennent alors très-abondantes près de la Sicile et de l'Italie méridionale. Elles remontent en automne dans la mer Tyrrhénienne.

Pline raconte que la flotte d'Alexandre en rencontra d'énormes quantités. Les vaisseaux ne pouvaient fendre cette masse vivante, et les plus grands bruits ne parvinrent pas à les dissiper. On fut obligé, dit ce naturaliste, de se mettre en bataille comme pour couper une ligne ennemie.

Les dauphins, les saumons, les esturgeons font aussi de grands voyages; seulement leurs troupes ou caravanes sont généralement peu nombreuses. Quelques-uns même remontent le cours des grands fleuves, oubliant pour un temps les eaux salées où ils ont tant d'ennemis à combattre. Mais nos voyageurs au long cours, les plus intéressants peut-être de tout le monde sous-marin, habitent la partie froide de la zone tempérée.

Les harengs occupent un des premiers rangs dans ces classes d'animaux dont l'homme a su tirer un si grand parti. C'est dans les mers du Nord qu'on les trouve le plus abondamment. On dit même que les troupes de harengs vivent pendant une grande partie de l'année sous les glaces polaires pour se soustraire aux attaques de leurs nombreux ennemis. Certains naturalistes pensent cependant, et, croyons-nous, avec raison, que pendant la saison du frai, le hareng quitte simplement le fond uni de la mer pour déposer ses œufs dans les endroits protégés par des roches, des collines abruptes, et sur lesquels les courants marins ont le moins de prise.

Les harengs n'obéissent pas, dans leurs voyages, à de simples caprices. Ils semblent choisir les côtes vers lesquelles ils veulent se diriger. Comme tous les passages ne conviennent pas à une grande armée, tandis que de petits détachements les franchiraient sans peine, les armées de harengs ne suivent pas indistinctement toutes les routes.

Ils traversent les régions où pullulent les insectes marins, base de leur nourriture.

Après avoir visité une côte, ils y retournent volontiers l'année suivante. Puis, tout à coup, sans aucune raison apparente, ils disparaissent pour un certain temps ou pour toujours.

L'arrivée des maquereaux est quelquefois la cause de leur départ.

Le maquereau, bien que d'une taille peu supérieure à celle du hareng, est pour lui un ennemi redoutable. Le hareng, moins bien armé, s'enfuit à son approche.

Presque tous les poissons sont à craindre pour les harengs. Autour d'une armée voltigent sans cesse des guérillas acharnés à sa poursuite. Morue, thon, requin travaillent à l'envi à la destruction de ces multitudes dont la propagation serait trop rapide s'ils ne servaient à nourrir les autres habitants des mers.

Les côtes de Norwége étaient, il y a plusieurs siècles, pour les harengs, une retraite favorite, Des milliers de vaisseaux s'y rendaient pour la pêche. Vers l'an 1600, les bancs se portèrent vers l'Allemagne; leur pêche enrichit les villes hanséatiques. Il y a cent ans environ que des troupes immenses visitèrent le canal de Saint-Georges; on ignore également la cause de leur arrivée et celle de leur départ. Les maquereaux sont aujourd'hui très-abondants sur les côtes de Norwége. Faudrait-il leur imputer le brusque départ des harengs? ou ces animaux n'y auraient-ils plus trouvé, ainsi que dans le canal de Saint-Georges, une nourriture assez abondante?

Quoi qu'il en soit, le célèbre Américain Franklin paraît avoir mis à profit la mémoire des harengs et leur amour du pays natal. De deux rivières voisines, l'une renfermait un grand nombre de ces poissons, tandis qu'ils ne remontaient jamais dans l'autre. Il fit retirer de la première des filets couverts de frai, et les fit jeter dans l'autre. Les harengs ne manquèrent pas de faire, l'année suivante, leur pèlerinage au lieu qui les avait vus naître; ils se portèrent

ig. 26. — Attaque des harengs par les thons.

depuis lors chaque année dans la rivière déshéritée comme dans sa voisine.

Les faits suivants donneront une idée des armées innombrables de harengs qui envahissent nos mers. La seule ville de Glascow, en Écosse, en exporte annuellement pour plus de 500,000 francs. En 1773, on en pêcha tellement dans un seul golfe sur les côtes d'Écosse, qu'on en chargeait toutes les nuits 1,650 chaloupes jaugeant près de 20,000 tonnes. Un jour sur la côte occidentale de l'île de Skye, la pêche fut si abondante qu'on ne put tout emporter. Après qu'on en eut chargé toutes les chaloupes et qu'on en eut distribué à tout le voisinage, les fermiers en firent de l'engrais. Cette troupe continua pendant très-longtemps de fréquenter ces parages. Ils entrèrent, il y a quarante ans, en si grande quantité dans le golfe de Urn, qu'ils le remplirent jusqu'à son embouchure. La profondeur du golfe est d'au moins une demi-lieue. Il y en eut tant de poussés à terre, que le rivage en fut couvert sur une épaisseur de 0^m,15 à 0^m,50, et qu'à marée basse on en voyait aussi loin que la vue pouvait s'étendre.

Les troupes de harengs sont, comme on le voit, très-serrées et très-épaisses. Elles poussent quelquefois devant elles tous les autres poissons. La troupe dont nous parlions tout à l'heure avait ainsi chassé hors de la mer des carrelets, des raies et d'autres gros poissons qui périrent avec les premiers rangs des harengs.

La poussée de tout le banc force les premiers à avancer; quels que soient les obstacles. C'est cette circonstance qu'on utilise dans leur pêche. On tend verticalement de très-longs filets dans la mer en fixant d'un côté des plombs, de l'autre des bouées. Les mailles sont assez larges pour que le poisson puisse y engager sa tête sans que le corps y passe entièrement. Quand le hareng veut se retirer, les opercules de ses branchies le retiennent au filet. On pose généralement ce dernier la nuit, parce qu'alors les harengs s'y prennent en plus grand nombre.

On rencontre, à la limite des eaux froides et des courants chauds, sur le banc de Terre-Neuve, jadis l'objet de tant de fables bizarres, des armées de morues, ces autres nomades de la mer. Elles y trouvent une innombrable quantité de petits vers dont elles font leur nourriture favorite. Chaque année voit se renouveler les invasions de ces barbares ; ils sont arrêtés chaque année par le Gulf-Stream ; chemin faisant, ils sont taillés en pièces par des flottilles de pêcheurs, et les débris de la bande se retirent dans les mers polaires pour y reprendre une nouvelle force. La fécondité de la morue est incroyable. Le célèbre micrographe Leuwenhoek a compté dans un seul individu jusqu'à 9 millions d'œufs. Avec une multiplication aussi rapide, il est facile de réparer en une seule ponte les pertes de l'armée.

Le requin et d'autres monstres marins les détruisent pourtant par milliers. L'homme, leur plus terrible ennemi peut-être, en fait de véritables boucheries. Combien tous ces animaux n'auraient-ils pas gagné à ce que notre espèce restât confinée dans l'ancien monde ! De quelle tranquillité ne jouissaient-ils pas avant que Jacques et Sébastien Cabot eussent affronté les brumes et les glaces de Terre-Neuve et du Canada !

La pêche de la morue est bien plus dangereuse et plus longue que celle du hareng. Le filet ne peut plus être aussi facilement employé, bien qu'on en fasse encore usage sur les côtes de Norwége. Généralement on lui substitue la ligne. A la ligne, on fixe un crochet auquel une morue ne tarde pas à se prendre. Le poids de l'animal rend l'opération très-pénible. Qu'on songe aux fatigues de cette pêche, si l'on tient compte de ce qu'un pêcheur habile prend, dans une journée, jusqu'à 400 de ces poissons dont le poids moyen est de 8 à 10 kilogrammes, mais dont quelques individus mesurent jusqu'à 1^m,50 de circonférence et 2 mètres de long, et qui pèsent 39 kilogrammes ! Chaque bateau rapporte moyennement en Europe 30 000 morues, et l'on sait combien est considérable le nombre de ces navires.

Beaucoup d'autres poissons sillonnent en tous sens la vaste étendue des mers, promenant le long des côtes leurs innombrables légions, ou disparaissant dans les profondeurs dont le calme leur promet une plus grande sécurité. Le maquereau est, de tous, le plus cosmopolite. Il visite chaque année les côtes de Norwége. Les marchés d'Allemagne et d'Angleterre en sont couverts pendant l'été, saison à laquelle il pullule dans la mer du Nord et dans la Baltique. On le rencontre également sur les côtes d'Islande, d'Irlande, d'Espagne, et dans la Méditerranée. On le pêche autour des îles Canaries, dans le voisinage de presque toutes les îles d'Amérique, et jusqu'au Japon et à Surinam. Il disparaît tous les ans : il s'éloigne de la surface pour y remonter au printemps.

Ce qu'il faut au maquereau, c'est une nourriture abondante; sa voracité est telle, qu'il attaque des animaux beaucoup plus forts que lui. Les bancs des petits poissons, voisins en général des côtes, sont pour lui une excellente ressource.

Les petits poissons qui voyagent par bancs ou troupes immenses le font-ils pour leur défense? Si le centre est protégé contre la plupart des ennemis, les bords sont décimés, et l'accumulation d'aussi grandes masses d'êtres vivants ne sert qu'à attirer davantage l'attention des raies, des requins et des autres tigres de la mer.

Quelques espèces, comme l'anchois et la sardine, sont de grands voyageurs. Ils habitent l'océan Atlantique et la Méditerranée. On trouve aussi l'anchois dans les mers d'Asie et d'Amérique; il passe de l'Atlantique dans la Méditerranée pendant les mois de mai, juin et juillet, et il se porte vers l'Archipel et les côtes de Syrie.

La pêche la plus considérable se fait dans les eaux toscanes, où il en paraît de grandes bandes d'avril à la fin de juillet. On attire les anchois, pendant une nuit sans lune, autour d'un bateau nommé *fastier* par les pêcheurs, et sur lequel on allume un feu de résine sèche. Un autre bateau porte un filet appelé *rissole*. Le filet n'a pas moins de 40 brasses de longueur sur 8 à 10 mètres de largeur. Quand le fastier est entouré d'un nombre suffisant d'anchois, le marin qui le dirige donne un signal ; ses compagnons jettent le filet à la mer et l'étendent de manière à entourer les poissons attirés par la lumière. On resserre ensuite le cercle. Tout à coup le fastier éteint le feu : les anchois effrayés fuient dans toutes les directions et vont s'encolleter ou se mailler dans le filet.

Ce genre de pêche se pratique à une ou deux lieues de la côte. On le remplace par un autre à l'époque du frai. Le poisson s'approche alors du rivage pour déposer ses œufs sur les bas-fonds sablonneux. On les prend dans ce cas avec de grandes *seines*, sortes de filets que l'on promène sur le sable.

La sardine est très-recherchée sur les côtes de Bretagne. On la pêche comme les anchois, seulement les mailles du filet peuvent être un peu moins serrées.

Le hareng, le maquereau et la morue aiment les localités rocheuses pour y déposer leur frai. L'anchois préfère les fonds sablonneux. La nature du sol guide ainsi les habitants de la mer dans leurs pérégrinations. On en connaît quelques exemples ; le suivant est un des plus remarquables.

Les Espagnols eurent pendant longtemps le monopole de la pêche des thons. Sept immenses établissements étaient échelonnés sur les côtes voisines du détroit de Gibraltar, par où passent annuellement plus de quatre cent mille de ces animaux. Ces richesses furent perdues en un seul jour, lors du tremblement de terre qui bouleversa Lisbonne. Les côtes espagnoles étaient rocheuses et fournissaient une route agréable aux voyageurs océaniens. Le jour du tremblement de terre, de grandes masses de sable et de cailloux furent arrachées aux côtes d'Afrique et jetées sur celles d'Europe. Ces dernières devinrent des bas-fonds avec des bancs de sable. Les thons s'en éloignèrent pour se reporter vers les côtes marocaines de Tétuan et de Salé, devenues plus libres. Il fallut de trop longs filets pour les prendre, et leur pêche fut transférée sur les côtes sardes et italiennes.

Il serait bien difficile de dire pourquoi les thons préfèrent les côtes rocheuses. Il est possible cependant que ce soit à cause des abris qu'ils y trouvent plus facilement. La timidité de ce grand et imposant animal est telle, qu'il ne fait pas de grands efforts pour se dégager des filets lorsque ses premiers essais sont restés infructueux. Aussi donne-t-il peu de peine aux pêcheurs.

Les filets dont on se sert dans la Méditerranée, pour le prendre, ont la forme de sacs, mais sont d'une dimension énorme. On les appelle *tonnari* en Italie. C'est au commencement d'avril que les pêcheurs commencent à construire la forteresse dans laquelle doivent entrer les thons. D'immenses filets sont fixés au fond, au moyen d'ancres et de poids assez lourds pour empêcher les plus fortes tempêtes de les entraîner.

Les thons aiment, avons-nous dit, les côtes rocheuses, les canaux entre les îles. C'est là que les pêcheurs établissent leur *tonnaro*.

Tout le passage est soigneusement fermé par les filets. On ne laisse qu'une petite ouverture : c'est la porte extérieure de l'édifice sous-marin. Cette porte, qui conduit dans la première salle appelée la *halle*, est pratiquée du côté du détroit par où les thons arrivent chaque année. Dès qu'une troupe de ces animaux a pénétré dans la halle, des pêcheurs ferment la porte extérieure du tonnaro. Ils effrayent ensuite les thons en leur jetant du gravier, des épouvantails de peau de mouton, ou même ils les poursuivent, pour les forcer d'entrer par une seconde porte de l'antichambre. On referme alors la seconde porte et l'on ouvre la première pour qu'une nouvelle troupe pénètre dans la halle. Quand un assez grand nombre sont entrés dans l'antichambre, le même manège les amène dans la *chambre de la mort*, où les pêcheurs les tuent à coups de lance. Quelquefois le désespoir les rend furieux. Ils s'élancent hors de l'eau, rompent leurs filets, ou se brisent la tête contre les roches ou les embarcations.

On a lieu d'être étonné de la facilité de cette pêche, surtout quand on songe à la grande taille du thon. Il a généralement de $0^m,60$ à 1 mètre de long ; mais il atteint parfois une taille plus considérable. On en trouve souvent de la grandeur d'un homme, et l'on en prend quelquefois de 2 mètres et de 2 mètres et demi de longueur sur la côte du Brésil. Certains naturalistes citent des thons plus grands encore et qui, du reste, furent remarqués pour leurs dimensions insolites.

Dans beaucoup d'autres cas, et quelquefois pour conquérir une proie moins précieuse, l'homme est forcé de descendre lui-même au fond de la mer. C'est ainsi qu'il pêche l'éponge, la perle, le trépang, le corail. Nous consacrons ailleurs un chapitre spécial à ces aventureuses et barbares expéditions. Nous restons, pour le moment, sur les bords, ou, du moins, nous explorons les parties du fond que nous pouvons examiner du pont de notre bateau.

Nous voyons ici du frai de poisson flotter à la surface. Il se compose d'œufs reliés ensemble par une gelée transparente. Il sert de pâture à tous les poissons. Ce qu'ils n'auront pas dévoré deviendra petit poisson et sera appelé à de plus hautes destinées si l'épinoche, très-friande du menu fretin, ne vient le détruire, ou si la houle ne jette sur la côte le frai, qui se corrompt bientôt en répandant une vive lueur phosphorescente.

Sur le fond, la morue, le hareng, le maquereau, le thon, etc., ont déposé leur frai dans les anfractuosités des rochers, sous les pierres, dans tous les lieux bien défendus contre l'agitation des eaux. Malgré ces précautions, combien de générations ne sont pas dévorées avant leur éclosion par des voisins affamés, et souvent par les poissons eux-mêmes qui les ont cachées avec tant de soin! La vie se conserve dans la mer par l'incroyable fécondité des animaux marins, fécondité dont nous avons vu plusieurs exemples.

Quelques habitants des mers paraissent cependant mettre un soin jaloux à protéger leurs descendants contre les attaques d'ennemis trop acharnés. Les uns, comme les vers marins, le solen, se cachent entièrement dans le sable ; d'autres se contentent d'y enfermer leurs œufs. D'autres enfin construisent de véritables nids dans les algues, dont ils entrelacent les feuillages.

L'épinoche, si terrible pour le fretin de ses confrères, prend en particulier un grand soin de sa famille. Vivant ordinairement dans les forêts sous-marines, elle est très-sauvage de caractère. A l'époque du frai, elle tisse artistement son nid, où elle dépose ses œufs. Malheur à tout poisson qui approche de ce sanctuaire : quelle que soit sa taille, il devra se défendre contre les attaques furieuses de l'épinoche. Il sentira les coups redoublés de ses piquants, ses morsures l'écarteront quelquefois. M. Arderon rapporte qu'il nourrit une épinoche dans un grand bocal d'eau ; qu'elle dévora en cinq heures quatorze fretins de vaudoise, longs de $0^m,03$, et qu'elle se serait fort bien accommodée de ce régime. Elle ne souffrait pas un compagnon dans le même vase, et attaquait tous ceux qu'on y mettait, quoiqu'ils fussent dix fois plus gros qu'elle. M. Arderon y mit un jour un petit poisson : l'épinoche se lança aussitôt sur lui et le chassa devant elle ; elle lui arracha un morceau de la queue, et, si on ne l'avait pas retiré du vase, elle l'aurait infailliblement tué.

Luttes terribles des monstres marins. — Massacre des faibles par les forts.

La vie s'entretient par la mort. Nous voyons à chaque instant cet adage se vérifier autour de nous. Il semble qu'il y ait sur notre globe une quantité limitée de vie, qu'elle ne puisse ni s'augmenter, ni s'amoindrir, mais qu'elle se transforme et se renouvelle sans cesse, en un mot que toute mort engendre une quantité équivalente de vie.

Si l'homme a, dès les premiers âges du monde, soutenu

contre les monstres de tout genre des luttes acharnées dont les fables ont perpétué le souvenir, il a, depuis lors, étendu considérablement le cercle de ses expéditions aventureuses. Le merveilleux faisant place à des notions plus précises sur le théâtre de ses exploits et la nature de ses ennemis, il a de jour en jour senti s'accroître son audace. Il a sillonné en tous sens la surface des mers, et il a tenté d'asservir les puissances de la mer comme celles de la terre.

Il livre au cétacé des combats terribles ; il va le poursuivre jusque dans les solitudes glacées où quelques espèces se sont réfugiées pour échapper à ses coups. Il tire de presque tous un grand parti en fondant leur graisse et leur foie pour en extraire de l'huile. La peau très-épaisse de la plupart d'entre eux a de nombreux usages. Les fanons de la baleine, ce spermaceti ou blanc de baleine, logé dans les cavités de la tête du cachalot, l'ambre gris qui se forme dans les intestins de cet animal, lorsqu'il est malade, sont autant d'articles de commerce fournis par les cétacés.

C'est à la recherche opiniâtre de ces richesses que nous devons en grande partie la connaisance précise des mœurs des grands monstres marins. Quelques-uns vivent en assez bonne intelligence, mais d'autres semblent dans une guerre continuelle, toujours prêts à se jeter l'un sur l'autre lorsqu'ils se rencontrent.

Le poisson à épée et la baleine sont dans ce cas. Le premier est, dit-on, toujours l'agresseur. A en croire les navigateurs, la baleine, dont la masse impose à presque tous les habitants des mers, et qui sous une épaisse cuirasse de graisse brave impunément leurs attaques, paraît troublée d'une manière extraordinaire à la vue de ce poisson qu'elle aperçoit à une grande distance, de quelque côté qu'il se montre.

Dès qu'un poisson à épée se jette sur elle, la baleine se précipite au fond. Son ennemi la suit de près et la force de remonter à la surface. La seule défense de la baleine

Fig. 27. — Combat d'un espadon et d'une baleine.

est sa queue. D'un coup elle anéantirait son ennemi si elle pouvait l'atteindre. Mais celui-ci est aussi agile que l'autre est massive, et il élude facilement ses efforts. Il saute en l'air et tombe sur la baleine, non pour la percer de son épée, mais pour lui porter des blessures plus dangereuses avec les tranchants dentelés de cette arme terrible.

M. de Tessan a pu assister, en plein océan, à cet intéressant spectacle. — « Lat. 23° 14′ N. — Long. 108° 49′ O. — 16 décembre 1837. J'ai bien vu, quoique d'un peu trop loin, le combat d'une baleine et d'un espadon. Celui-ci sautait en l'air à 3 ou 4 mètres de hauteur, faisait un demi-tour et retombait dans l'eau la tête la première. Ses coups étaient très-répétés; la baleine, à chaque fois, frappait violemment l'eau de sa queue et soufflait souvent. Le combat dura assez longtemps, et toujours sensiblement à la même place, ce qui prouvait que la baleine ne cherchait pas à fuir son ennemi. Mais tout à coup, après un très-court instant de repos, la baleine elle-même a sauté hors de l'eau à 2 ou 3 mètres de hauteur, et, en retombant à plat, a fait jaillir l'eau avec beaucoup de force. Après ce coup de vigueur, le combat a paru cesser, car je n'ai plus rien vu. »

La baleine est le moins vorace des cétacés. Il n'en est pas de même du cachalot qui, moins énorme que la baleine, peut encore être compté parmi les géants de la création. Le cachalot a un large gosier. Il avale d'une seule gorgée une grande quantité de poissons. On raconte à ce sujet des faits curieux auxquels il est même difficile d'ajouter complètement foi, bien qu'ils soient rapportés par des naturalistes. Un cachalot ayant été blessé, dit Grantz, vomit un requin tout entier, long de 5 mètres, et l'on trouva dans son estomac des os de poisson de la longueur d'une toise. Certainement, ajoute le même auteur, le poisson qui avala Jonas devait appartenir à cette espèce.

Qu'était donc ce monstre pour avoir débarrassé, d'une seule bouchée, l'Océan d'un de ses requins?

Le requin est, en effet, d'une voracité et d'une force

sans exemple. Il est redoutable, même pour les grands cétacés. Il escorte sans cesse les vaisseaux dans les régions chaudes, et il y dévore tout ce qu'on jette à la mer. Si quelqu'un de l'équipage y tombe, il devient immédiatement la proie de ce monstre. Sa mâchoire, garnie de cent trente-quatre dents fortes et pointues, peut couper d'un seul coup un homme en deux. La seule limite imposée

Fig. 23. — Pêcheur de perles attaqué par un poisson-scie.

par la nature à son énorme appétit vient de la disposition de sa gueule. Au lieu d'être placée à l'extrémité du corps, elle est latérale. Pour saisir sa proie, le requin est obligé de se coucher sur le côté; pendant ce temps, ses victimes lui échappent quelquefois.

Quand il a goûté de la chair humaine, ce monstre ne cesse de fréquenter les parages où il compte en trouver. Les pêcheries de perles sont pour cette raison le théâtre d'affreux combats où le sang-froid et l'intelligence de l'homme triomphent heureusement parfois de ce tigre des mers. Tout plongeur descend armé d'un couteau tranchant ; quand un requin veut se jeter sur lui, il cherche à le frapper sous le ventre. Les nègres d'Amérique ne craignent pas non plus de se mesurer avec lui. Aussitôt qu'ils l'aperçoivent, ils plongent profondément ; en remontant

Fig. 29. — Combat d'un matelot et d'un requin.

aussi vite, ils lui frappent le ventre, avant qu'il ait pu prendre sa position offensive.

Mais il n'est pas nécessaire de fouiller dans les annales des nègres ou des Asiatiques pour trouver des actes de courage et des luttes corps à corps où des hommes héroïques terrassèrent leur terrible adversaire.

Un vaisseau marchand venait d'arriver d'Angleterre à la Barbade. Plusieurs matelots se jettent à la mer pour se baigner. Un grand requin s'élance sur eux. Tous parviennent à regagner le canot envoyé à leur secours. Au moment où il va sortir de l'eau, l'un d'eux est coupé en deux par le monstre. L'ami de ce malheureux entre en fureur. Le requin cherchait dans les eaux ensanglantées les restes de sa victime. Le brave jeune homme saute à la mer. Il périra comme son ami, ou le monstre payera son audace de sa vie. Le requin se précipite. Il est près de lui. Déjà il se tourne et il entr'ouvre son immense mâchoire. De la main gauche, le matelot saisit le requin au-dessous de sa nageoire pectorale, et de sa main droite, armée d'un poignard très-pointu, le frappe à coups redoublés. C'est en vain que le requin cherche à se débarrasser de son ennemi. Son sang coule à flots. Le poignard ne cesse de le frapper. Les équipages des navires mouillés dans la rade attendaient avec angoisse la fin de cet épouvantable combat. Enfin les champions apparaissent à la surface. L'homme a terrassé le monstre; il le pousse vers la plage, lui arrache les boyaux et en tire les restes de son ami.

Presque tous les autres habitants de la mer sont d'une grande voracité, mais leurs petites dimensions et la faiblesse relative de leurs moyens d'attaque nous les rendent moins redoutables, et masquent leurs massacres, leurs déprédations de tous genres. Il nous faut l'œil du naturaliste ou du marin pour observer ces détails de la vie océanique, qui ne nous touchent pas directement et ne nous frappent pas comme les affreux holocaustes des grands brigands des mers.

Le turbot et la sole, ces êtres difformes, sont bien déshérités en apparence ; ils sont pourtant cosmopolites. Ils habitent presque également les plages vaseuses et les côtes rocheuses ; mais leur chair a, dans les cantons rocailleux, un goût bien préférable. On les pêche dans toutes les mers d'Europe, dans le voisinage du cap de Bonne-Espérance, dans l'océan Indien et jusque dans la mer de Chine.

Partout ces faibles animaux sont la proie de nombreux ennemis. Mais ne leur prodiguons pas notre pitié. Si la

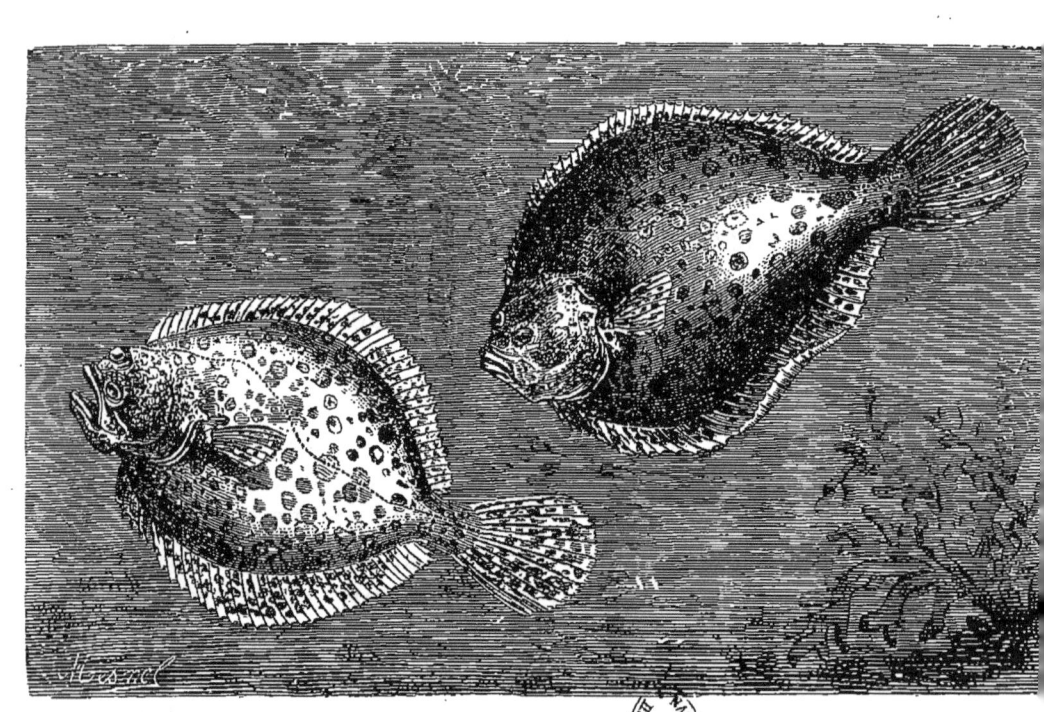

Fig. 30. — Turbots.

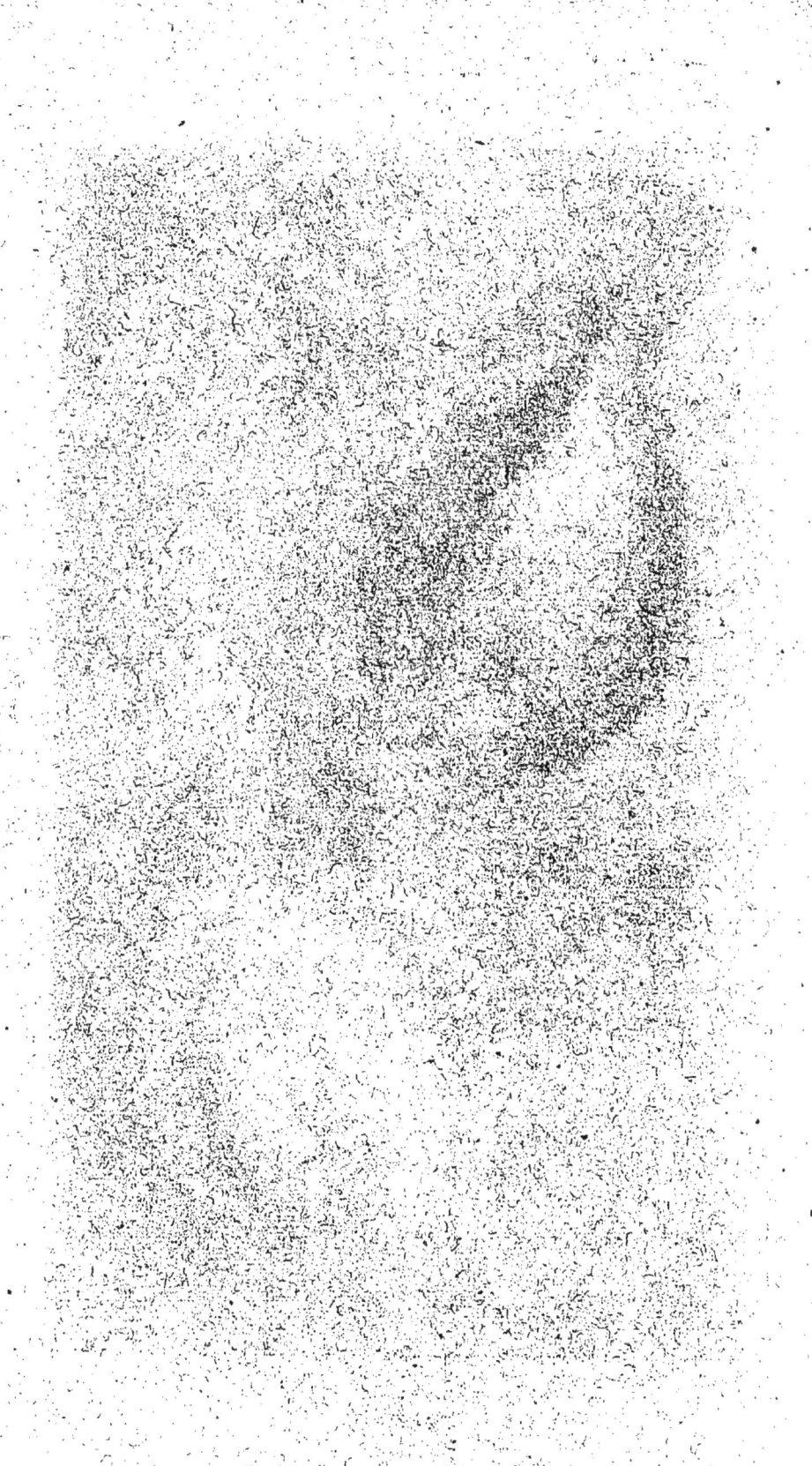

force leur manque, ils sont très-carnassiers. Les appâts dont on se sert pour les pêcher sont des morceaux de harengs et de petites lamproies, des vers, des patelles, des moules. Ils ne mangent que la chair vivante ou fraîchement tuée ; jamais ils ne mordraient à un morceau de hareng sorti de l'eau depuis douze heures. Ces êtres semblent inoffensifs. Comment, avec un corps si mince et si souple, avec une bouche dépourvue de dents ou de tout corps dur qui puisse en tenir lieu, peuvent-ils songer à devenir assaillants ? Cependant cette feuille animée avale les coquillages en même temps que leurs hôtes.

Nous voyons à chaque pas, dans la mer, le faible dévoré par le fort, le petit absorbé par le grand. La vie, ne l'oublions pas, est seule capable d'entretenir la vie. C'est, en général, un plus fort qui se charge de la vengeance du faible. Le thon détruit le hareng, mais toujours il rencontre le requin dans ses chasses, et souvent, lorsqu'il fait dans un banc de harengs de larges trouées, il devient la victime de son formidable adversaire.

La vie des animaux marins se passe à lutter pour savoir qui mangera l'autre ; ce sont des ruses continuelles, des attaques et des fuites précipitées, des batailles et des morts sans aucun spectateur pour compatir aux maux du vaincu. Point de cris, point de discours inutiles. On se rencontre, on s'attaque, on se dévore.

Cette cruauté féroce, cet acharnement froid et implacable, nous ne les trouvons pas dans le crabe. Il semble que ce chevalier, tout couvert d'une épaisse cuirasse, ait des emportements, des joies après le triomphe, et qu'il soit sensible au déshonneur de la défaite.

Les crabes se livrent entre eux des combats acharnés. Avec leurs grandes pinces, ils saisissent les pattes postérieures de leur antagoniste, et ce dernier a beaucoup de peine à les retirer saines et sauves. Quel est le brigand assez inhumain pour prendre plaisir à écarteler son adversaire ? Les exemples de ces cruautés sont heureusement des plus rares, et Procuste ne trouve pas souvent des imitateurs. Ce qui nous révolte, nous répugne presque, les crabes le font à chaque instant. Ils emportent souvent comme un trophée un pied ou une patte de leur ennemi. Leur irascibilité est telle que, si l'on fait saisir à un crabe une de ses pattes au moyen d'une de ses pinces, il ne s'aperçoit quelquefois pas qu'il est lui-même l'agresseur. Il va jusqu'à casser la gaîne de son pied, et bien

Fig. 51. — Crabe enragé.

qu'il se sente alors blessé, il ne cesse de se pincer que longtemps après.

Ce n'est pas toujours contre ses semblables que le crabe dirige ses attaques. Il est un objet de terreur pour les petits animaux marins, à cause de ses grandes pinces et de sa carapace, qui le rend presque invulnérable.

Cette armure devient cependant pour lui la cause d'un grand danger. Elle est loin de suivre le crabe dans sa croissance. A certaines époques, vous le voyez comprimé à l'excès dans sa dure enveloppe, devenue trop étroite ; il subit une étreinte plus forte chaque jour ; ses membres sont paralysés ; il vit avec peine ; une crise se prépare ; il éclate et sort de sa prison. Beaucoup succombent à cette phase douloureuse de leur existence ; le vieux crabe l'a traversée deux ou trois fois. La mue se fait entre Noël et Pâques pour le crabe domestique qui habite les côtes rocailleuses de l'Europe et des Indes. Jusqu'à ce que le test ait acquis une consistance suffisante, une peau molle et semblable à du parchemin mouillé forme la seule égide protectrice du crabe. Alors il se retire dans les fentes des rochers, ou il se tapit sur le sable dans l'immobilité la plus complète. Mais toutes ces ruses sont inutiles ; ses ennemis le poursuivent avec un acharnement d'autant plus grand qu'il est plus faible, et il se soustrait difficilement à leur vengeance.

L'écrevisse de mer subit la mue comme le crabe. Quelques jours avant l'époque où le test se renouvelle, l'animal s'engourdit. Il demeure d'abord complétement immobile ; puis il se jette sur le dos et appuie ses pinces l'une contre l'autre. Ses membres et tout son corps paraissent trembler. Ils se gonflent. Les jointures de la cuirasse s'ouvrent au ventre, celles des pinces viennent ensuite. L'instant de la délivrance ne se fait plus dès lors attendre longtemps. L'écrevisse est si faible qu'elle reste tout à fait sans mouvement ; c'est à ce moment qu'elle devient la proie des morues, des raies et de beaucoup d'autres poissons.

Ses semblables sont en général ses plus dangereux voisins. Elle dévore les petits de sa propre espèce ; elle les préfère même aux vers cachés dans le sable et au frai des poissons.

La plus grande partie de la vie de l'écrevisse de mer se passe dans une retraite qu'elle s'est choisie entre deux rochers. Ce repaire dépasse à peine la largeur de l'animal lui-même. C'est de là qu'il fond avec une grande agilité sur sa proie. Aussitôt qu'un danger le menace, il fuit rapidement vers sa demeure, en sautant la queue en avant, et en parcourant parfois d'un seul bond une étendue de 10 mètres.

Ce bandit, armé de pied en cap, qui fond à l'improviste sur une proie sans défense, a tellement besoin de se sentir protégé par une cuirasse, que certaines espèces, auxquelles elle fait en partie défaut, sont obligées de se réfugier dans la carapace vide d'un crabe ordinaire.

Tel est l'ermite ou crabe-soldat. Son arme défensive et offensive consiste dans deux grandes pinces grosses comme le pouce d'un homme, et si fortes qu'elles font des plaies très-profondes. On le voit souvent sur les cailloux roulés par la vague. Il traîne son ancienne demeure. Au moment donné, il s'arrête devant une dépouille de crabe; il l'examine pendant quelque temps sous toutes ses faces, et, après avoir retiré sa queue de celle qu'il traînait, il essaye d'entrer dans la nouvelle. Cette dernière n'est-elle pas à son gré, il reprend l'ancienne, et il repart à la recherche d'un gîte convenable. Il continue ses essais jusqu'à ce qu'il en trouve un à son goût. Il s'en affuble alors, quoiqu'il puisse y cacher quelquefois non-seulement tout son corps, mais encore ses grandes pinces. Souvent deux de ces animaux cherchent à se loger dans la même carapace. Ils se battent à coups de pinces jusqu'à ce que le plus faible soit obligé de céder. Le vainqueur s'empare de sa conquête, et la promène quelque temps devant son malheureux rival.

Parmi les petits crustacés, il en est un, le bernard-l'ermite, qui aime à s'enfermer dans une coquille de mollusque. Sa tête et la partie antérieure de son corps sont protégées par un corselet lisse et résistant; sa queue, aussi longue que le reste du corps, est nue. Il ne se donne pas la peine de chercher une maison vide, ou d'en chasser le propriétaire, il le mange. Une coquille univalve, contournée en hélice comme les colimaçons de nos jardins est facile à transporter. Il s'y enferme entièrement, et, si quelque petit imprudent veut attaquer le mollusque, le crabe montre sa tête et le dévore.

Retournons vers la haute mer. Nous y trouvons la raie, poisson plat à deux faces dont les couleurs sont différentes. La peau de certaines espèces est tellement rugueuse, qu'on l'emploie concurremment à celle du phoque pour polir le bois et l'ivoire. Une forte mâchoire, quelquefois

Fig. 32. — Bernard-l'ermite.

même un puissant aiguillon, sont pour la raie des armes redoutables.

Mais tous ces monstres ont des défenses apparentes; ils excitent de loin la défiance de leurs victimes. Quelquefois leurs couleurs éclatantes ou l'auréole phosphorescente qui les entoure éveillent l'attention des faibles, et leur donnent le temps de se soustraire à leurs atteintes. Rien dans la torpille et le gymnote ne laisse deviner combien sont redoutables ces brigands sous-marins. Plus d'imposant cortége, d'appareils terribles et menaçants. La torpille et le gymnote, sous la forme de la raie et de l'anguille, cachent des armes bien plus meurtrières que celles des animaux de leur espèce. Ils foudroient les êtres qui les approchent, et ils en font ensuite aisément leur proie. Les commotions qu'on ressent quand on les touche ressemblent tout à fait à celles que produisent les décharges électriques. Cependant certains auteurs assurent que les nègres manient la torpille sans danger.

Les propriétés électriques du gymnote étaient inconnues en Europe jusqu'en 1671, époque à laquelle Richer, envoyé en mission à Cayenne par l'Académie des sciences de Paris, observa et fit connaître ce singulier poisson. « Je fus très-étonné, dit-il, de voir un poisson long de 3 à 4 pieds, ressemblant à une anguille, priver de tout mouvement pendant un quart d'heure le bras et la partie la plus voisine du bras de celui qui le touchait avec son doigt ou avec un bâton. Je fus non-seulement un témoin oculaire de l'effet que produit son attouchement; mais je l'ai senti moi-même, en touchant un jour un de ces poissons encore vivant, quoique blessé par un crochet au moyen duquel les sauvages l'avaient tiré hors de l'eau. »

Les savants professaient à cette époque un scepticisme outré. Le récit de Richer fit si peu d'impression sur eux que, pendant soixante-dix ans, aucun naturaliste ne s'en occupa. Cette indifférence dura jusqu'au moment où la Condamine, dans ses voyages en Amérique, décrivit un poisson qui produisait les mêmes effets que celui dont avait parlé Richer. Chacun voulut alors l'étudier, et Gravesende ne tarda pas à reconnaître la nature galvanique des secousses données par cet animal : « L'effet produit par ce poisson, écrivait-il en 1755, est le même que celui de la bouteille de Leyde, avec cette seule différence qu'on ne voit aucune étincelle sortir de son corps, quelque fort que soit le coup qu'il donne; car, si le poisson est grand, ceux qui le touchent en sont terrassés et sentent la secousse par tout le corps. »

Le gymnote ne paraît se servir de son arme que pour sa défense. Il se nourrit de petits poissons et de vers. On en trouve de grandes quantités dans les parages de l'Amérique méridionale et dans la mer des Indes. La torpille est plus cosmopolite. On la rencontre notamment dans les mers d'Europe.

Ces deux monstres, dépositaires de la foudre, paraissent s'être partagé l'univers. Comme la raie, le turbot et la sole, la torpille affectionne les fonds plats et sablonneux. Le gymnote recherche les rochers, les eaux claires et le voisinage des fleuves, dont il remonte souvent le cours.

Forêts animées. — Animaux-pierres.

Le fond de la mer est un pays enchanté. Les animaux y sont lumineux, ils foudroient à distance des ennemis redoutables. Ils s'y pétrifient.

Jadis Daphné fut transformée en laurier. Les historiens de la Fable nous peignent les souffrances de cette infortunée, sa langueur, l'engourdissement de ses membres ; de ses pieds desséchés partent de longues racines, et ses bras s'allongent en branches que recouvre une écorce luisante. Cette fable, ce rêve se trouve à chaque instant réalisé dans l'Océan.

Il n'est pas de région au doux climat, de site agréable, où l'on ne trouve des animaux vivant par colonies, et travaillant par leur pétrification à la construction de rochers et de récifs d'une immense étendue.

La chaleur favorise leur développement. Nulle part ils n'offrent une aussi merveilleuse variété que dans le Grand Océan et dans la mer des Indes. Plongeons nos regards dans le si pur cristal de l'océan Indien ; nous y voyons réalisées les apparitions les plus merveilleuses des féeries dont on a bercé notre enfance : des buissons de pierre sont chargés de fleurs vivantes ; avec les massifs de méandrines et d'astrées contrastent les explanaria touffus épanouis comme des coupes, et les madrépores à la structure élégante, aux ramifications innombrables. Partout brillent les plus vives couleurs; les verts glauques alternent avec le brun et le jaune ; de riches teintes pourprées passent du rouge vif au bleu le plus foncé. Sous les nullipores roses, jaunes ou nuancées comme la pêche, se cachent les plantes flétries, et les rétipores, qui ressemblent aux plus fines découpures d'ivoire, les enveloppent de leur noir tissu. A côté se balancent les éventails jaunes et lilas des gorgones, travaillés comme des bijoux de filigrane. Le sable est jonché de hérissons et d'étoiles de mer, aux formes bizarres, aux couleurs variées. Les flustres, les escares s'attachent aux branches de corail comme les mousses et les lichens aux arbres de nos forêts, les patelles aux raies jaunes et pourprées s'y fixent comme de grandes cochenilles. Semblables à de gigantesques fleurs de cactus, animées des plus ardentes couleurs, les anémones marines font épanouir dans les anfractuosités des rochers leurs couronnes de tentacules, ou s'étendent sur le fond comme un parterre de renoncules variées. Parmi les buissons de corail jouent les colibris de l'Océan, petits poissons étincelants d'un éclat métallique rouge ou bleu, d'un vert doré ou d'un éblouissant reflet d'argent. Et cette vie merveilleuse nous apparaît au milieu des plus rapides alternatives de lumière et d'ombre à chaque souffle, à chaque ondulation qui ride la surface de l'Océan. Lorsque le jour décline et que dans les profondeurs s'allongent les ombres de la nuit, ce délicieux jardin s'illumine de splendeurs nouvelles. Des méduses, des crustacés microscopiques, semblables à des lucioles, étincellent dans les ténèbres. La pennatule qui, le jour, est d'un rouge cinabre, flotte, la nuit, dans une lumière phosphorescente. Le moindre coin rayonne. Tout ce qui, brun et terne, s'effaçait pendant le jour au milieu du rayonnement universel des couleurs, brille chaque soir, d'une lumière verte, jaune ou rouge, et, pour que rien ne manque aux merveilles de cette nuit enchantée, le large disque d'argent de la lune de mer (*Orthagoriscus mola*, nommé vulgairement poisson-lune) traverse avec majesté le tourbillon des petites étoiles. La végétation la plus riche des contrées tropicales ne peut développer une plus grande variété de formes, et elle reste bien en arrière des jardins magnifiques de l'Océan, composés presque entièrement d'animaux. Cette faune marine est aussi remarquable par son développement extraordinaire que l'est, dans les zones tempérées, l'abondante végétation du lit de la mer. Tout ce qu est beau, merveilleux, extraordinaire dans les grandes classes des poissons, des échinodermes, des méduses, des polypes et des mollusques à coquilles, pullule dans les eaux tièdes et limpides de l'océan tropical, s'y promène sur les sables blancs ou y couvre les roches abruptes; et, lorsque la place est déjà prise, y vit en parasite ou nage à la surface et dans les profondeurs.

Éponges.

Longtemps on a pris les zoophytes pour des plantes marines durcies. L'animalité et la vraie nature de ces êtres, aux formes et à l'aspect si bizarrement variés, n'ont été bien reconnues que de nos jours. Leur nom même rappelle encore leur analogie apparente avec des végétaux.

Ils présentent les caractères de l'animalité pendant une faible partie de leur existence. Ils courent librement dans l'eau. Un corps solide quelconque les arrête. Le jeune animal, dont le corps était quelquefois entouré de cils vibratiles, s'y fixe. Bientôt il perd le mouvement, et une série de métamorphoses commence pour lui.

Ainsi le corps de l'éponge, d'abord gélatineux, se crible de trous. Ces derniers dégénèrent, en s'agrandissant, en canaux tortueux qui traversent la masse dans tous les sens. L'eau y circule et apporte à l'animal les substances nécessaires à son développement. L'être a perdu sa mobilité ; c'est dès lors une masse inerte en apparence. Il ressemble au végétal le plus informe et le plus irrégulier ; les trous se remplissent en même temps de filaments cornés, qui s'enchevêtrent les unes dans les autres et sont les éléments d'une charpente solide.

D'autres filaments, siliceux ou calcaires, se mêlent aux premiers et remplissent les cavités qu'ils laissent entre eux. Leurs formes sont très-variées suivant les espèces dont ils proviennent, et souvent des spicules d'aspects très-différents sont réunis dans un même individu. Ils sont généralement très-petits. C'est le microscope qui nous révèle leur nature. On y remarque des harpons, des pieux armés de pointes, des étoiles ou des amas de cristaux les plus bizarres.

Les espèces d'éponges se distinguent par leur tissu plus ou moins serré, plus ou moins corné. Quelquefois leur masse est environnée presque de toutes parts d'une enveloppe calcaire ou siliceuse. Les côtes d'Europe fournissent quelques éponges de ce genre ; mais les plus remarquables viennent de la mer des Antilles et du Japon. D'autres fois les spicules siliceux remplissent le tissu au point de le faire servir au polissage des objets. L'usage auquel est destinée l'éponge lui vient de sa facilité d'imbibition. La plupart des espèces ne peuvent servir à cet effet. Elles sont très-nombreuses et paraissent habiter indistinctement toutes les mers, tout en étant plus abondantes près de l'équateur.

La mer Rouge, les côtes de Syrie, les mers d'Amérique, la Manche, l'océan Atlantique moyen et les mers australes sont riches en éponges capables d'être utilisées pour les besoins domestiques. Des plongeurs les arrachent aux rochers, surtout dans les mers d'Asie.

N'a-t-on pas lieu de s'étonner de leur bas prix, quand on songe que chaque éponge cueillie dans les forêts sous-

Fig. 33. — Pêche des éponges sur les côtes de Syrie.

marines peut amener la mort de ces malheureux, pour qui la vie n'est qu'une longue agonie?

A certaines époques de l'année, des corpuscules ovoïdes ou sphériques se développent dans la masse informe des éponges. Ils tombent dans les canaux dont elles sont percées. Entraînés au dehors par les courants d'eau, ils propagent l'espèce comme nous l'avons dit plus haut.

Quand la masse vient à se désagréger, sous l'influence d'une cause quelconque, les spicules se répandent sur le sol. Dans certaines mers, telles que l'océan Indien, la mer de Corail, les échantillons du fond puisés à 4 kilomètres environ sont principalement formés de ces spicules. Ils s'amassent en couches épaisses et continues, dont l'importance devient, avec le temps, très-grande relativement au relief du globe.

Polypes. — Leur structure générale. — La reproduction des polypes. — Vie végétative du polype: — Polypier. — Deux grandes classes de polypes, d'après la manière dont se forme le polypier. — Tubipore musique.

La plupart des polypes vivent par colonies et trouvent dans les rochers un point d'appui. Ils végètent, pour ainsi dire, ne gardant que des mouvements très-bornés. Leur corps s'encroûte de matières calcaires, et la vie se retire petit à petit de l'animal devenu pierre. Des œufs abandonnés dans la mer à diverses époques de l'année, ou des bourgeons qui se développent sur le polype, sont deux modes de propagation également fréquents.

Le corps du polype est mou. Sa forme est celle d'un cylindre creux. A l'une de ses extrémités, une ouverture sert à faire entrer les aliments dans le corps de l'animal et à expulser les matières qui n'ont pu servir à sa nutrition. L'ouverture unique du corps est environnée d'appendices charnus ou tentacules, plus ou moins nombreux.

L'appareil digestif n'a pas toujours cette simplicité chez

les polypes ; il est formé souvent d'une double poche : l'une enveloppe complètement l'autre. L'animal représente assez bien alors un sac fermé à l'une de ses extrémités, et dont la partie supérieure, ouverte, serait repliée sur le fond.

Les tentacules sont toujours creux. Tous ces tubes communiquent entre eux. Des feuillets, replis intérieurs de l'enveloppe du corps, cloisonnent la cavité interne. Les parois de cette cavité se rejoignent à la base de l'animal. Elles s'y contractent ou se dilatent à sa guise, de manière à livrer passage aux aliments triturés dans cette première chambre. Les parties impropres à la nutrition sont en même temps rejetées hors de cette sorte de vestibule par l'unique bouche qui leur a livré passage.

Entre la paroi de cet estomac et l'enveloppe extérieure du corps de l'animal, une sorte de double fond imparfaitement cloisonné recueille les éléments convenablement préparés. C'est là que sont logés les œufs.

Les espaces laissés entre les replis de la peau dans cette seconde poche se prolongent dans les tentacules. L'animal peut à volonté les rentrer en lui-même ou les sortir en s'épanouissant comme une fleur. Le polype est lui-même environné, dans un grand nombre d'espèces, d'une gaîne coriace, d'où il sort à volonté. La figure 35 représente une réunion de polypes fermés, c'est-à-dire dont le corps s'est retiré pour se cacher sous l'enveloppe protectrice qui entoure leur base.

Les polypes dont l'appareil digestif est formé d'une seule poche sont appelés *polypes hydraires* ou *sertulariens*. Ceux dont l'appareil digestif est formé d'une double poche sont les *coralliaires* ou *polypes proprement dits*.

L'extrémité inférieure du polype est le prolongement de cette enveloppe plus dure dans laquelle nous avons vu l'animal se renfermer. C'est elle qui adhère aux corps étrangers sur lesquels elle se fixe.

Les polypes se reproduisent de deux manières principales : par des œufs et par des bourgeons. Les œufs ou larves sont logés sur les parois de l'unique cavité que renferme le corps de l'animal. A certaines époques de l'année, ils sortent et flottent dans l'eau, comme nous l'avons vu chez les éponges, jusqu'à ce qu'ils rencontrent un corps dur qui les arrête.

Nous avons vu que l'éponge vit, pendant la plus grande partie de son existence, d'une vie végétative.

Fig. 34. — Polypes du corail épanouis à des degrés divers.

Quand un polype est fixé sur un corps solide, sa base s'encroûte. Si d'autres animaux de la même espèce s'unissent à lui pour former une colonie, ou qu'il produise lui-même des bourgeons, la masse s'accroît graduellement.

Chaque polype sécrète une matière qui, se durcissant, devient cornée ou pierreuse, et constitue le polypier. La nature et la forme qu'elle donne à la colonie servent à caractériser les différents genres d'animaux de cette classe.

L'inspection des polypiers construits par les polypes conduit tout d'abord à diviser ceux-ci en deux grandes classes, comme nous avons pu déjà le faire en nous appuyant sur les différences essentielles observées dans l'appareil digestif des diverses espèces. Les *polypes hydraires* s'encroûtent par l'extérieur, c'est-à-dire qu'ils sécrètent autour d'eux une enveloppe cornée ou pierreuse, qu'ils n'ont jamais de polypier intérieur calcaire. Les *coralliaires* présentent un caractère tout opposé. Ils ont un polypier interne, c'est-à-dire que les parties les plus dures du polypier sont à l'intérieur, et que la couche vivante, au milieu de laquelle sont les polypes, est superficielle.

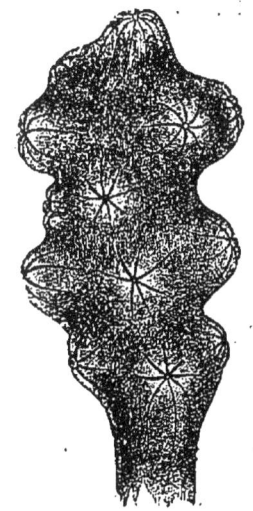

Fig. 35.
Branche de corail dont les polypes sont rentrés.

Un genre particulier de polypes, originaires de l'océan Indien, produisent un polypier remarquable. Il est formé de tubes régulièrement juxtaposés comme ceux d'une flûte de Pan, et consolidés par des cloisons transversales allant des uns aux autres (fig. 36). On le nomme, pour cette raison, *tubipore musique*. Le polypier a été représenté en demi-grandeur naturelle.

Le tubipore musique est d'un beau rouge. Les premiers naturalistes qui l'observèrent dans l'océan Indien le prirent pour une colonie de grands vers marins. Il y a quelques années seulement que sa nature est bien connue.

Ce n'est pas un polypier hydraire ordinaire, malgré la forme tubulaire affectée par les téguments durcis. Les polypes ont en effet, dans le tubipore, une complète indépendance les uns des autres. Quand de nouveaux habitants grossissent la colonie, ils croissent en restant parallèles à leurs prédécesseurs, auxquels ils s'attachent par des cloisons transversales. Chaque polype grandit dans son tube. Il n'a avec les autres que des relations de voisinage, lorsqu'il se développe hors de sa demeure pour tendre des piéges aux petits animaux marins.

Il n'en est pas de même des polypes hydraires. Dans ces derniers, l'enveloppe cornée, plus ou moins durcie,

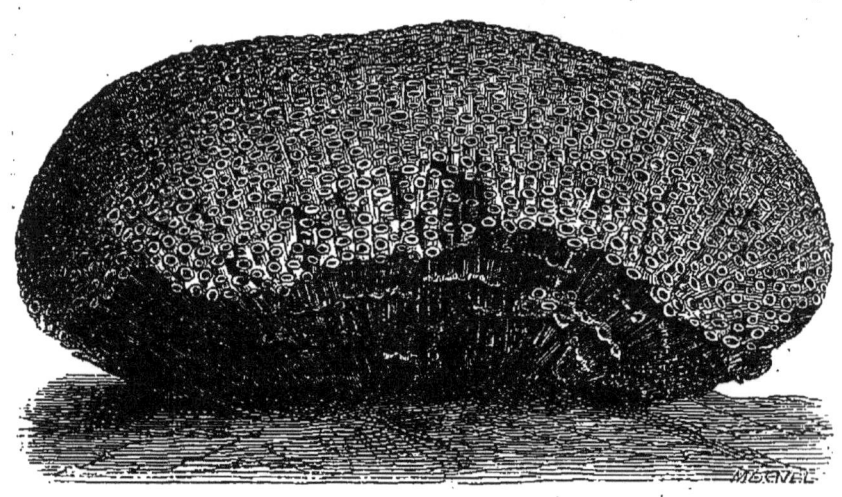

Fig. 56. — Tubipore musique.

ressemble à un canal continu reliant tous les polypes entre eux. Un bourgeon se produit-il en un point quelconque de la tige commune, la matière cornée ou calcaire l'enveloppe, et il reste en rapport direct avec le reste de la colonie.

Hydre, types des polypes hydraires. — Propriétés extraordinaires des hydres découvertes par Trembley. — Polypes hydraires marins.

Les polypes hydraires doivent leur nom à une espèce type, l'*hydre*, qui habite les eaux douces. Le célèbre naturaliste Trembley, précepteur du fils du comte Bentinck, en Hollande, reconnut le premier leur nature en 1740. Les propriétés remarquables qu'il découvrit chez ces petits êtres frappèrent d'étonnement les savants du dix-huitième siècle.

Les habitudes carnassières et les mouvements spontanés

qu'il avait remarqués chez les hydres lui avait fait penser que c'étaient des animaux. Leur port leur donnait une ressemblance avec des plantes aquatiques. Trembley voulut faire une expérience décisive.

Les végétaux ont la propriété de se reproduire par des boutures; si l'on coupe une branche d'arbre, et qu'on la place dans des conditions convenables, des racines se développent à l'extrémité coupée, et la branche devient un individu semblable à la plante mère. Les animaux connus étant privés de cette faculté singulière, l'hydre ne devait pas se reproduire. Quel ne fut pas l'étonnement de Trembley quand il vit, quelques jours après la mutilation du polype, chaque morceau transformé en un corps entier ayant les mêmes caractères que celui dont il était une faible partie !

La science venait de s'enrichir d'un fait nouveau. Elle était en défaut, puisqu'elle considérait comme particulière aux plantes une propriété que partageaient avec elles des êtres dont l'animalité était incontestable. Aussi, malgré la difficulté des communications entre les savants de cette époque, la nouvelle expérience fut rapidement connue dans toute l'Europe. Chacun s'empressa de la répéter, d'abord sur des polypes que Trembley envoya lui-même dans des lettres, après les avoir convenablement desséchés, puis sur des échantillons que l'on apprit bientôt à trouver dans la plupart des eaux dormantes.

Réaumur la fit un des premiers. « J'avoue, dit-il, que, lorsque je vis pour la première fois deux polypes se former peu à peu de celui que j'avais coupé en deux, j'eus de la peine à en croire mes yeux, et c'est un fait que je ne m'accoutume point à croire après l'avoir vu et revu cent et cent fois. »

Peu de temps après, Réaumur observa le même phénomène chez diverses espèces de vers, et ce qui avait semblé incroyable devint bientôt un fait très-commun.

Tel est souvent le sort des grandes découvertes. Elles

étonnent et ne rencontrent d'abord que de l'incrédulité. Puis, quand les faits donnent raison à l'inventeur, il semble que son idée soit venue à chacun. Les personnes qui suivent, même de loin, le mouvement scientifique, se rappelleront à ce propos les lois et les méthodes nouvelles introduites en météorologie par un savant physicien,

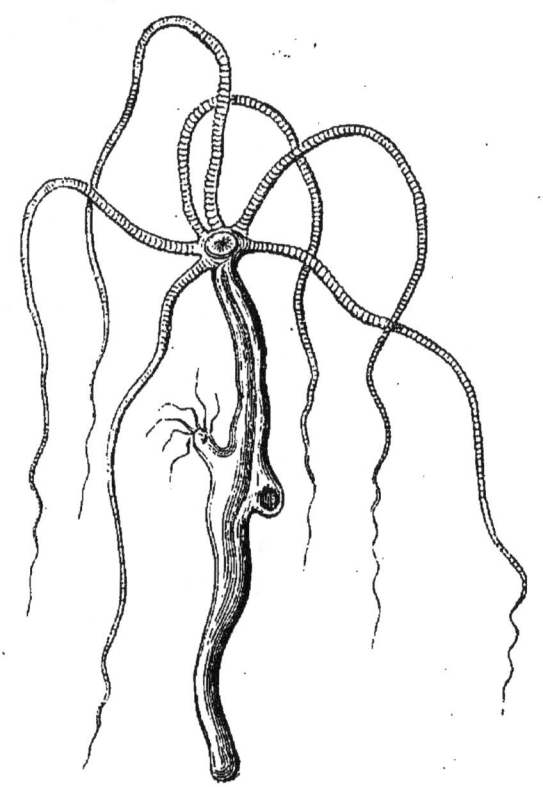

Fig. 37. — Hydre de Trembley.

M. Marié-Davy, le doute qui accueillit ses premières communications sur la cause générale des tempêtes, les hésitations en présence de tous les faits qui permettaient de vérifier leur exactitude, enfin la grande faveur dont elles sont entourées aujourd'hui.

Revenons à l'hydre de Trembley. Son corps est mou, il

se compose d'une longue poche munie d'une ouverture unique. La poche est environnée de tentacules, au nombre de six, dans l'espèce que nous décrivons. Sur les parois du sac membraneux qui constitue l'animal, se développent des bourgeons ou des œufs. Les seconds, arrivés à un certain grossissement, déchirent leur enveloppe et flottent librement dans l'eau. Les bourgeons peuvent se séparer de même de l'hydre-mère, ou rester fixés à elles. Dans ce dernier cas, le même pied supporte deux hydres, dont l'une est pour ainsi dire greffée sur l'autre.

Les hydres se trouvent dans les eaux marécageuses, dans les lacs, les étangs, les canaux. Le meilleur moyen de se les procurer est de prendre au hasard, dans l'eau que l'on suppose en contenir, des plantes aquatiques, des feuilles d'arbres tombées dans cette eau, ou des morceaux de bois qui y ont séjourné. Elles leur sont fixées par le pied. Elles se transportent d'un point à un autre en nageant ou en rampant.

Trembley a surtout étudié trois espèces d'hydres. Il les nomme : *polype à long bras*, *polype vert* et *polype brun* (*hydra grisea*). Leur corps, très-contractile, affecte des formes très-variées ; les tentacules sont souvent en mouvement.

L'espèce ordinaire peut, en y comprenant les bras, atteindre $0^m,04$ de longueur ; mais d'autres ont des dimensions bien supérieures.

Les anciens désignaient sous le nom d'hydre un animal mythologique, à sept têtes se reproduisant aussitôt qu'on les coupait. L'hydre de Trembley fait mieux que le monstre de la Fable, puisque le corps coupé en deux reproduit deux êtres identiques.

Ce n'est pas tout. Que direz-vous d'un animal qu'on peut retourner comme un gant sans qu'il ait cessé de vivre ? Or Trembley nous apprend que son hydre subit cette opération sans paraître très-incommodée. « J'ai vu, dit-il, dans son quatrième mémoire, un polype retourné qui a mangé un petit ver deux jours après l'opération. Les autres n'ont pas mangé sitôt. Ils ont été quatre ou cinq jours, plus ou moins, sans vouloir manger. Ensuite ils ont mangé tout autant que les polypes qui n'ont pas été retournés. J'ai nourri un polype retourné, pendant plus de deux années. Il a beaucoup multiplié. Dès que j'eus retourné des polypes avec succès, je m'empressai de faire cette expérience en présence de bons juges, afin de pouvoir citer d'autres témoignages que le mien pour prouver la vérité d'un fait aussi étrange. Je témoignai aussi souhaiter que d'autres entreprissent de retourner des polypes. M. Allamand, que j'en priai, mit d'abord la main à l'œuvre, et avec le même succès que moi. Il a retourné plusieurs polypes, il a fait en sorte qu'ils restassent retournés, et ils ont continué à vivre. Il a fait plus, il a retourné des polypes qu'il avait déjà retournés quelque temps auparavant. Il a attendu pour faire sur eux cette expérience, la seconde fois, qu'ils eussent mangé après la première. M. Allamand les a aussi vus manger après la seconde opération. Enfin, il en a même retourné un pour la troisième fois, qui a vécu quelques jours, et a ensuite péri, sans avoir mangé; mais peut-être sa mort n'est-elle point la suite de cette opération. »

L'hydre moderne se nourrit de larves d'insectes. Elle est beaucoup moins redoutable que la fameuse hydre de Lerne, mais ses propriétés sont au moins aussi remarquables que celles du monstre mythologique. Quoi de plus insignifiant en apparence qu'un aussi petit être, dont le corps filiforme n'est bien étudié qu'avec l'aide de la loupe ou du microscope? Quoi de plus curieux, en réalité, et combien le célèbre Trembley n'a-t-il pas été récompensé de ses efforts, en découvrant chez cet animal microscopique des faits dont l'importance, mieux sentie chaque jour, devait lui assurer l'immortalité? C'est ainsi que la nature se montre large envers les travailleurs qui consacrent leur vie à sa contemplation.

Les hydres proprement dites habitent les eaux douces. Les polypes hydraires, qui ont une structure analogue, sont très-nombreux dans la mer. Seulement les bourgeons qui, chez les hydres, se détachent généralement de la tige principale, lui restent fixés dans les polypes sertulariens. Il en résulte un polypier corné à l'extérieur et non à l'intérieur, les membres de la colonie s'étant enchâssés dans des trous de l'enveloppe cornée.

Cette dernière revêt des formes très-variées. Elle se fixe souvent au fond de la mer, mais il n'est pas rare de la trouver libre de toute attache. Le polypier hydraire tient au sol par la base. Il ressemble tout à fait à un arbre de nos forêts. Des plantes marines le couvrent en partie, mais on voit sur les branches les polypes aux extrémités de pédoncules analogues à ceux des fleurs.

Une famille entière de polypes hydraires ont un pied commun, dont une partie nue sert de support à la colonie. Le pied s'enfonce dans le sable ou dans la vase, ou bien le polypier nage dans la mer. Cette famille est celle des *pennatulaires*, dont nous donnons trois exemples : la *pennatule*, la *virgulaire* et la *vérétille*.

La virgulaire (fig. 38) ressemble grossièrement à une plume. Le polypier a la forme d'un cylindre fendu longitudinalement. La nervure principale ne supporte aucun polype. Ces derniers sont disposés sur des rameaux latéraux, parallèles entre eux et également espacés le long de l'axe commun.

Fig. 38. — Virgulaire.

La pennatule épineuse est dépourvue de polypes sur la plus grande partie de sa surface.

A droite et à gauche d'un large tronc, les polypes sont

portés par des rameaux formant éventail. Le pied qui sert à fixer le polypier dans le sable a la forme d'une poignée.

La disposition des polypes est très-régulière dans la

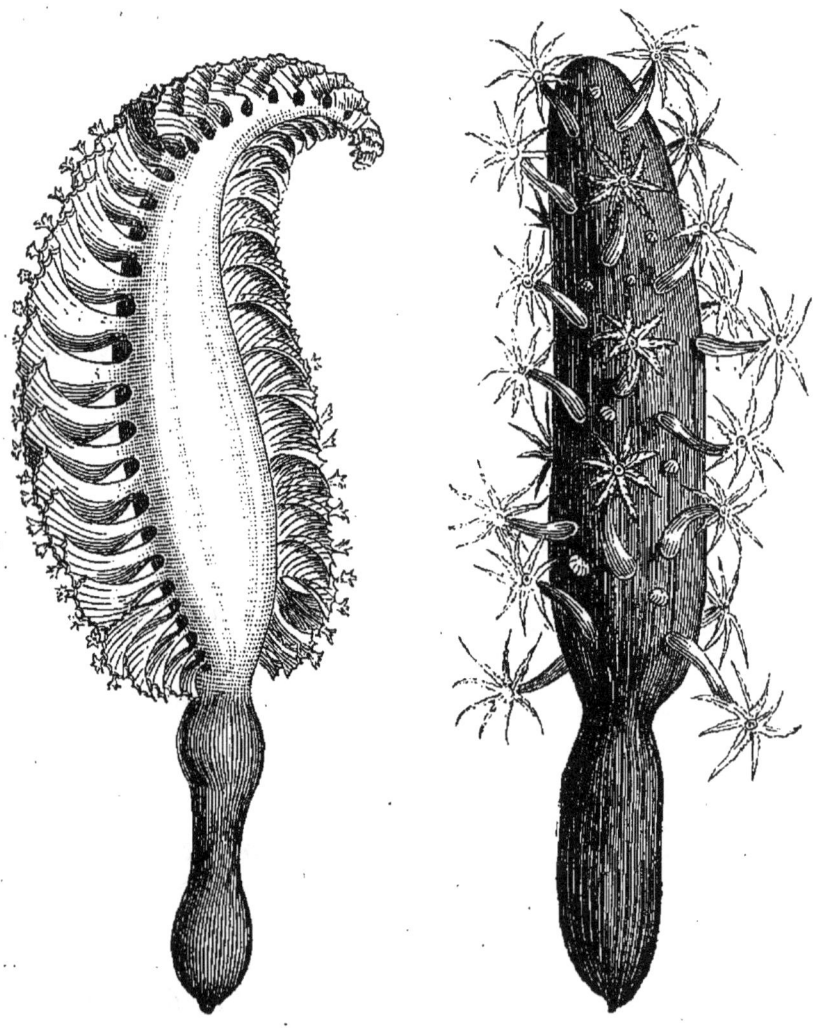

Fig. 39. — Pennatule épineuse.   Fig. 40. — Vérétille cynomaire.

vérétille cynomaire. Ils sont répartis également sur la plus grande partie du polypier. Ils s'insèrent directement sur la matière charnue qui remplit l'intérieur de la tige commune. Un prolongement cylindrique de cette tige sert, comme dans la pennatule, à l'implantation momentanée de la colonie tout entière dans le lieu qu'elle choisit pour sa résidence.

Les pennatulaires sont des animaux généralement phosphorescents, c'est-à-dire brillants pendant la nuit. Ils se tiennent près des côtes, où ils stationnent, ou bien ils se laissent aller à la dérive. Cuvier les appelait *Polypes nageurs*.

Actinies. — Anémones de mer. — Orties de mer.

Les actinies, ou anémones de mer s'attachent pour quelque temps aux rochers. Leur base, large et charnue, leur sert de ventouse ; l'adhérence à la roche ne dépend que de la volonté de l'animal. Il se détache lorsqu'il veut changer de demeure, et ses tentacules lui servent à se diriger dans l'eau, ou à ramper au fond de la mer.

L'actinie présente les aspects les plus variés, grâce aux innombrables modifications de tentacules et aux ornements du pied lui-même. Elle rappelle assez une fleur plongée dans l'eau, et dont les pétales souples et flexibles obéiraient à ses moindres caprices. Vous les voyez parfois se resserrer, s'agiter pour renouveler l'eau devant la bouche qu'ils protégent, se contracter et disparaître devant un danger, ou s'étendre et contribuer à saisir une proie presque invisible.

La surface des actinies est garnie de corpuscules oblongs, lancéolés, terminés par un stylet roide et quelquefois barbelé, auquel est due probablement la sensation de brûlure produite par leur contact. Cette sensation, connue depuis longtemps, a fait donner à ces polypes le nom d'*orties de mer*. Celui d'*anémones* vient de leur ressemblance avec cette jolie fleur ; et celui d'*actinies*, des rayons ou tentacules qui entourent leur bouche.

Les polypes coralliaires sont tous, comme les actinies, armés de spicules, dont les formes sont très-variables, suivant les espèces. La figure 41 donne une idée des spicules du corail.

Le corps des actinies, à peu près cylindrique lorsqu'il est étendu, est contractile. Il devient globuleux ou même presque sphérique lorsque l'animal se replie sur lui-même. Ses tentacules sont alors contractés et recouverts complétement par l'enveloppe coriace du corps. Quand ils sont étendus, ils servent à arrêter par leur simple contact les petits animaux marins qui les touchent.

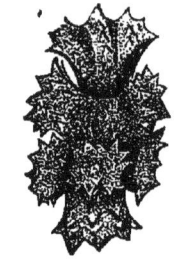

Fig. 41. — Spicules du corail.

Les actinies vivent à une petite profondeur. Elles sont généralement fixées aux rochers voisins des côtes. Presque toutes sont sans usages. Cependant on en mange en Provence et à Nice une espèce verte, molle, dont le corps est couvert de taches brunes et dont les tentacules sont très-longs, souvent rosés à leur extrémité.

L'actinie vit toujours séparée des autres individus de son espèce. Il n'en est pas ainsi des polypes coralliaires. L'actinie est libre; les autres sont presque tous enchaînés à la place où ils ont pris naissance.

Corail. — Vertu miraculeuse attribuée au corail par les anciens. — Corail pierre — Corail plante. — Marsigli découvre les fleurs du corail. — Peyssonnel découvre la vraie nature du corail. — Travaux de M. Lacaze-Duthiers.

Un des polypes les plus intéressants est sans contredit le corail, si recherché de tout temps comme une pierre, ou comme l'axe solide d'une plante marine. Suivant Dioscoride[1], c'est un arbrisseau marin qui, tiré de la mer, durcit aussitôt à l'air : Dioscoride assure que, même en le touchant dans l'eau, pendant sa vie, on pétrifie cet arbuste.

La question ne fit aucun progrès jusqu'à la fin du dix-

---

[1] Détails empruntés à M. Paul Gervais (*Sur le corail*).

huitième siècle ! En 1585, le chevalier J.-B. de Nicolaï, préposé à la pêche du corail sur les côtes de Tunis, fit plonger exprès un pêcheur, à qui il ordonna d'arracher le corail, et d'observer s'il était mou ou dur. Contrairement à ce que disaient les anciens, cet homme observa qu'il n'était pas moins dur dans la mer que dehors. Nicolaï voulut s'assurer du fait par lui-même. Il plongea aussi, et reconnut la vérité du récit du plongeur.

Un naturaliste italien prétendit, en 1671, que le corail, n'ayant ni fleurs, ni feuilles, ni graines, ni racines, devait être mis dans le genre des pierres. Cette aberration semble d'autant plus étrange, qu'après Nicolaï, Ong de la Poitier, gentilhomme lyonnais, avait signalé, en 1613, la présence d'un suc laiteux dans le corail frais, et avait montré qu'il faut lui enlever une sorte d'écorce pour lui donner le poli et sa couleur rouge.

Marsigli reconnut à sa surface de petits corps blancs, semblables à des fleurs. Il annonça cette découverte à l'Académie des sciences de Paris, en 1706. Tant qu'il laissa la branche de corail dans de l'eau de mer, les fleurs restèrent épanouies ; elles se fermaient aussitôt qu'on retirait le corail de l'eau, pour reparaître quand on l'y replongeait. Sans chercher s'il avait devant lui des fleurs ou des animaux, Marsigli décida que le corail était une plante.

La gloire d'avoir découvert la vraie nature du corail appartient toute entière à un Français, *Peyssonnel*, médecin botaniste du roi. Ce savant observa longtemps, sur les côtes de Provence et de Barbarie, le genre de vie et la conformation du corail. Le Muséum d'histoire naturelle de Paris possède un manuscrit fort précieux, dans lequel Peyssonnel étudie la nature du corail et de plusieurs zoophytes. Il y démontre que ce sont des agrégations d'animaux, et il les compare aux orties de mer, dont la nature était déjà connue. « J'avais, dit-il, le plaisir de voir remuer les pattes ou pieds de cette ortie ; et, ayant mis le vase plein d'eau, où le corail était, près du feu, tous ces petits insectes s'épanouirent. Je poussai le feu et je fis

Fig. 42. — Pêche du corail.

bouillir l'eau, et je les conservai épanouis hors du corail ; ce qui arrive de la même façon que quand on fait cuire tous les testacés, tant marins que terrestres[1]. »

Cette découverte renversait assez de préjugés pour être mal accueillie pendant quelque temps. Réaumur, alors tout-puissant dans la science, la révoque en doute sans avoir essayé de vérifier les belles recherches de Peyssonnel, et c'est là probablement ce qui empêcha la publication d'un manuscrit qu'il est bon de tirer de l'oubli.

De nombreux travaux, parmi lesquels on doit citer ceux de M. Lacaze-Duthiers au nombre des plus remarquables, ont achevé de nous éclairer sur la nature du corail. Il résulte de l'endurcissement intérieur d'un polypier ou colonie de polypes. La prétendue écorce en est la partie la plus récente ; comme elle n'a pas encore acquis la consistance de la masse intérieure, on ne s'en sert pas dans le commerce. Les polypes sont logés dans de petits enfoncements de cette écorce, qu'ils sécrètent et qui leur sert de support.

Le corail ne se trouve que dans la Méditerranée. — Diverses espèces de coraux. Pêches du corail. — Antipathe, appelé vulgairement corail noir.

On ne trouve le corail que dans la Méditerranée. Il est du reste très-répandu dans cette mer. On le rencontre près de Marseille, sur les côtes de la Corse, de la Sardaigne de la Sicile, des Baléares, et auprès de Tunis et de la Calle. Ce dernier point fournit depuis longtemps la plus grande partie du corail du commerce. Le corail se tient fixé aux rochers par un élargissement de sa base. D'après les pêcheurs, il est de plus en plus petit à mesure que la profondeur augmente. On n'en a jamais retiré de plus de 200 à 550 mètres.

[1] *Traité du corail* contenant les nouvelles découvertes qu'on a faites sur le corail, les pores, les madrépores, escares, lithophytons, éponges, et autres productions que la mer fournit, pour servir à l'histoire naturelle de la mer.

La couleur habituelle du corail est d'un beau rouge, mais il peut avoir toutes les teintes intermédiaires entre le rouge vif et le blanc. Celui des côtes de France doit son renom à la richesse de ses couleurs. On désigne dans le commerce les variétés des coraux sous les noms de : *Coraux écume de sang, fleur de sang, premier, second, troisième sang,* etc., d'après leur coloration.

Le corail blanc est peu estimé.

La pêche du corail est faite principalement par des Maltais. Les Italiens et les Français s'y adonnent concurremment. Voici, en quelques mots, la manière dont on la pratique sur les côtes de Sicile. Des flottilles de petits navires y sont employées. Les pêcheurs se rendent au-dessus des rochers à coraux. Ils se dispersent alors dans des barques montées par trois ou quatre hommes. Leur engin est une croix de bois, ou une étoile à plusieurs branches; chacune porte à son extrémité libre un filet, dans lequel s'amassera le corail. Les branches sont égales, et, à leur point commun, on attache une grose pierre qui fait descendre l'appareil. On le retient avec une corde, et l'on promène les filets sur le fond de la mer.

Le *corail noir* est la tige d'un polypier d'une autre espèce, l'*antipathe*. Le polype est très-petit. Il a six tentacules. Au milieu est l'unique ouverture de son corps, dont la texture interne est analogue à celle que nous avons décrite plus haut pour les polypes en général. Ce qui donne au polypier une certaine valeur commerciale, c'est que la dessiccation dépouille complètement la partie centrale et dure de la tige, de son enveloppe corticale et des êtres qui y sont fixés.

Gorgones des anciens. — Leur nature animale est découverte par Peyssonnel, Trembley et Bernard de Jussieu. — Gorgone éventail. — Les gorgones sont cosmopolites.

Les gorgones, ainsi nommées par Pline, ont été primitivement prises, comme les autres colonies de zoophytes, pour des plantes marines. On ne connaît pas encore entièrement leur manière de vivre. Le microscope aida les naturalistes des deux derniers siècles à découvrir leurs polypes, que l'on prit généralement pour des fleurs. Peys-

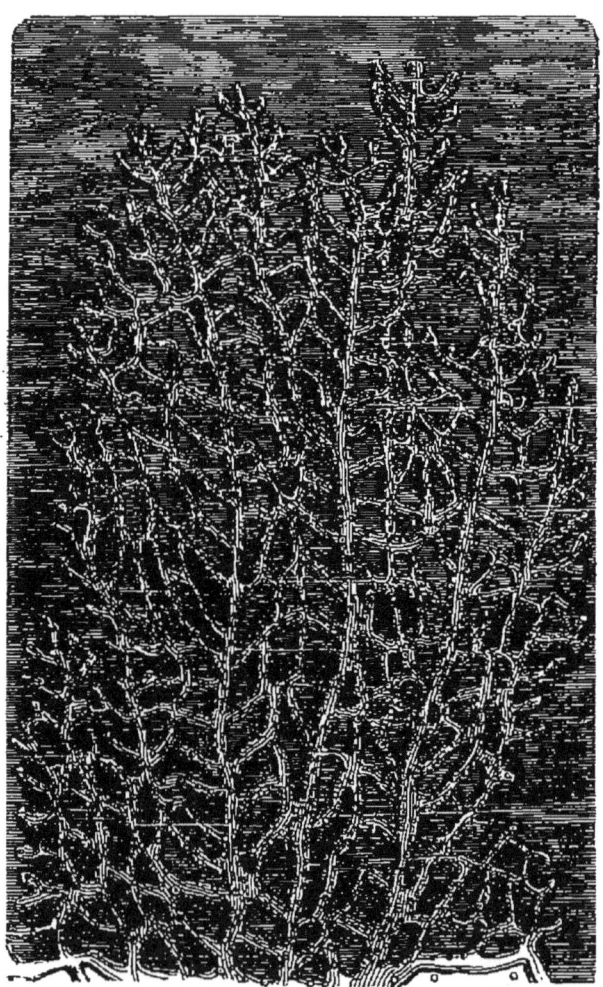

Fig. 45. — Gorgone éventail (partie grossie).

sonnel, Trembley, et surtout Bernard de Jussieu et Guettard démontrèrent que ce sont des animaux.

Le polypier est flexible, il n'est pas entièrement pierreux; aussi n'a-t-il aucun usage dans les arts. Cependant on pourrait l'employer avantageusement à la fabrication de petits objets nécessitant une substance dure et élastique.

Les gorgones vivent, comme leurs congénères, sur le fond de la mer, ou sur des corps marins auxquels elles se fixent. Le même polypier porte un grand nombre d'individus, ainsi qu'il arrive dans les coraux et l'antipathe.

Le corps du polype est rétractile. Généralement il est très-petit, et, dans plusieurs espèces, l'emploi de la loupe est nécessaire pour distinguer nettement l'animal de l'écorce charnue et vivante qui entoure le polypier.

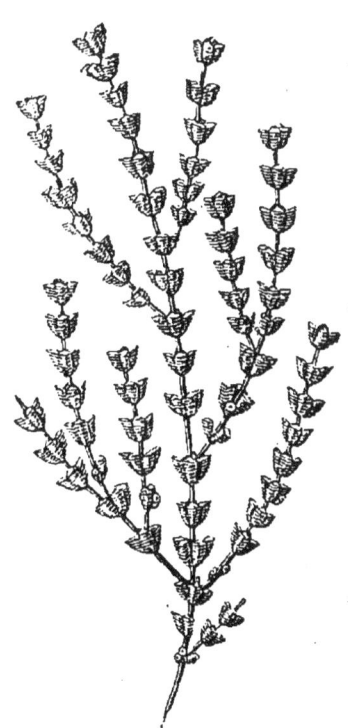

Fig. 44. — Gorgone verticillaire (partie grossie.)

Une portion de gorgone éventail grossie laisse voir les polypes sous la forme de petits tubercules ronds, percés d'un trou en leur centre. Les polypes sont bien plus apparents dans la gorgone verticillaire. Le nom de cette dernière est dû à ce que les animaux sont groupés à différentes hauteurs sur la tige, et qu'ils forment en chacun de ces points un *verticille* ou groupe de polypes fixés tout autour de la branche. (Le mot verticille est employé par les botanistes pour désigner l'ensemble des feuilles qui prennent naissance à une même hauteur sur une branche, autour de laquelle elle engendrent une espèce de couronne.)

Les gorgones ont de très-belles couleurs dans la mer ; elles les perdent peu de temps après qu'on les a tirées de l'eau, pour ne garder que de pâles nuances blanches, noires, rouges, vertes, violettes ou jaunes. C'est ainsi qu'on les voit dans les collections.

La forme du polypier est très-variable d'une espèce à l'autre. Tantôt les rameaux sont presque droits ou très-peu flexueux, comme dans la gorgone verticillaire ; tantôt ils s'entre-croisent de mille manières, se rejoignant et donnant à l'ensemble l'aspect d'un réseau à mailles plus

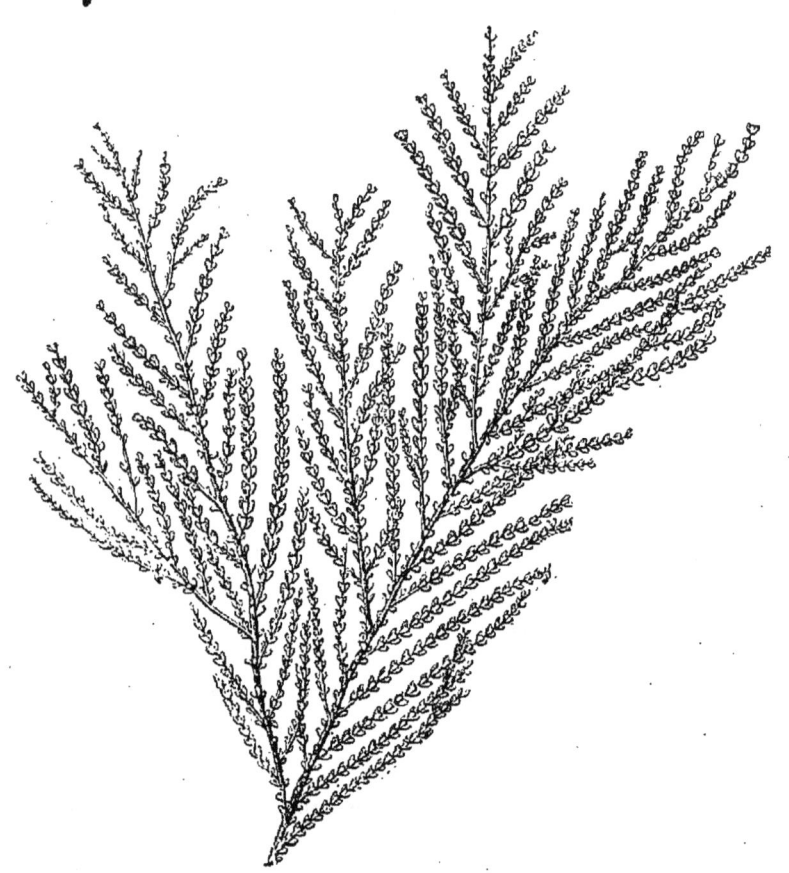

Fig. 45. — Gorgone verticillaire.

ou moins serrées. La *gorgone éventail* en est un exemple remarquable. L'extrémité élargie du tronc principal, dépouillé de son écorce vivante, la fixe au rocher. De ce tronc partent plusieurs branches durcies et nues se ramifiant elles-mêmes, elles se résolvent en un réseau sur lequel vivent les polypes.

La grandeur des gorgones est comprise entre des limites

très-étendues. Les plus petites que l'on ait étudiées avaient à peine 0ᵐ,05 de hauteur. D'autres atteignent plusieurs mètres. Enfin les fragments que l'on possède de quelques-unes montrent que les individus entiers avaient des dimensions très-considérables.

Fig. 46. — Gorgone éventail.

Ces animaux vivent à une profondeur assez grande, ils habitent toutes les mers. La gorgone éventail est surtout très-commune. Les mers chaudes en renferment le plus grand nombre, ainsi qu'il arrive pour les autres polypiers;

Les plus actifs constructeurs sous-marins. — Astroïdes. — Caryophyllis. — Madrépore plantain. — Dendrophyllies. — Oculine, ou corail blanc. — Méandrines. — Fongies. — Poritides. — Millépores.

Les polypiers purement calcaires semblent être cantonnés dans les régions tropicales. On trouve parmi eux les espèces qui exercent l'influence la plus marquée sur la variation du fond de la mer, et qui construisent des récifs et des îles.

Les caryophyllies, les astrées, les dendrophyllies, les

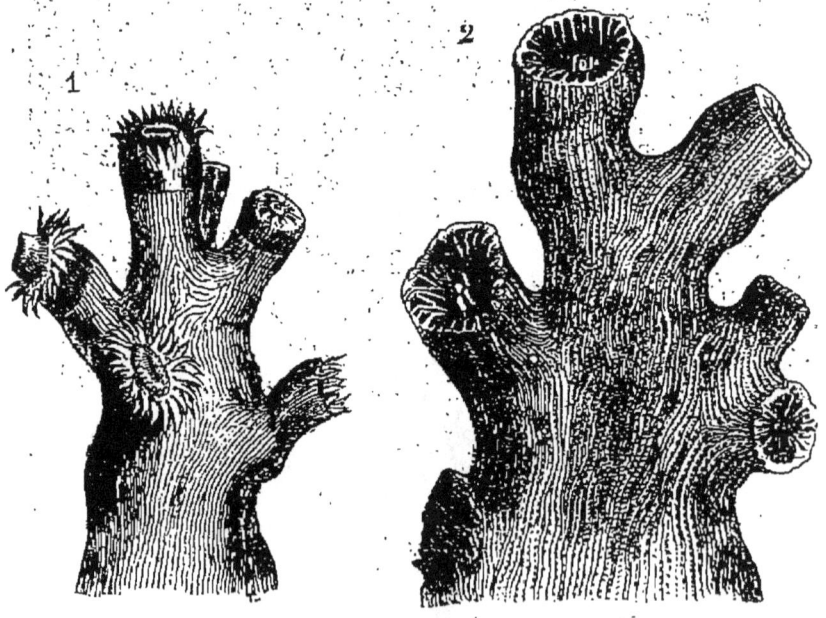

Fig. 47. — Dendrophyllie en arbre.
1. Branche garnie de polypes.
2. Branche dont les polypes sont morts.

méandrines, les fongies, les pentacrines sont les principaux types de cette classe de polypiers. On les a longtemps confondus sous le nom de madrépores.

Leurs polypes ne sont connus que depuis quelques années. Ils ressemblent beaucoup à ceux des actinies et des coraux ; mais les replis que nous avons remarqués dans la cavité digestive ne restent pas isolés comme dans ces autres animaux. Ils se réunissent, pour la plupart, vers sa partie inférieure, de façon à constituer un axe central entouré de loges rayonnées. Ces loges ne sont complètement séparées les unes des autres que dans la partie inférieure de l'animal.

La ressemblance de ces animaux avec les actiniaires

Fig. 48. — Caryophyllie gobelet.

déjà décrits se remarque à la simple vue. A mesure que le polype croît, sa partie inférieure devient pierreuse et reproduit exactement la charpente molle de l'animal vivant. Les cloisons se durcissent graduellement par le dépôt de matières calcaires dans l'intérieur de leur tissu. Il s'établit de petites lamelles transversales, qui bouchent le fond des loges circonscrites par les cloisons rayonnantes. Quand le polype meurt, on voit, au-dessous de la place qu'il occupait, un polypier pierreux divisé par des lames concourant vers un axe et s'arrêtant à l'extrémité supérieure pour laisser une petite coupe étoilée.

La différence entre les polypes de ce groupe consiste surtout dans leur mode de reproduction, et dans la forme qui en résulte pour le polypier qu'ils engendrent.

Lorsqu'ils vivent isolés, ou qu'ils ne sont presque pas fasciculés, le polypier n'atteint pas de grandes dimensions. Les caryophyllies offrent ce caractère. Elles habitent jusque dans nos mers.

Fig. 49. — Astrée punctifère.

Dans d'autres, les bourgeons ne se séparent pas de la tige primitive; ils s'accroissent en lui restant soudés; ils s'élèvent côte à côte, et sont réunis par un tissu compacte, constituant alors des masses épaisses. Le polypier est alors caractérisé par la continuité de chaque colonne jusqu'à la base. Les espèces d'*astrées* sont nombreuses, principalement dans le voisinage de l'équateur.

Lorsque les bourgeons, en se développant, ne restent pas parallèles à la branche mère, le polypier prend plus ou moins la forme d'un arbre. Dans ce cas, on lui donne un nom qui rappelle la forme végétale dont il se rapproche. Le *madrépore plantain* est formé par l'agrégation de petits polypes réunis par masses plus ou mois coniques. A chaque polype correspond, sur le polypier, une petite

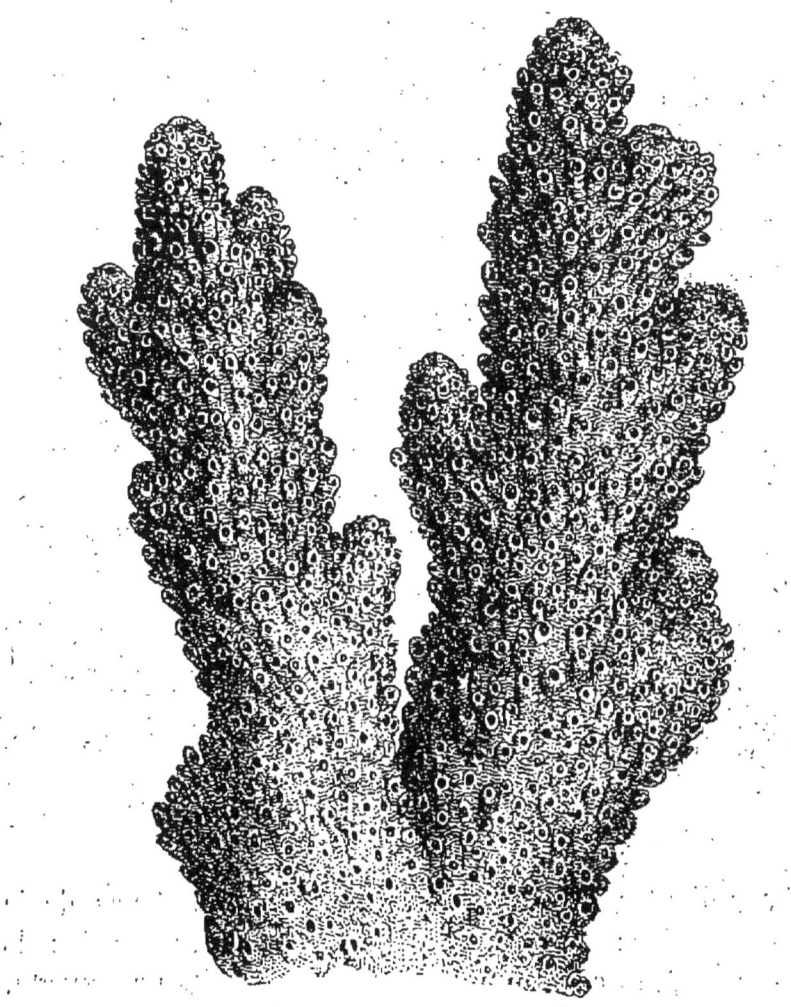

Fig. 50. — Madrépore plantin.

cupule entourée d'une éminence peu prononcée. Aussi l'ensemble a-t-il un port analogue à l'épi du plantain.

Une séparation plus profonde encore des polypes, ainsi qu'une plus grande divergence dans leurs directions, nous ramène à la forme arborescente affectée par le corail.

La *dendrophyllie*, représentée (fig. 51), en demi-grandeur naturelle, tient à la roche par un tronc large, d'où partent les branches dans les directions les plus

Fig. 51. — Dandrophyllie en arbre.

variées. On voit, à leur extrémité, les cupules terminales.

Un genre voisin, l'*oculine*, est remarquable par la grande division de ses rameaux (fig. 52) et par leur disposition. Sur leur surface on voit des polypes qui d'autres fois les terminent. Chacun d'eux engendre une branche nouvelle. L'espèce type est l'*oculine vierge* (fig. 53). Il faut, pour en bien distinguer les polypes, l'observer à la loupe. Autrefois on l'appelait *corail blanc*. Si l'on se rappelle ce que nous avons dit du corail, on comprendra immédiatement la différence entre ces deux sortes de polypiers. L'o-

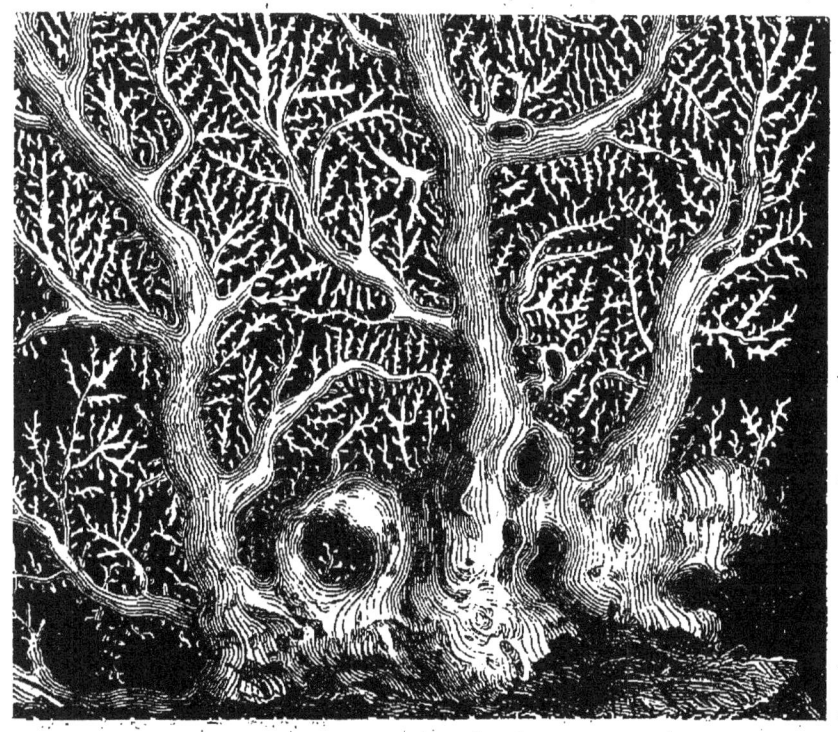

Fig. 52. — Oculine flabelliforme.

culine vierge se trouve dans la Méditerranée et dans les mers équatoriales.

La symétrie que nous avons remarquée dans les polypes coralliaires disparaît dans la *méandrine*. Les polypes cessent d'avoir des tentacules tout autour de leur bouche. Ils sont accolés les uns aux autres dans des sillons irrégulièrement creusés sur la surface du polypier. Les tentacules n'existent que de part et d'autre de la rangée des polypes. Quelquefois même ils disparaissent complétement comme on le voit dans une espèce de la mer Rouge. Il n'y a plus alors qu'une ligne de bouches. Les sillons sont variés suivant les espèces. Leurs innombrables replis s'en-

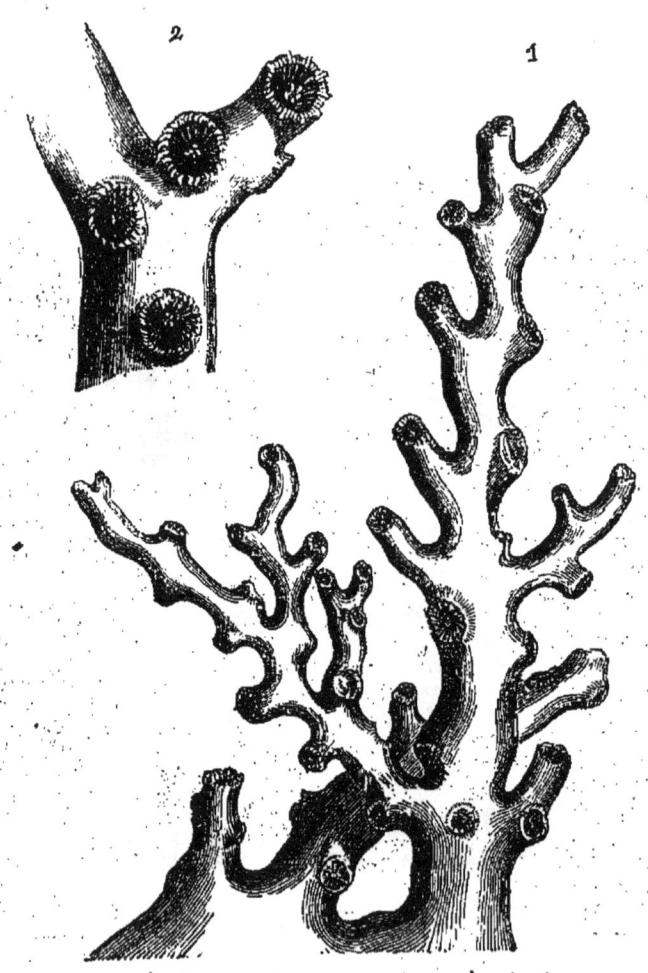

Fig. 55. — Oculine vierge.
1. Le polypier avec quelques polypes.
2. Partie grossie.

chevêtrent les uns dans les autres. Leur complication a rappelé aux premiers observateurs les nombreux détours du Méandre chanté par les poëtes, ce qui a valu à ces polypiers le nom de méandrines. Ils sont généralement arrondis, et forment des roches plus ou moins grosses. La mer Rouge en renferme un grand nombre. Elles sont surtout fréquentes près de l'équateur, où l'on en trouve que leur masse et leur aspect ont fait nommer *cerveau de Neptune.*

Les *porites* ou *poritides* se rattachent au même groupe. Ce sont des polypiers atteignant souvent d'énormes dimen-

Fig. 54. — Méandrine cérébriforme.

sions. La masse en est calcaire. La surface est criblée de pores formés par de petites cupules peu profondes, où sont logés les polypes durant leur vie. Très-souvent le polypier est garni de polypes à son sommet, tandis qu'à sa base la vie a disparu. Chacun des petits citoyens de ces immenses républiques présente les caractères que nous avons déjà rappelés plusieurs fois.

Quand les polypes sont enlevés, la surface poreuse du polypier reste à nu. Les cupules y apparaissent avec leurs cloisons imparfaites. Elles sont distribuées sur tout le polypier. Ce dernier peut du reste affecter, suivant la manière dont se reproduisent les polypes, des formes varia-

Fig. 55. — Millépore corne d'élan.

bles, souvent très-complexes et très-élégantes, comme dans le *millépore corne d'élan* (fig. 55).

Ces animaux diffèrent des astroïdes par la disposition de leurs polypes, des coralloïdes par l'absence d'écorce vivante autour de ces animaux. Tout le polypier est calcaire. Son développement est dû à l'endurcissement des cloisons transversales des polypes et de leur tégument externe. Ce développement est irrégulier, et il ne reste, comme trace du passage des polypes, que des myriades de pores. On les trouve aujourd'hui dans les mers du Nord et de l'Amérique.

Les polypiers calcaires sont très-nombreux. Nous cite-

Fig. 56. — Fongie agariciforme.

rons encore la *fongie*. L'animal est gélatineux ou membraneux. Sa forme est ovalaire, et le plus souvent il est très-aplati. On lui voit (fig. 56) une bouche, placée au milieu d'un large disque ; dans son intérieur est un polypier calcaire, surmonté de lames rayonnant du centre vers les bords. Le disque porte un grand nombre de tentacules. L'animal les contracte ou les étend à volonté entre les lames durcies de son polypier. Ils lui servent à saisir plus facilement sa proie.

Les forçats de la mer. — Les géants et les pygmées de la création. — Les suceurs. — Quelques croyances fabuleuses. — Les poissons chanteurs.

La plus grande activité règne sous la mer. La surface liquide dérobe à nos yeux les scènes les plus variées et les plus inattendues. Nous y trouvons des êtres sans cesse occupés au renouvellement ou à l'embellissement de la terre. Les uns détruisent, les autres édifient. Les uns donnent aux autres les matériaux à mettre en œuvre.

Parmi les destructeurs, la pholade au rôle obscur est des plus remarquables. Elle ne vient pas brouter les fleurs animées des polypiers. Elle ne se jette pas sur de petits poissons pour en dévorer des armées entières. Elle taille les pierres les plus dures. Comme le taret creuse dans le bois sa demeure aux détours capricieux, la pholade perfore les rochers du rivage. Le gneiss n'est pas à l'abri de sa patience.

Aucune arme, aucun outil ne semble aider cet infatigable travailleur. La coquille a deux valves, mobiles autour d'une charnière munie d'un cartilage. Le corps a deux ouvertures. Les tissus peuvent s'y allonger en forme de trompes, qui servent à lancer de l'eau. La peau lisse de ce corps arrondi ne porte aucun foret capable de percer même les substances molles. On y remarque deux dents, il est vrai, mais leur position profonde les empêche d'atteindre jamais les parois de la retraite creusée par l'animal. Les coquilles, malgré leurs angles saillants, ne peuvent servir à tailler la pierre. Une langue, ou pied large et charnu, est le seul instrument employé par les pholades pour traverser les roches les plus dures. Aussi leurs travaux ont-ils excité de tout temps l'étonnement des naturalistes.

Nous voyons bien des animaux s'enfoncer dans la vase molle ou dans le sable. Les vers marins, beaucoup de poissons, les solens et d'autres mollusques vivent, on peut le dire, dans le sable, où ils accomplissent facilement les évolutions les plus variées. Ils s'y retirent, ou

Fig. 57. — Pholades dans le gneiss.

reparaissent à leur guise dans l'eau lorsque le danger qui les menaçait a disparu. La pholade, seule parmi les êtres marins, ose entreprendre le travail herculéen qui consumera son existence.

C'est dès le commencement de leur vie que ces mineurs infatigables entreprennent la perforation de la roche sur laquelle le hasard les a poussés. Ils font d'abord un petit trou dans la pierre, et s'y installent. L'eau de mer leur apporte une nourriture suffisante. Petit à petit, leur croissance les force à élargir leur demeure, leur coquille, et en même temps ils s'enfoncent de plus en plus. Ils s'avancent d'abord à peu près horizontalement. Arrivés à une certaine profondeur, ils changent brusquement de direction, et creusent de haut en bas leur retraite définitive, véritable tombeau qu'ils élargissent à mesure que leur croissance continue. Le trou d'une pholade ressemble à la pipe à fumer la plus vulgaire ; le tuyau débouche dans la mer, le fourneau renferme l'animal.

Dans les régions fréquentées par les pholades, les roches sont percées dans toutes sortes de directions. On voit même des pierres énormes perforées d'outre en outre par ces animaux dévastateurs. Longtemps on a pensé qu'ils se logeaient dans des rochers encore mous, et que l'eau, par sa vertu pétrifiante, les y enfermait comme dans des tombeaux. Cette opinion dut être abandonnée le jour même où le docteur Bohads observa que les colonnes de l'ancien temple de Sérapis, à Pouzzoles, complétement intactes quand on construisit le temple, enfoncées ensuite sous l'eau, pendant un grand nombre d'années, à la suite d'un tremblement de terre, furent envahies par les pholades. Plus tard, le sol se souleva lentement, et l'on put voir la partie jadis immergée des colonnes, percée comme une ruche d'abeilles.

Enfermés dans une prison d'où ils ne doivent jamais sortir, ces forçats, qui accomplissent toute leur vie avec le même zèle leur œuvre de destruction, ne doivent accuser qu'eux-mêmes de leur réclusion perpétuelle. Sans aucun souci du lendemain, ils pénètrent toujours plus avant dans la roche. Leur galerie de mine, adaptée à leur taille, va s'élargissant à mesure qu'ils s'éloignent de la mer.

La porte, toujours ouverte à la vague, est le guichet par où l'Océan leur envoie chaque jour leur nourriture ; il reçoit en revanche quelques poussières de la roche, tribut de ses vassaux. Chaque vague apporte et emporte quelque chose. C'est un échange perpétuel. Les matières apportées par le flot suffisent à la nourriture de l'humble mineur. L'eau de mer entraîne les molécules arrachées à la pierre, et les pousse dans l'appareil de sédimentation.

Les roches trop dures pour être entamées par la vague sont rongées par les pholades. A d'autres les eaux claires, les collines rocheuses, ou les plaines de sable et de limon. Aux huîtres, aux solens, aux moules, les sites agréables et la vie en pleine eau. La pholade, comme ces autres mollusques, vit par nombreuses colonies, mais tous les membres de sa grande famille obéissent à un mot d'ordre. Ils ont reçu la mission d'aller toujours de l'avant, de ne jamais se ralentir dans l'agrandissement de leur étroite cellule. Ils vont et ne s'arrêtent que pour mourir.

Ils passeraient leur vie dans une continuelle obscurité si la nature n'avait donné à chacun sa lampe de mineur, sa provision de lumière. La pholade est phosphorescente.

Pline l'avait déjà remarqué, mais la cause de cette faculté resta longtemps inconnue. Réaumur observa que si, après avoir touché des pholades, on se lavait les mains, l'eau dont on s'était servi devenait phosphorescente, et qu'au bout de quelque temps la matière lumineuse tombait au fond du vase. On sait aujourd'hui que ce phénomène est dû à une liqueur suintant sans cesse du corps de l'animal.

Auprès des pionniers de l'Océan, de ces serfs qui lui préparent l'accès des continents, il y a l'être flottant sans cesse au gré des flots et des courants les plus capricieux.

Nous avons déjà vu, en parlant de la couleur de la mer, que l'eau tient en suspension une masse d'êtres microscopiques. Elle leur doit une teinte jaunâtre, laiteuse, rouge ou vert olive. Freyssinet, Turrel, à bord de la corvette *la Créole*, ont observé, dans le voisinage de Tajo, île de Luçon, une étendue de 60 millions de mètres carrés, colorée en rouge écarlate. Cette teinte provenait de la présence d'une chétive plantule, dont 40 millions d'individus occupent l'espace d'un millimètre cube ! Comme cette coloration s'étendait à une profondeur assez considérable, on ne pourrait évaluer, même d'une manière approximative, le nombre de ces êtres vivants.

Quelques-uns ne sont, toute leur vie, constitués que par une petite cellule entourée de cils vibratiles, inégalement distribués sur la surface, et lui servant de rames ou d'organe propre à renouveler l'eau environnante. Leur mode de reproduction est des plus simples ; il leur permet en même temps de se propager avec une effrayante rapidité. La cellule est d'abord assez régulièrement ovoïde. Vers le milieu se produit un étranglement, qui augmente jusqu'à ce que l'être soit partagé en deux. Chaque partie, nouveau tout, subit les mêmes phases que le premier, et se dédouble. Au bout de vingt générations, un infusoire en a engendré plus d'un million. Les générations se succèdent rapidement. Si donc des causes très-nombreuses ne limitaient leur accroissement, les infusoires auraient depuis longtemps rempli le monde entier.

Quand le corps de ces animaux est mou, sans renfermer aucune partie calcaire ou siliceuse, nous ne retrouvons pas au fond de la mer les traces de leur courte existence ; mais beaucoup d'espèces ont une sorte de carapace résistante et constituant la plus grande partie du sable sous-marin.

Les foraminifères contribuent largement avec les infusoires au nivellement des vallées sous-marines. Leurs débris microscopiques et par cela même connus depuis peu de temps, offrent par leur masse énorme un intérêt immense au géologue.

Si nous comparons à la baleine, au cachalot, à tous les géants de la création, le modeste infusoire, le foraminifère, le noctiluque miliaire, dont on trouve jusqu'à 25,000 individus dans 30 centimètres cubes d'eau, nous serons disposés à refuser toute importance aux infiniment petits.

144 LES MERVEILLES DU FOND DE LA MER.

Le géant attire les regards par sa masse et par sa force. Notre œil est souvent même incapable d'apercevoir le pygmée, de le distinguer de l'atome de poussière emporté par le vent.

Cependant le géant passera et laissera peu de traces de son existence. Quelques fanons, des os ou des arêtes disséminés, d'autres fois une empreinte, nous apprendront

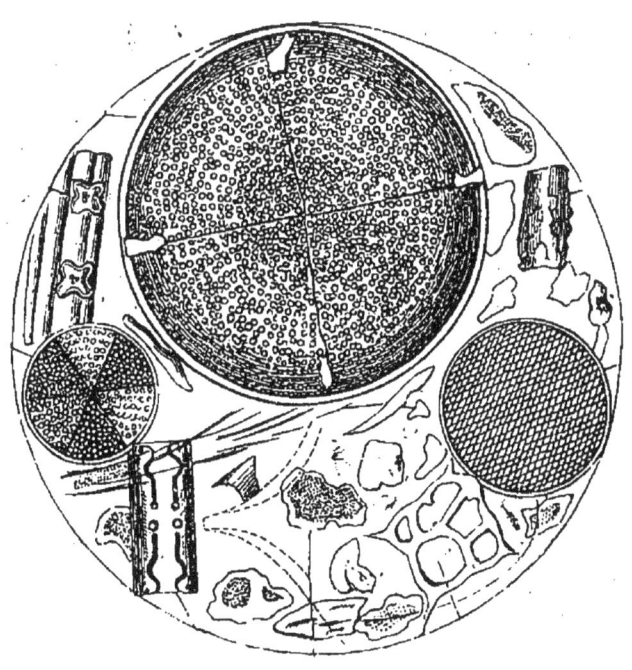

Fig. 58. — Infusoires trouvés au fond de la mer
(vus au microscope).

qu'il y eut jadis un monstre, dont les débris ont été le jouet des vagues.

Les pygmées, faibles par eux-mêmes, sont puissants par leur multitude. Chacun d'eux n'est rien; leur ensemble est redoutable. Il y a quelques grands animaux dans l'Océan; les armées d'infiniment petits se comptent par millions. Le géant fait du bruit pendant sa vie : les pygmées de la création sont les *vrais faiseurs de mondes.*

Les premiers échantillons que l'on a pu tirer du fond de

la mer ont été ramenés par l'appareil de Brooke, employé pour explorer le plateau sous-marin sur lequel repose le câble transatlantique entre Terre-Neuve et l'Irlande. Ils présentaient à l'œil une apparence argileuse. Le célèbre professeur Bailey, de West-Point (États-Unis), les étudia à l'aide de puissants microscopes, et y reconnut de nombreuses coquilles calcaires, parfaitement conservées.

La profondeur est moyennement de 3,000 mètres au-dessous du plateau télégraphique.

Cette profondeur déjà considérable, supérieure à l'épaisseur de la zone vitale sous-marine, est loin de limiter l'empire des foraminifères. Où ils ne pourraient vivre, leurs dépouilles si légères sont entraînées par les courants, et tombent en vertu des lois physiques.

Des sondages effectués entre l'Amérique du Nord et l'Asie ont démontré la présence de leurs carapaces dans les échantillons retirés de 6,000 mètres environ.

Si l'on songe que le sable des mers est souvent presque entièrement formé de ces petites coquilles aux formes variées et élégantes ; si l'on se rappelle que les courants marins les accumulent dans les régions où leur action se ralentit, que leurs débris rencontrent dans le calme du fond des mers des conditions favorables à leur entassement, qui n'admirera l'influence énorme qu'ils exercent sur la répartition des eaux à la surface du globe ? Cependant beaucoup n'atteignent qu'une moitié ou un sixième de millimètre [1] !

Mais un savant naturaliste, Plancus, en a compté 200,000 environ dans un kilogramme de sable puisé dans l'Adriatique. M. Alcide d'Orbigny en a trouvé 30,000 dans un gramme de sable fin rapporté des Antilles, ou 30 millions dans un kilogramme. La puissance créatrice se manifeste dans les petits êtres plus encore que dans les grands. La complication des organes et l'harmonieuse richesse des plus puissants mécanismes nous frappent dans les géants

---

[1] Alcide d'Orbigny.

de la création. Notre étonnement est peut-être plus grand encore en face des pygmées.

Tout nous surprend dans la mer. Ses flots recouvrent le mystère, les furieuses tempêtes qui confondent l'air et les eaux semblent assigner une limite au monde habitable, le fond et ses habitants nous apparaissent entourés d'une auréole poétique et miraculeuse engendrée par la crainte ou la superstition.

Avant que nos ancêtres eussent osé se lancer sur l'Océan sans rivages, le merveilleux habitait la Méditerranée et ses bords. Il se recula petit à petit en même temps que l'homme étendait les bornes de son empire. Nous voyons l'Esprit des Tempêtes demander quelques victimes aux premiers navigateurs qui aient essayé de doubler le terrible cap de Bonne-Espérance ; les monstres les plus hideux ou les plus grotesques se montrent sur les côtes de Norwége ; le gouffre Maelstrom a son génie, comme les écueils de Charydbe et de Scylla.

« Des traditions populaires indiquaient l'existence de lointaines îles situées à l'occident. On racontait que, lors de la conquête de l'Espagne par les Arabes, un certain nombre de chrétiens s'étaient embarqués et avaient trouvé refuge dans ces îles, où ils avaient bâti sept villes. Au temps de Colomb, le peuple donnait le nom de *Sette cittade* à cette contrée supposée, que les géographes appelaient *Antilia*, et qu'on voit portée sur leurs cartes, à la fin du quinzième siècle, avec une autre grande île située à la hauteur de Terre-Neuve, et appelée l'*île de Satan*. Suivant les contes arabes, une grande main sortait chaque nuit de la mer, près de cette île, et, saisissant les habitants, les plongeait dans l'abîme ténébreux. Les mythes primitifs sur le séjour des bienheureux et le royaume des morts restèrent d'ailleurs toujours attachés à l'océan Atlantique, et cette tradition s'est conservée jusqu'à nos jours en Écosse et en Irlande [1]. »

---

[1] Zurcher et Margollé.

Des poissons évêques, des poissons moines étaient pêchés dans les mers du Nord ; le kraken, monstre de plusieurs lieues carrées d'étendue, s'élevait du fond de la mer, le navire était arrêté comme s'il avait touché un écueil, il chavirait et tout l'équipage était englouti.

D'autres fois le monstre avait des bras et des suçoirs immenses ; une bouche centrale avalait tout ce que saisissaient des tentacules longs de plusieurs centaines de pieds, et assez puissants pour abîmer de grands navires. Le poulpe géant, le grand serpent de mer ont défrayé longtemps les contes de la mer. Ils sont réduits aujourd'hui à leur juste valeur. Ces hydres colossales ne sont généralement que d'immenses cordons, de vastes bancs d'algues entrelacés et flottant au gré des moindres souffles de la brise, ou obéissant à la faible impulsion des courants.

Le poulpe géant est encore à découvrir. On voit sur toutes les côtes pierreuses, dans les fentes des rochers ou dans les grottes sous-marines, les poulpes, ces êtres hideux et informes, ces sacs munis de bras environnant une bouche armée d'un bec de perroquet. Ils étreignent leur ennemi, le sucent avant de le manger, le savourent à leur aise pendant que leur bec fouille la chair d'une victime affaiblie et paralysée par ces chaînes vivantes. Ils s'attaquent parfois à l'homme, qu'ils évitent en général. En tout cas, le danger qu'ils font courir a été beaucoup trop exagéré. Veut-on se débarrasser de cette périlleuse étreinte, il faut hardiment plonger le bras dans ce sac gluant, et le retourner comme un gant. Contrairement à ce que nous avons reconnu dans l'hydre d'eau douce, l'hydre marine ne survit pas à cette opération. Elle est aussi très-inférieure à l'hydre de la Fable, ses bras sont loin de repousser aussitôt qu'on les coupe ; si l'on peut les séparer du tronc, leurs ventouses se relâchent comme par enchantement.

Le calmar atteint, paraît-il, des dimensions beaucoup plus grandes que le poulpe ; il est même à craindre pour les sauvages qui traversent, dans de frêles embarcations, les parages où il abonde. Ces animaux s'attachent aux légers exquifs, et ils les font chavirer si l'on ne coupe leurs tentacules à coups de hache. La corvette *l'Alecton* rencontra un calmar gigantesque dans les eaux de Ténériffe. L'animal se brisa pendant qu'on le halait à bord ; on ne put malheureusement en retirer qu'une faible partie. Les tentacules et presque tout le corps disparurent.

Il n'est pas jusqu'aux dents, à la peau, aux aiguillons des poissons, auxquels on n'ait attribué les propriétés les plus merveilleuses.

L'aiguillon de la raie pastenaque a presque toujours inspiré la terreur. D'après Élien et Pline, les blessures qu'il fait sont incurables. Le premier raconte qu'un voleur, emportant un de ces animaux, fut atteint par son aiguillon et mourut aussitôt. De nos jours, les pêcheurs ne le craignent pas du tout. Au Japon, il est considéré comme un remède infaillible contre la morsure des serpents; on la guérit sûrement, dit-on, en frottant la plaie avec cet aiguillon. Beaucoup de Japonais en portent sur eux pour cet usage ; mais ils n'accordent cette admirable vertu qu'aux aiguillons coupés sur un poisson encore vivant. Les nègres sont persuadés que la raie pastenaque est venimeuse, mais ils n'ont pas plus de raison pour le croire que les Japonais pour s'en servir d'antidote contre la morsure des serpents. La simplicité de leur remède est du reste extraordinaire. Ils ouvrent l'animal, appliquent sur la blessure la chair palpitante, et se guérissent toujours par ce moyen.

A côté des fables souvent terribles auxquelles ont donné lieu la mer et ses habitants, on en trouve de risibles et purement bizarres. Telle est la croyance, enracinée dans le nord de l'Europe, que l'anatife engendre les canards sauvages.

L'anatife vit attaché aux rochers, aux coquilles d'huîtres et d'autres testacés, aux corps solides de toute espèce flottant dans l'eau, notamment à la quille des navires et aux câbles télégraphiques sous-marins.

L'enveloppe protectrice de ces animaux se compose de cinq parties distinctes. Par deux ouvertures opposées passent, d'une part, des antennes ou tentacules très-souples et couverts d'une grande quantité de soies; d'autre part, le pied, assez analogue, par son aspect extérieur, à une branche de polypier, et dont l'extrémité se fixe aux corps solides.

Au milieu des tentacules se meut une trompe, dans laquelle est une langue mince, roulée en spirale et d'une couleur foncée. La trompe est transparente, et formée d'anneaux juxtaposés, diminuant de diamètre à mesure qu'on s'approche de l'extrémité. Les tentacules servent comme des filets pour saisir la proie.

Lorsqu'on tire l'anatife de l'eau, il se dessèche promptement, et à tel point qu'au bout de quelques jours il est difficile de retrouver, entre les coquilles, les restes de l'animal racorni. C'est probablement la cause de cette croyance à l'origine marine du canard sauvage. Le canard, sorti de l'eau, a brisé sa coquille et laissé les débris sur le rivage. L'expérience et le raisonnement sont impuissants en face de ce préjugé. Si les paysans du Nord n'ont jamais réussi à voir les canards sortir de leur coquille, c'est, disent-ils, parce qu'ils se sont envolés pendant la nuit.

Ces croyances fabuleuses ont longtemps masqué des vérités, enveloppées de circonstances incroyables, dues au besoin de merveilleux qui caractérise les populations jeunes et les races orientales. La mer était peuplée jadis de sirènes qui jouaient un grand rôle dans la navigation. Malheur au marin trop ami des arts! il se laissait charmer par leurs chants perfides, il devenait le jouet de fantastiques illusions, il voyait des côtes imaginaires et il se brisait contre des écueils invisibles. La sirène est un personnage fabuleux. Beaucoup de personnes croient même, sans doute, que le bruit de la vague, le choc de l'eau contre la quille des navires ou contre la masse des grands poissons, sont les seuls accords de l'immense concert océanien.

Il paraît devoir en être ainsi au premier abord. Les poissons ne semblent doués d'aucun organe vocal, et, quand ils auraient le gosier le mieux conformé, pourrions-nous entendre leurs chansons? Rappelons-nous que le son est le résultat des vibrations d'un milieu élastique, gazeux, liquide ou solide ; que le son se transmet plus vite dans l'eau que dans l'air ; que le célèbre physicien Cagniard-Latour a construit un petit appareil, à l'aide duquel on produit des sons à volonté dans l'air ou dans l'eau, et qui a reçu pour cette raison le nom de sirène. Aussi ne serons-nous pas étonnés d'apprendre que plusieurs poissons émettent des sons et parfois font entendre un véritable chant.

Sans parler du *coincoin* dont le grognement a été comparé par Valenciennes à la voix du canard ; de la *vieille*, qui jette un cri plaintif quand on la saisit ; du *thon*, qui vagit comme un enfant quand on le tire de l'eau ; arrêtons-nous un instant sur une découverte faite il y a peu d'années, en Amérique. L'auteur de cette découverte, M. O. de Thoron, se promenait un jour le long de la plage, dans une baie située au nord de la province d'Esmeraldas. Tout à coup, au coucher du soleil, il entendit avec étonnement un son indéfinissable, très-grave et soutenu très-longtemps. Dans ce pays, où la gent insecte est souvent incommode, il crut d'abord au voisinage de quelque mouche aux dimensions insolites. Ne voyant rien autour de lui ni sur la mer, il questionna un rameur. « Monsieur, répondit celui-ci, c'est un poisson qui chante. — Comment! un poisson qui chante! — Oui, monsieur, un poisson, un véritable poisson. Les uns l'appellent *sirène*, les autres *musico* (musicien). » Voulant jouir de ce phénomène si inattendu, et l'apprécier à son aise, M. de Thoron fit arrêter sa pirogue. Une foule de voix, sortant de la mer, formaient le plus singulier concert qui se puisse imaginer ; les sons moyens d'orgue d'église entendus à une certaine distance peuvent en donner une idée. Le concert commence au coucher du soleil et dure toute la nuit. La présence d'auditeurs, dit M. de Thoron, n'intimide nullement ces chanteurs d'une nouvelle espèce.

On se bat, on se mange, on court, on vole, on vit enchaîné, enfermé, libre, esclave dans l'Océan. Il y a de la joie dans ses flots, il y a du bonheur sur ses rives, il y a du bleu partout! » (Frédol.) La vie animale, revêtant les formes les plus opposées, les plus bizarrement agencées, paraît bien plus variée que sur la terre desséchée. On y jouit sans cesse des jeux de lumière et d'ombre les plus éblouissants ; des illuminations féeriques se renouvellent à chaque instant. On y parle, on s'y plaint, on y chante, on y donne des concerts, dont nous n'avons certainement qu'une très-faible idée. Qu'y manque-t-il? L'homme.

Algues. — Forêts vierges et prairies sous-marines. — La vie animale fleurit, et la vie végétale ne fleurit pas. — Les algues sont moins répandues que les animaux. — Leur récolte sur les côtes. — La marée vient à notre aide.

Dans l'Océan, la vie végétale est bien loin d'égaler en richesse la vie animale. La flore océanique se rattache presque uniquement à une seule classe de végétaux. Les algues sont les seuls ornements du paysage sous-marin; mais elles revêtent les formes les plus étonnantes et les plus bizarres. A mesure qu'on les étudie davantage, on y reconnaît de plus en plus d'espèces; le savant botaniste Linné en a signalé seulement une cinquantaine, et l'on en connaît plus de 2,000 aujourd'hui.

C'est dans la zone tempérée que la flore marine atteint son plus grand développement. Elle y est assez nombreuse et assez brillante, puisque, dans les eaux de l'Angleterre, on a pu reconnaître 105 genres et 370 espèces d'algues. La richesse diminue graduellement, à partir de la zone tempérée, en allant vers l'équateur et vers les pôles.

Le règne animal, qui se plie plus facilement aux circonstances extérieures, a un développement plus étendu que le règne végétal. Il est remarquable que cette loi s'applique à l'Océan aussi bien qu'à la terre. Ainsi, dans les mers polaires abondent les baleines, les phoques, les poissons, les oiseaux aquatiques; elles sont encore peuplées d'une multitude innombrable d'animaux inférieurs, lorsque toute végétation a disparu depuis longtemps au milieu des glaces. Cette même loi s'observe également par rapport aux variations suivant la verticale; à mesure qu'on descend dans les profondeurs, les végétaux disparaissent beaucoup plus rapidement que les animaux, et même, dans les abîmes où ne pénètre aucun rayon de lumière, la sonde rencontre encore des infusoires vivants.

On sait ce que produit la vie, mais on ignore ce qu'elle est, a dit un de nos grands poëtes. A quelle région cette grande vérité s'applique-t-elle mieux qu'à l'Océan ? Nous y voyons les animaux se couvrir de fleurs aux teintes éclatantes, et les plantes sont dépourvues de leur plus riante parure.

Et revange, les animaux perdent le mouvement et ils en passent une partie aux algues. Les travaux les plus modernes n'ont-ils pas fait voir que, pendant la première partie de leur existence, les cellules végétales exécutent les mouvements caractéristiques de l'animalité, en sorte que l'algue serait presque une sorte de polypier, intermédiaire entre deux règnes de la nature ? Seulement elle ne se pétrifie pas comme le polype constructeur des récifs; elle reste molle et flexible, tout en formant d'immenses colonies.

Combien de sujets d'admiration, de prodiges ne trouvons-nous pas à chaque pas dans nos voyages sous-marins ! Peut-on s'étonner, en présence de ces innombrables merveilles, que l'esprit humain ait enfanté les conceptions féeriques dont les légendes du moyen âge ont en partie conservé le souvenir?

La plante marine est souvent microscopique. Elle colore quelquefois la mer lorsqu'elle y flotte par millions de millions. C'est à elle, entre autres, que la mer Rouge

Fig. 59. — Œufs de squales suspendus à des arbres.

doit son nom. A certaines époques de l'année, cette mer fourmille de conferves filamenteuses d'une belle couleur pourpre. Leur masse énorme engendre la belle teinte qui a valu de tout temps à cette mer le nom de mer Érythrée.

La plante marine est aussi parfois gigantesque.

Peut-on comparer le Wellingtonia gigantea au *varec porte-poire* de la Terre de Feu? le Wellingtonia est loin d'atteindre, comme son rival marin, 300 mètres de hauteur!

Le terrain ne fait rien aux plantes marines ; elles croissent indifféremment partout. Elles ne tirent pas leur nourriture du sol ; c'est à la mer elle-même qu'elles empruntent leur subsistance.

Aussi manquent-elles de racines.

Celles qui flottent n'en ont même pas l'apparence. « Celles qui adhèrent sont fixées par une sorte d'empâtement superficiel plus ou moins lobé ou divisé. La terre n'est pour rien dans leur développement, car leur point d'origine est toujours extérieur. Tout se passe dans l'eau, tout vient d'elle, tout retourne à elle. » (De Quatrefages.) La plante terrestre ne trouverait pas dans l'air un soutien suffisant; il lui faut un sol, un tronc et des rameaux : l'algue est portée par l'eau qui la nourrit ; elle est retenue par le sol auquel elle est fixée ; si elle se détache, au lieu de tomber comme l'arbre ou le roseau, elle s'élève, elle vient flotter à la surface.

Comme les plantes terrestres se chargent des œufs des oiseaux, des insectes, les algues retiennent ceux des animaux marins ; au lieu d'en être chargées, elles les empêchent de s'élever, elles les abritent contre la voracité de l'habitant des mers.

Comme l'insecte installe ses républiques sur l'arbre de nos forêts, l'éponge entoure l'algue légère, le polype se fixe et végète sur cette base fragile. Enfin le ver marin, comme le serpent continental, l'enveloppe de ses longs anneaux et s'y suspend pour mieux guetter sa proie.

Que diriez-vous d'un arbre qui, déraciné par la tempête, s'envolerait et flotterait au-dessus des nuages? C'est ce qui arrive à chaque instant sous l'Océan. Les courants marins arrachent au lit de la mer des algues de toutes sortes. Elles s'amassent dans les régions où l'action des courants se ralentit. De là proviennent ces prairies épaisses et flottantes, qui embarrassent quelquefois la marche des navires.

Leur tendance vers la lumière empêche les algues de vivre à une grande profondeur ; elles végètent cependant encore à plusieurs centaines de mètres de la surface. La lumière y parvient, bien que faiblement. On aperçoit distinctement des coquillages sur le fond de la mer à 145 mètres de profondeur. Dans certains parages de l'océan Arctique, la lumière avait gardé, après avoir traversé 290 mètres d'eau, assez d'intensité pour laisser reconnaître les objets. Le fond de la mer est nettement visible à la même profondeur dans les Antilles, mais les objets ne sont pas distincts. On admet que l'obscurité complète commence à 300 mètres. Les rayons lunaires ne dépassent pas une couche d'eau épaisse de 13 mètres environ.

C'est dans cette couche mince, qui n'atteint pas le dixième de la profondeur des mers, que les algues vivent en formant une ceinture aux continents et aux îles, ou en couronnant des sommets encore submergés.

La lumière influe-t-elle sur leur coloration? Les expériences des botanistes modernes prouvent que les plantes sont très-sensibles à son action. Quoi qu'il en soit, les algues semblent occuper divers étages de l'Océan, suivant qu'elles ont telle ou telle couleur.

On les a divisées, d'après leurs teintes principales, en trois grandes sections : les brunes ou noires (mélanospermées), les vertes (chlorospermées), et les rouges (rhodospermées). Les vertes ne vivent que près de la surface ; elles flottent souvent et l'on en trouve de grandes quantités dans les mers de Sargasse. On rencontre les rouges à de petites profondeurs, sur les roches voisines des côtes. Les brunes, qui sont de beaucoup les plus nombreuses, s'enfoncent davantage. Elles constituent la plus grande partie des forêts sous-marines.

Bien que les algues n'occupent sur la terre que des zones relativement très-étroites, sortes de ceintures océaniques, leur quantité est immense. Partout où elles trouvent des conditions physiques favorables à leur développement, elles envahissent la mer et forment des massifs impénétrables.

Ces forêts sont exploitées par l'homme, à qui la mer porte elle-même de nombreuses épaves. Les coups de vent les plus violents ne sont rien à côté des *coups d'eau* ressentis par les habitants des mers. Si les premiers arrachent des arbres séculaires, renversent des édifices par la pression de l'air contre de puissants obstacles, avec quelle facilité les seconds n'arracheront-ils pas les forêts sous-marines que presque rien n'attache au sol où le hasard les a fixées! L'homme utilise à son profit les fureurs de l'Océan. Sur les côtes, et surtout dans les baies, il recueille les goëmons poussés au rivage et ceux qui croissent sur les rochers. La quantité de ces végétaux rejetée par la mer à chaque marée, à chaque tempête, sans que jamais leur nombre semble diminuer, est incalculable. Dans quelques baies, plus de 30,000 personnes sont quelquefois occupées à cette pêche végétale.

Les algues sont de mauvais combustibles, employés rarement sur quelques plages. Leur usage important est de fournir des engrais ou les soudes de commerce qu'on extrait de leurs cendres; mais ce n'est pas le plus curieux. Elles servent à la construction des digues employées par les Hollandais pour se garantir contre les invasions de la mer; l'Océan fournit lui-même les matériaux destinés à lui créer des obstacles. Nous savons trop, hélas! combien seront infructueux les courageux efforts des habitants de ce pays, qui s'enfonce petit à petit et fera tôt ou tard partie de l'empire des mers.

LES EXPLORATIONS MODERNES

Expéditions françaises et anglaises, pour les sondages océaniques. — Maury. — MM. Fischer, Folin et Périer. — Le *Lightning*. — Le *Porcupine*. — Le *Challenger*.

Après avoir montré l'importance des résultats acquis sur la notion des fonds de la mer, il est utile de parler des découvertes nouvelles qui se réalisent de jour en jour, grâce à l'énergie et à la persévérance des savants qui se consacrent à ces recherches, pleines de promesses pour l'avenir.

Dès 1855, la pose des câbles sous-marins nécessita de nouveaux moyens de sondages ; la science trouva dans cette grande application de la physique des ressources immenses, et vit s'ouvrir tout à coup de nouveaux horizons. Il y a vingt-cinq ans déjà, Maury fit un appel à tous les navigateurs des pays civilisés, pour obtenir des renseignements sur la physique de la mer, et il s'attacha bientôt à faire exécuter les premiers sondages dans les grandes profondeurs de l'océan Atlantique. La marine française ne tarda pas à avoir sa part de travail dans ces magnifiques investigations. Les commandants du Petit-Thouars et Dumont-d'Urville entreprirent d'abord quelques opérations, malheureusement isolées, et bientôt l'expédition du *Phare* détermina les profondeurs et les courants du détroit de Gibraltar, en apportant à la science quelques résultats d'une haute importance. C'est à peu près à cette époque que MM. de Folin et Périer eurent l'idée de compléter les travaux du savant Maury en créant la géologie du fond des mers, en étudiant la faune et la flore de ces incomparables vallées enfouies dans les abîmes de l'Océan. En 1865, M. de Folin commença de curieuses observations marines, près de l'isthme de Panama et il révéla tout un monde de petits ostracodes foraminifères; ces découvertes furent aussitôt communiquées à la Société linnéenne de Bordeaux, et y produisirent un légitime étonnement. MM. de Folin et Périer comprirent quelles richesses inouïes la science devait puiser dans le fond de la mer; pour s'assurer des ressources, ils fondèrent en 1867, avec M. Fischer, les *Fonds de la mer*, publication remarquable qu'ils envoyèrent aux États-Unis, en Allemagne, en Italie, faisant un appel au monde savant de tous les pays civilisés, pour former une coalition d'un nouveau genre, destinée à dévoiler les innombrables merveilles que cache à nos regards l'immensité de la nappe océanique. Cette publication continue et prospère; elle nous offre une preuve manifeste de l'initiative que notre pays a su prendre dans les explorations des profondeurs de l'Océan. Les auteurs des *Fonds de la mer* se sont depuis longtemps signalés à l'attention des savants par de remarquables opérations de sondage, et dès 1868 ils publièrent de très-intéressants travaux sur les fonds du golfe de Gascogne, où ils recueillirent un sable magnétique très-curieux, où ils découvrirent en outre plusieurs espèces animales dont quatre crustacés nouveaux et deux mollusques.

Malheureusement nos savants ne rencontrent pas les ressources qui sont offertes aux explorateurs étrangers, et il faut en convenir, depuis quelques années les recherches sur la physique de la mer et sur les faunes profondes ont pris un intérêt inattendu, grâce surtout aux découvertes des savants norvégiens, américains et anglais.

La marine anglaise s'est signalée d'une façon toute

particulière. En 1855, le lieutenant Dayman entreprit une série de sondages sur le *Bull-dog*, il compléta en 1857 ses premières recherches à bord du *Cyclops*. Ces explorations dans l'océan Atlantique confirmèrent l'existence d'une vaste plaine sous-marine à laquelle on donne le nom très-significatif de plateau télégraphique.

En 1868, le professeur W. Carpenter usa de sa haute influence pour obtenir de l'amirauté anglaise un navire muni de tous les instruments nécessaires aux explorations sous-marines. Le *Litghtning* fut mis à la disposition de l'illustre naturaliste. L'année suivante, le *Porcupine* exécuta une nouvelle expédition, à laquelle prit part M. Wyville Thomson, qui devait plus tard attacher son nom au magnifique voyage du *Challenger*. M. Thomson a consigné les résultats obtenus à bord du *Porcupine* dans un livre intitulé : *the Depht of the sea*, que l'on peut considérer comme l'introduction de l'expédition du *Challenger* qui a eu le privilége de soulever les applaudissements unanimes de tous les amis de la nature.

Le *Challenger* continue à sillonner la surface des mers, et nous ne parlerons ici que de la première partie de son voyage, que M. A Humbert a résumée avec talent dans les *Archives des sciences physiques et naturelles de Genève*. Nous laisserons la parole à cet écrivain émérite.

« L'Angleterre, dit M. Humbert[1], a organisé une expédition scientifique grandiose dans le but d'étendre à tout l'océan Atlantique et au Pacifique les recherches de cet ordre qui n'avaient été faites jusqu'à présent d'une manière un peu complète que sur certains points des côtes de l'Europe et de l'Amérique du Nord.

---

[1] On peut consulter : 1° des lettres de M. Wyville Thomson et autres notes publiées dans le journal anglais *Nature*, vol. VI, VII, VIII et IX ; 2° une lettre de M. V. Villemoes-Suhm à M. le professeur Siebold, insérée dans la *Zeitschrift für wissensech. Zoologie*, vol. XXIII, 2ᵉ cahier, 1873 ; 3° un article de M. Petermann, accompagné d'une carte, qui a paru dans les *Geographische Mittheilungen*, 1875, n° 13.

Nous n'avons plus affaire ici à un de ces voyages de circumnavigation conçus autant dans le but de « montrer son pavillon » que de servir les intérêts de la science, et dans lesquels un ou deux naturalistes admis à bord en sont réduits à récolter rapidement quelques échantillons sur les côtes où le commandant du navire juge bon d'aborder. Les choses ont été cette fois comprises tout autrement, et l'on peut dire que l'amirauté anglaise a mis en pratique le « cedant arma togæ. » Elle a fait déposer au *Challenger* seize canons sur les dix-huit dont il était armé, et a remplacé cet appareil guerrier par un outillage scientifique. C'est le ministère de la marine qui subvient à tout, avec une libéralité sans précédents; mais ce sont des hommes de science pure qui ont tout dirigé.

Pour faire comprendre l'importance de cette expédition et ce que l'on est en droit d'attendre d'elle, nous devons dire d'abord sous quelle direction elle a été organisée, quel plan on lui a tracé et quel est le personnel chargé des recherches scientifiques. Nous verrons ensuite quels sont les résultats auxquels sont déjà arrivés les explorateurs au point de vue de la géographie, de la physique de la mer et de la zoologie.

A la demande de l'amirauté, la Société Royale nomma un comité chargé de rédiger les instructions pour l'étatmajor scientifique du *Challenger*. Ce comité fut composé de savants représentant toutes les branches des sciences physiques et naturelles, et renfermant entre autres plusieurs hommes qui ont fait leurs preuves comme voyageurs, tels que MM. Hooker, Huxley, Alfred R. Wallace.

Le *Challenger* devait faire d'abord au travers de l'Atlantique quatre sections plus ou moins obliques partant de Madère et aboutissant au cap de Bonne-Espérance. Cette première partie de son voyage est déjà terminée. Du Cap il ira explorer les îles Marion, Crozet et Kerguélen, et s'avancera ensuite aussi loin vers le sud que le lui permettra la barrière de glaces du pôle antarctique. Remontant ensuite au nord, il se dirigera par Melbourne, Sidney et le détroit de Torrès vers Timor ; il traversera le détroit de Lombok et arrivera à Manille par la mer de Soulou. Des Philippines il fera une pointe au sud-est pour visiter quelques îles du Pacifique, telles que la Nouvelle-Irlande, la Nouvelle-Bretagne, les Salomon et les Pelew. Après avoir exploré cette région occidentale du Pacifique, il se rendra au Japon. Du Japon il traversera le Pacifique septentrional de l'ouest à l'est pour arriver à Vancouver. Puis de Vancouver il fera une nouvelle section du Pacifique, mais cette fois du nord au sud, pour atteindre Valparaiso en visitant sur sa route l'île de Pâques. Quittant Valparaiso vers la fin de 1875, il ira, par le détroit de Magellan et les îles Falkland, à Rio de Janeiro, et rentrera enfin en Angleterre en touchant à l'Ascension.

Le chef scientifique de l'expédition est M. Wyville Thomson. Ce savant distingué a déjà montré ses talents d'observation dans les expéditions du *Lightning* et du *Porcupine*.

On lui a adjoint comme naturalistes, plusieurs savants déjà connus par des travaux importants.

Rien n'a été épargné pour doter ce personnel de toutes les ressources matérielles qui peuvent faciliter ses travaux scientifiques.

Le *Challenger* est une corvette (main-deck corvette) mixte, de 2300 tonneaux, c'est-à-dire d'un tonnage supérieur à celui qu'avaient entre eux les trois navires de l'expédition de Cook en 1772. Ses machines sont d'une puissance nominale de 400 chevaux. Il porte six embarcations, au nombre desquelles est une pinasse à vapeur. On a profité de la place gagnée sur l'artillerie pour améliorer les aménagements du navire. Il y a un laboratoire de zoologie bien monté, un laboratoire de physique et de chimie, et une chambre obscure avec laboratoire pour la photographie. Un espace assez vaste a pu être attribué aux appareils de sondage et de draguage, aux instruments thermométriques et photométriques, etc. Une soute à alcool renferme une provision considérable de liquide, et des milliers de flacons sont destinés à contenir les récoltes des zoologistes. Il y a à bord une quarantaine de dragues et toutes sortes de harpons, de filets et autres engins de pêche. Plusieurs centaines de milles d'excellente corde ont été préparés à Chatham en vue du draguage. Les voyageurs ont été pourvus pour les recherches physiques de nombreux instruments, dont plusieurs nouvellement imaginés. On a construit, d'après les directions de M. Moseley, un petit aquarium destiné à l'étude du développement des animaux marins. Cet appareil est entièrement fermé, sauf par les temps parfaitement calmes; le renouvellement de l'eau s'effectue au moyen d'un courant d'eau constant, pénétrant dans l'aquarium et en ressortant au travers de plaques percées en pommes d'arrosoir. Enfin, une bibliothèque scientifique assez bien garnie complète les ressoures mises à la disposition des voyageurs.

Les appareils de sondage ont subi des perfectionnements considérables dans ces dernières années. On trouve dans l'ouvrage de M. Wyville Thomson [1] des descriptions et des figures des différents modèles de sondes qui ont été successivement employés. Aujourd'hui, il semble que c'est l'appareil de l'Hydra (Hydra tube) qui a la préférence. Mais ce n'est pas seulement sur la sonde elle-même qu'ont porté les améliorations; les cordes de sondage sont infiniment supérieures à ce qu'elles étaient jadis: leur poids, à longueur égale, a été diminué de 22 % en même temps que leur résistance a été augmentée de 147 %. Ces nouvelles cordes sont faites de chanvre de première qualité, et on les rend lisses au moyen d'un mélange de cire et d'huile, de sorte que la vitesse avec laquelle elles glissent au travers de l'eau a été augmentée

---

[1] *The Depths of the Sea*, 1873.

de 17 à 20 %. Aussi le savant rédacteur des *Geographische Mittheilungen* estime-t-il que « ce que le *Challenger* a mesuré et mesurera encore sera ce qui aura été fait de mieux et de plus exact dans ce genre. »

Maintenant que nous avons esquissé le plan sur lequel est conçue l'expédition, et énuméré les ressources matérielles dont elle dispose, voyons quelle partie de sa tâche a été déjà accomplie et quels résultats ont été obtenus.

Le *Challenger*, parti de Portsmouth le 21 décembre 1872, a essuyé dans ses premiers jours de navigation d'assez mauvais temps, qui ont prouvé que tout avait été bien arrimé. Il a touché d'abord à Lisbonne, puis à Gibraltar, où une semaine environ a été employée à déterminer, avec le secours du câble télégraphique, la différence de longitude entre Malte et Gibraltar. Il est reparti le 26 janvier 1873 pour Madère et Ste-Croix de Ténériffe. Le 16 mars il est arrivé à St-Thomas. De St-Thomas il est allé aux Bermudes et, de là, à Halifax. Retournant ensuite aux Bermudes par une route un peu différente, il a pris cet archipel comme point de départ d'une seconde traversée de l'Atlantique. Arrivé à Madère après un arrêt d'une dizaine de jours aux Açores, il s'est dirigé vers le sud et a atteint les îles du cap Vert (Saint-Vincent) le 27 juillet. C'est à cette date que s'arrêtent, à peu de chose près, les renseignements qui nous sont parvenus jusqu'à présent. Nous savons seulement que depuis les îles du cap Vert le *Challenger* a traversé de nouveau l'Atlantique en se dirigeant au sud-sud-ouest sur Bahia, et qu'il a enfin coupé une quatrième fois cet Océan pour atteindre le cap de Bonne-Espérance, visitant en route Tristan-d'Acunha et quelques autres petites îles de ce groupe.

Dans cette première série de voyage en zigzag entre l'Europe et l'Afrique d'une part et l'Amérique de l'autre, que l'on peut appeler les campagnes de l'Atlantique, l'on a déjà récolté un grand nombre de données intéressantes. Pour faire comprendre leur importance, il suffit de dire que le long de la première section, aboutissant à Saint-Thomas, il a été fait vingt-deux sondages, dont treize accompagnés de draguages, et pris douze séries de températures à différentes profondeurs.

Les sondages du *Challenger* fournissent des renseignements sur des points encore inexplorés de l'Océan. Ils ont en outre l'avantage, par suite de la perfection des appareils employés, de contrôler les observations dues à des expéditions antérieures. Comme résultat général, l'on remarque déjà que les chiffres fournis par ces nouveaux sondages, auxquels on a toute raison de se fier, sont de beaucoup inférieurs aux maxima admis précédemment pour l'Atlantique du Nord. Quoique l'expédition ait traversé cet Océan en plusieurs sens, elle n'a trouvé nulle part, du moins dans les trois premières sections, ces profondeurs immenses qui avaient été acceptées sur la foi de sondages exécutés avec des instruments imparfaits. Ainsi, l'on voit notée, sur les cartes, une profondeur de 6600 brasses (fathoms) sans atteindre le fond, c'est-à-dire de plus de 12 050 mètres, tandis que le maximum mesuré par le *Challenger* a été de 3875 brasses, soit 7085 mètres[1]. Ce maximum, chose curieuse, n'a pas été trouvé dans les points que l'on considérait jusqu'à présent comme les plus profonds, mais tout près des Antilles, à un dégré au nord de l'île d'Anegada. M. Petermann fait observer que ce fait est en accord avec les résultats de nombreux sondages exécutés en 1870 par le commodore John Irwin de la marine des États-Unis, en vue de la pose d'un câble télégraphique sous-marin le long des côtes méridionales des Antilles regardant la mer Caraïbe. Ces sondages de l'expédition américaine, qui ont été communiqués en manuscrit à l'Institut de Gotha, démontrent que sur toute la ligne qui s'étend de Cuba à Saint-Vincent et à la Barbade

---

[1] La sonde, chargée d'un poids de trois quintaux, a mis une heure et douze minutes pour atteindre le fond ; il a fallu deux heures pour la remonter après qu'elle eut abandonné sa charge.

il existe une forte déclivité du sol sous-marin commençant immédiatement au rivage.

Les Bermudes sont remarquables aussi, comme le prouvent quelques sondages du *Challenger*, pour la rapidité avec laquelle le sol descend depuis ces îles jusqu'à des profondeurs de 2000 à 2600 brasses (3660 à 4875 mètres).

Dans la troisième traversée de l'Atlantique, qui s'est faite des îles du cap Vert à Bahia, le *Challenger* n'a trouvé aucun point ayant une profondeur de plus de 2500 brasses (4690 mètres).

Les renseignements que nous fournissent déjà les lettres écrites par les membres de l'expédition montrent que, dans l'Atlantique du Nord, la température, à de grandes profondeurs (2000 brasses et au-dessous), ne s'élève pas au-dessus de 2° C., ce qui confirme complètement l'idée de l'existence d'une couche d'eau polaire au fond du bassin de cet Océan.

La nature physique et chimique du fond présente des différences assez grandes suivant les régions de l'Atlantique que l'on considère. Autant que l'on peut le comprendre d'après les notes de M. W. Thomson, il y a deux sortes principales de fond : une argile rouge (red clay) et une boue à globigérines (Globigerina mud). L'argile rouge occupe une grande partie de la première section faite par le *Challenger* au travers de l'Atlantique du Nord. Dans la seconde section, des Bermudes à Madère, l'on a constaté l'existence de cette argile sur une longueur d'environ 1900 milles, c'est-à-dire sur une étendue double de celle qui est occupée par la boue à globigérines. Elle se retrouve aussi sur la plus grande partie de la route suivie entre Saint-Thomas et les Bermudes. C'est une question d'un haut intérêt, comme le dit avec raison M. W. Thomson, de savoir quelle est la source de ce vaste dépôt et quelles sont les causes de sa distribution dans les parties les plus profondes de l'Océan.

La vase rouge est du silicate d'alumine, avec du sesquioxyde de fer et une faible quantité de manganèse. Cette dernière substance paraît très-répandue dans les profondeurs de l'Océan ; en effet, sur plusieurs points, la drague a ramené de 1435 à 2150 brasses (4450 à 5760 mètres) des corps irréguliers, mamelonnés, finement granuleux, qui sont presque entièrement composés de peroxyde de manganèse.

Les naturalistes de l'expédition, pourvus des appareils les plus puissants et les plus perfectionnés qui aient jamais été employés, ont pu traîner la drague dans les plus grands abîmes que leur sonde ait atteints, et s'assurer ainsi que dans ces immenses profondeurs la vie n'est pas tout à fait absente. L'opération la plus grandiose qui ait encore été faite dans ce genre est celle que le *Challenger* avec succès a exécutée à la profondeur de 3875 brasses (7085). Pour que les couteaux de la drague pussent mordre sur le sol sous-marin sans que l'on fût obligé d'employer une longueur de corde exagérée, on plaça un poids de plus de quatre quintaux à environ trois ou quatre mètres en arrière de la drague et un autre poids de deux quintaux à 500 brasses (920 mètres) en avant d'elle. Il fallut néanmoins filer, 4400 brasses (8045 mètres) de corde de deux pouces. La drague ramena une boue d'un gris rougeâtre contenant une quantité assez considérable de carbonate de chaux. Les seuls animaux rapportés de cette profondeur étaient quelques petits Foraminifères à test calcaire et quelques autres plus grands appartenant au type arénacé.

Le 26 février, dans un draguage à 3150 brasses (5760 mètres), on avait ramené un quintal d'argile rouge très-fine, qui ne contenait non plus que quelques foraminifères de la famille des Cristellariens, dont le test était formé aux dépens des particules de cette vase rouge.

On pourrait inférer de ces deux opérations que dans les profondeurs excessives il y a une grande pauvreté de la vie animale ; mais cette conclusion, tirée d'un ou deux faits négatifs, serait peut-être hâtive, car à 2740 brasses (5010 mètres) l'on a trouvé, outre de nombreux

Foraminifères, plusieurs mollusques bivalves vivants ; une autre fois, à une profondeur qui n'était pas loin de 3000 brasses, l'on a récolté une annélide tubicole rentrant dans la famille des *Ammocharides* et devant peut être se placer dans le genre *Myriochele*, Malmgren. Ces captures montrent que, même jusque vers 3000 brasses, l'on trouve des animaux assez élevés en organisation et voisins de ceux qui caractérisent des faunes peu profondes.

Les draguages entre 1000 et 3000 brasses (1830 et 5845 mètres), opérés dans les deux premières traversées de l'Atlantique, ont déjà procuré plusieurs animaux nouveaux, dont quelques-uns sont fort intéressants.

Le 4 mars, sur la section entre Ténériffe et Saint-Thomas, on a ramené d'une profondeur de 1,900 brasses (3 475 mètres) un crustacé ayant les caractères des *Astacidæ*, mais différant de tous les décapodes connus par l'absence complète d'yeux et même de pédoncules oculaires. Il n'y a pas même de trace d'une place pour recevoir ces organes. L'échantillon, qui est un mâle, mesure 120 millimètres de longueur. Les pattes ambulatoires de la première paire ont des proportions singulières et très élégantes, elles sont beaucoup plus longues (155^{mm}) que le corps, très grêles, et terminées par des pinces très grêles aussi et denticulées. Les quatre autres paires de pattes ambulatoires sont courtes et portent chacune des pinces. M. de Willemoes-Suhm avait donné à cette espèce le nom de *Deidamia leptodactyla*, mais M. A.-R. Grote, du musée de Buffalo, a fait remarquer que le nom de *Deidamia* avait déjà été employé pour un genre de lépidoptères, et a proposé en conséquence, pour ce nouveau type de crustacés, le nom de *Willemoesia*.

Dans des draguages exécutés du 15 au 25 mars, dans la mer des Antilles, à des profondeurs relativement faibles d'environ 450 brasses (825 mètres), on s'est procuré une seconde espèce du même genre, qui a reçu le nom de *Deidamia crucifer* W. S. Elle présente la même absence complète des organes de la vue, mais se distingue de l'espèce précédente en ce qu'elle n'a de pinces qu'aux quatre premières paires de pattes ambulatoires.

Ces deux crustacés possèdent l'appendice lamellaire de la base des antennes externe que l'on trouve chez les *Astacus* et la carapace aplatie des *Palinurus*.

Dans le draguage qui a procuré la *Willemoesia crucifer*, l'on a obtenu un autre crustacé aveugle de la famille des *Astacidæ*. Bien que cette espèce ait plutôt le facies d'une *Callianassa* que celui d'un *Astacus*, elle ne semble pas présenter de caractères suffisants pour être séparée de ce dernier genre; aussi M. de Willemoes-Suhm lui a-t-il donné le nom d'*Astacus zaleucus*. A la place où se trouvent les yeux dans les Astacus normaux, il n'y a plus ici que deux espaces ronds et vides, de sorte qu'il semble que les yeux et les pédoncules oculaires aient été soigneusement extirpés et que l'espace qu'ils occupaient ait été fermée par une membrane chitineuse. Les pinces de la première paire de pattes sont développées d'une manière extraordinaire, surtout celle de droite qui est deux fois plus longue que celle de gauche et armée d'une formidable rangée de longues épines le long de chacune de ses branches. L'abdomen est déprimé, et les deux paires d'appendices caudaux très développés forment une large nageoire.

Nous pouvons rapprocher de ces découvertes celle qu'a faite récemment par M. Wood-Mason d'un crustacé aveugle rentrant aussi dans cette même famille des *Astacidæ*. Cette espèce, qui forme un genre nouveau nommé par l'auteur *Nephropsis* (*N. Stewarti*) a été draguée aux îles Adaman à une profondeur de 260 à 300 brasses (574-550 mètres). Elle est très voisine du *Nephropsis norwegicus* des mers boréales de l'Europe, n'en diffère guère que par l'ab-

---

[1] *J. Wood-Mason*, On Nephropsis Stewarti, a new genus and species of Macrurous Crustaceans, (*Journal Asiat. Soc. of Bengal*, vol. XLII, 1873, part. II, n° 1, p. 39, pl. IV.)

sence de l'appendice lamellaire des antennes externes et par l'atrophie des organes visuels. Le pédoncule oculaire existe bien, mais il est court, subcylindrique et complètement abrité par la base du rostre qui est très robuste ; l'œil est tout à fait rudimentaire, sans pigment, ni cornée, et présente, comme le reste du corps, une coloration d'un rose tendre. Par un balancement résultant du faible développement des yeux, certaines parties voisines ont acquis des dimensions plus grandes que d'ordinaire. Les antennes sont très développées ; leur fouet est en particulier passablement long et excessivement grêle à son extrémité. L'organe auditif est aussi d'une grandeur exceptionnelle. Selon M. Wood-Mason ces modifications anatomiques semblent s'être produites sous l'influence du genre de vie de ce crustacé, qui habite sur un fond de vase fine dans laquelle il vit probablement en fouisseur comme le *Calocaris Macandreœ*.

Le faible développement ou l'atrophie complète des organes visuels chez les crustacés vivant à de grandes profondeurs, comme ceux que nous venons de citer, ou habitant dans des cavernes comme le *Cambarus pellucidus* de la « Mammoth cave, » ne peuvent guère s'expliquer que par le défaut d'usage de ces organes résultant de l'obscurité dans laquelle les animaux sont plongés. L'influence de cette cause est surtout évidente lorsque l'on considère des cas comme celui que présente l'*Ethusa granulata*[1]. Lorsque ce crustacé vit à des profondeurs de 110 à 370 brasses (200 à 675 mètres), il a sa carapace munie en avant d'un rostre épineux d'une longueur considérable : l'animal paraît être aveugle, mais possède encore deux singuliers pédoncules oculaires épineux dont l'extrémité est arrondie. Dans les individus récoltés entre 540 et 705 brasses (990 et 1290 mètres), les pédoncules oculaires ont perdu leur mobilité ; ils sont solidement fixés dans leur cavité articulaire et ont complètement

---

[1] *The Depths of the Sea*, page 176.

changé de caractère. Leurs dimensions sont beaucoup plus grandes ; ils sont plus rapprochés l'un de l'autre et, au lieu de présenter une extrémité arrondie, ils se terminent par une longue pointe en forme de rostre. Par contre, le vrai rostre, si développé dans les autres échantillons, a été résorbé.

Une observation analogue a été faite sur les *Gammarus* et les *Asellus* du lac Léman. M. le docteur F.-A. Forel a découvert que ceux de ces crustacés qui vivent dans les profondeurs sont aveugles tandis que ceux qui vivent près de la surface ont des yeux normaux.

Les choses ne se passent cependant pas toujours de cette façon. Ainsi que le fait remarquer M. W. Thomson, les *Munida* qui vivent aux mêmes profondeurs que l'*Ethusa granulata* ont des yeux développés d'une manière exceptionnelle, et paraissent être d'une grande délicatesse. « Il est possible, ajoute ce naturaliste, que dans certains cas, à mesure que la lumière du soleil diminue, la puissance de la vision augmente, et que, à la longue, l'œil devienne susceptible d'être impressionné par la faible lueur de la phosphorescence. »

Dans les captures faites par les zoologistes du *Challenger*, on trouve des exemples d'un singulier développement des organes visuels chez certains crustacés des profondeurs. La drague a ramené des profondeurs de 1000 à 2200 brasses (1830 à 4020 mètres) des espèces d'une taille relativement grande et très beaux de forme et de couleur, pour lesquelles M. de Willemoes-Suhm a établi le genre *Gnathophansia* (*Gn. gigas* et *Gn. zoa*). Ce sont des Schizopodes présentant quelques caractères de Phyllopodes. Ils doivent rentrer dans la famille des *Lophogastridæ*, dont il faudra seulement un peu modifier la caractéristique. Leurs yeux pédonculés sont normaux; on trouve, en outre, un œil accessoire sur chacune des maxilles de la seconde paire. Cette dernière particularité est spéciale à ce genre, car l'on ne connaissait jusqu'à présent de semblables yeux accessoires qu'à la base des membres thoraciques et abdominaux chez des crustacés de la famille des *Euphausidæ*.

M. de Willemoes-Suhm a décrit sous le nom de *Thaumops pellucida* un Amphipode gigantesque, presque entièrement transparent, et dont les yeux occupent toute la face supérieure de la tête. Ce beau crustacé avait été ramené par le filet (traw) dans un draguage fait à 1090 brasses (1990 mètres), mais M. de Willemoes-Suhm s'est assuré, par de nouvelles observations, que l'espèce vit en réalité à la surface et qu'elle a été déjà décrite par Guérin-Méneville sous le nom de *Cystosoma Neptuni*, d'après un échantillon provenant de l'océan Indien. Il faut donc la compter parmi les animaux de la faune pélagique.

Une belle espèce de *Scalpellum* a été trouvée par environ 2850 brasses (5210 mètres) adhérant à ces masses concrétionnées de peroxyde de manganèse dont nous avons parlé plus haut. Ce Cirrhipède, qui a reçu le nom de *Scalpellum regium*, mesure une longueur de 60 millimètres, dont le capitulum forme les deux tiers. C'est de beaucoup la plus grande espèce du genre. Tous les échantillons étaient des femelles, sur la plupart desquelles étaient fixés un certain nombre de mâles. Ces mâles, les plus simples en organisation que l'on ait encore observés dans ce groupe, sont ovales, sacciformes, avec une longueur de 2 millimètres environ sur $0^{mm},9$ de largeur. A l'extrémité supérieure se trouve une ouverture en forme de fente entourée d'un anneau légèrement saillant. Les antennes, placées à l'extrémité postérieure, ressemblent beaucop, pour la forme, à celles du *Sc. vulgare*. Tout ce sac, sauf un petit espace voisin du point de fixation, est couvert de poils chitineux fins, disposés en rangées transversales. Il n'y a aucune trace de segmentation ni de valves, et la dissection n'a fait découvrir ni estomac, ni œsophage ; les deux tiers postérieurs du corps sont remplis d'une masse lobulée de cellules.

Dans les notes écrites par les zoologistes du *Challenger*, nous ne trouvons presque rien sur les Mollusques ; il ne semble donc pas que les animaux de cet embranchement aient été rencontrés nulle part en abondance et aient fourni des formes intéressantes.

Les Bryozoaires ont, au contraire, présenté un type nouveau et fort curieux que M. W. Thomson a décrit sous le nom de *Naresia cyathus*. Le cœnecium est composé d'une tige transparente, haute de deux ou trois pouces, du sommet de laquelle divergent des branches formant une coupe gracieuse. Ce genre, ramené à une profondeur de 1525 brasses (2800 mètres), diffère de tous ceux de la faune actuelle ; il rappelle d'une manière frappante les *Dictyonema* Hall, du terrain cambrien, que M. W. Thomson et d'autres naturalistes avaient été disposés jusqu'à présent à rapporter aux Hydroïdes à cause de l'absence apparente de cellules. Le chef de l'expédition signale aussi, mais sans les décrire, deux Bryozoaires dragués à 2175 brasses (3980 mètres), et remarquables, par la longueur des pédicelles portant les aviculaires, l'autre par la sculpture élégante de ses cellules.

Outre l'Annélide que nous avons citée plus haut comme draguée à une profondeur de 3000 brasses, nous trouvons mentionnées quelques autres formes rentrant dans les genres *Euphrosine?*, *Eteone*. *Syllus*, *Nereis*, *Onuphis*, *Glycera* et *Clymene*. M. de Willemoes-Suhm, dans sa lettre à M. de Siebold, dit que l'on n'a rencontré aucune forme frappante ou aberrante ; mais il faut remarquer que cette lettre est datée de Madère, le 5 février 1873, et a été, par conséquent, écrite avant que le *Challenger* eût fait sa première traversée de l'Atlantique.

M. de Willemoes-Suhm a étudié un Géphyrien malheureusement incomplet, qui paraît devoir représenter une famille nouvelle intermédiaire entre les Siponculides et les Priapulides.

On a trouvé dans les parages de Madère (?), à une profondeur de 1525 brasses (2800 mètres), quelques espèces extrêmement intéressantes d'Échinodermes, entre autres plusieurs exemplaires de la *Salenia varispina* Al. Ag., qui avait été découverte par Pourtalès dans le détroit de Floride. M. Wyville Thomson, chaud partisan de la théorie de la continuité de la craie, ne cherche pas à cacher le vif plaisir qu'il a eu à récolter lui-même ce représentant d'un genre essentiellement crétacé. Il a retrouvé plus tard cette Salénie à Saint-Thomas, à une profondeur de 625 brasses (1140 mètres), de sorte qu'elle occupe une aire très-étendue. Avec elle l'on a ramené aussi, dans cette dernière localité, le *Rhizocrinus lofotensis*, sur lequel on peut faire la même remarque. Les Holothuries paraissent être bien représentées, du moins dans certaines stations. Il en est qui sont vivement colorées.

Les coraux qui, dans les régions équatoriales du Pacifique, seront sans doute un des plus importants objets d'études des naturalistes du *Challenger*, n'ont fourni, dans les deux premières sections au travers de l'Atlantique, qu'un petit nombre de formes nouvelles ou peu connues. Il faut cependant citer, parmi les animaux de ce groupe, l'*Umbellularia*, qui est une des plus belles pièces obtenues dans cette partie du voyage. « Le 31 janvier 1873, écrit M. de Willemoes-Suhm, le grand filet avait été descendu à une profondeur de 2125 brasses (3885 mètres), et il était tard dans la soirée lorsqu'on le ramena et que nous aperçûmes ce beau polype long de trois pieds et demi. Tout l'animal, aussi bien la tige que les polypes, longs de un pouce et demi, brillaient d'une lueur phosphorescente des plus vives, et cela dura encore quand l'animal eut été mis dans l'alcool, au point que l'on put l'étudier au spectroscope. Vous savez que M. Lundahl a rapporté l'année passée d'une expédition suédoise, dans la baie de Baffin, cet animal qui n'avait pas été retrouvé depuis l'époque d'Ellis. »

Un draguage à 1520 brasses (2780 mètres), exécuté à une certaine distance au sud-ouest de Ténérife, a ramené quelques bases et quelques rameaux de l'axe calcaire d'un polypier voisin du corail. Ces fragments semblaient provenir d'individus morts depuis longtemps, et M. Wyville Thomson se demande si l'espèce n'avait pas vécu à un niveau plus élevé et été entraîné dans sa position actuelle par un affaissement du sol sous-marin?

Les draguages faits à des profondeurs de 450 et 625 brasses (820 et 1140 mètres) ont procuré de nombreux individus de coraux se rapportent pour la plupart aux espèces décrites par M. Pourtalès. Dans l'Archipel des Açores, entre San-Miguel et Santa-Maria, l'on a constaté à 1000 brasses (1830 mètres) une abondance exceptionnelle de coraux pierreux du groupe spécial aux eaux profondes. M. Wyville Thomson signale deux espèces nouvelles, dont l'une est un *Flabellum* (*Fl. alabastrum,* Moseley) et l'autre un *Ceratotrochus* (*C. nobiliis*, M.).

Les Spongiaires sont bien représentés dans les eaux profondes, et l'on a découvert en particulier plusieurs formes nouvelles rentrant dans le groupe élégant des *Hexactinellidæ* (*Aphrocallistes*, *Hyalonema*, *Euplectella*). Dans la station au sud-ouest de Ténériffe, où a été récolté le corail mort que nous avons mentionné plus haut, l'on a obtenu une magnifique éponge appartenant à cette famille. Un échantillon formé de deux individus réunis par leur base avait environ 60 centimètres de diamètre et ressemblait à un champignon à amadou, ce qui lui a fait donner le nom de *Poliopogon amadou*, W. Th. Un des caractères les plus frappants de cette espèce consiste dans la forme de ses spicules d'ancrage, qui sont tout à fait semblables aux ancres de la peau des Synaptes.

Les draguages faits dans la mer des Antilles ont procuré plusieurs espèces d'*Hexactinellidæ* découvertes antérieurement sur les côtes de Portugal, et ont ainsi prouvé que cet ordre remarquable a une distribution géographique très-étendue.

Quant à ce qui concerne les Foraminifères, nous avons déjà vu qu'ils existent jusque dans les plus profonds abîmes que le *Challenger* ait mesurés. Ils sont mentionnés à plusieurs reprises comme se trouvant en abondance dans les vases récoltées à diverses profondeurs. M. W. Thomson ne parle qu'une fois des Coccolithes qui ont été trouvés à 3150 brasses (5660 mètres) sur un fond d'argile rouge ne contenant que des traces de matières organiques. Il n'ajoute aucune réflexion, mais nous ne pouvons nous empêcher de faire remarquer que ces corps devaient exister là tout à fait indépendamment du *Bathybius*. Du reste, il n'est pas fait allusion une seule fois à cet être problématique.

Les zoologistes du *Challenger* ne s'occupent pas uniquement de la faune profonde. On met de temps à autre des embarcations à la mer pour pêcher au petit filet des animaux pélagiques, tels que Hétéropodes, Ptéropodes, Siphonophores, Méduses, Tomopteris, Sapphirina. C'est surtout dans les points où se trouvent de certaines étendues de Sargasses que l'on rencontre en abondance de petits animaux de surface. Parmi les habitants de ces prairies flottantes, on compte des Bryozoaires, des Hydroïdes (*Campanularia*), des Mollusques (*Scyllæa pelagica*), un petit Crustacé brachyure (*Nautilograpsus minutus*), et enfin un curieux petit poisson, l'*Antennarius marmoratus*, qui se construit des nids au moyen d'Algues réunies par des cordons d'une sécrétion visqueuse.

En terminant ce résumé, rappelons de nouveau que les documents épars que nous avons tenté de coordonner se rapportent seulement à la première moitié de la campagne de l'Atlantique; ils ne concernent donc qu'une région voisine des parties de cet Océan les mieux connues au point de vue physique et géologique. Les résultats déjà acquis ont une assez grande valeur ; mais on est en droit d'en espérer de bien autrement importants, si tout continue à se passer heureusement. Le champ d'exploration le plus riche sera le Pacifique, dans lequel le *Challenger* tracera d'immenses lignes de sondage, et dont il fouillera de sa drague le sol entièrement vierge. Il y a sous ces vastes eaux tout un monde inconnu à la conquête duquel il s'avance armé des moyens d'investigation les plus puissants et les plus parfaits qu'ait réalisés la science moderne. Soit que ses recherches démontrent dans la population animale des abîmes une uniformité plus grande qu'on ne peut la supposer, soit qu'elles nous révèlent, au contraire, l'existence de types entièrement nouveaux, elles ne pourront manquer d'avoir une influence considérable sur notre conception des faunes marines actuelles et des liens qui les unissent avec celles des époques géologiques antérieures[1].

On a déjà actuellement quelques renseignements sur la deuxième partie de l'expédition du *Challenger*, mais ils ne sont pas encore suffisamment complets pour que nous croyions devoir les offrir au lecteur dans l'édition actuelle. Quoi qu'il en soit, il n'est pas douteux que les résultats acquis offrent une importance capitale, et que le voyage du *Challenger* est destiné à marquer une date ineffaçable dans l'histoire des investigations du globe terrestre.

[1] Aloïs Humbert, *Archives des sciences physiques et naturelles de Genève*, 1874. (Extrait.)

L'HOMME ET SES TRAVAUX AU FOND DE LA MER

L'empire des mers est fermé à l'homme. — Tentatives multipliées pour pénétrer sous les eaux. — Perturbations qu'apporterait dans l'ordre social actuel la possibilité de voyager sous l'eau. — La surface de la mer est le lien des nations.

L'homme vit dans l'air; son organisation lui interdit un long séjour dans l'eau. S'il plonge, il est forcé de remonter au bout de très-peu de temps à la surface; aussi ne peut-il acquérir de la terre submergée qu'une connaissance très-imparfaite. Aussitôt que la profondeur de l'eau dépasse quelques mètres, l'exploration du fond réclame des appareils spéciaux. Elle aurait certainement une grande utilité théorique, mais son importance au point de vue industriel ne serait pas moindre.

Combien de richesses enfouies au fond de la mer! Les naufrages se succèdent tous les ans depuis que l'homme ose affronter les dangers de l'Océan. Tous les ans le linceul mouvant des vagues recouvre de nouveaux débris. Quelques pauvres épaves sont rejetées sur les côtes, mais la mer garde les plus précieux trésors dans ses abîmes ténébreux. Comment soulever de lourdes carènes coulées à fond avec toute leur cargaison? ue homme serait assez hardi pour tenter de les extraire pièce à pièce de l'Océan qui les cache avec un soin jaloux?

Longtemps une semblable entreprise a été regardée comme chimérique; maintenant encore, elle est presque toujours impraticable, et dans les rares occasions où elle présente quelques chances de réussite, ce n'est qu'au prix de grands travaux et d'artifices très-ingénieux, que l'homme parvient à violer les retraites inviolables de l'Océan.

En présence de la mer, l'homme est involontairement saisi d'un respect mêlé de terreur. Il peut voguer à sa surface, il n'y pénètre qu'avec hésitation. Poursuit-il

Fig. 60. — Drague à pêcher les huîtres.

un monstre marin, il le harcèle tant que l'imprudent resté sur les frontières de l'empire des mers. Monté sur un frêle esquif, il peut l'atteindre et lutter avec lui corps à corps. Dès que le monstre a senti la puissance de son ennemi, le danger de rester à la surface, il plonge de quelques mètres, et l'homme cesse de le poursuivre.

Si du moins la nature avait doté l'homme d'un vaste réservoir où, comme la baleine et les grands monstres marins, il entasserait des masses d'air qu'il emporterait avec lui dans les coins les plus reculés de la mer ! quelle

Fig. 61. — Pêche des huîtres perlières.

utilité retirerait-il encore de cette merveilleuse faculté, si ses yeux, faits pour voir dans une atmosphère limpide et éblouissante de lumière, ne lui montraient que l'obscurité, et le livraient sans défense à la voracité de l'habitant des eaux ?

Mais l'homme veut régner sur tout le globe ; la nature lui appartient ; il l'étudie avec patience. Sa curiosité lui fait affronter en face toutes les difficultés. Il veut parcourir en tous sens un empire dont les bornes lui semblent trop étroites ; il veut fendre l'air comme l'oiseau, et il dispute à l'habitant des mers ses profondes retraites. L'Océan n'a-t-il pas un attrait invincible ? il laisse entrevoir ses richesses. On dirait qu'il défie l'homme de les lui dérober. Le corail, l'éponge, la perle, ne sont-ils pas arrachés à ses abîmes ? La magnifique pourpre des anciens ? la sépia, la nacre, l'ambre gris n'ont-ils pas une origine océanienne ?

L'ambition et l'amour de l'or sont chez l'homme de puissants mobiles. L'indigence et la crainte font souvent le reste. C'est à de hardis navigateurs, poussés par le désir de faire une rapide fortune, qu'on doit les premiers essais de circumnavigation. C'est à des esclaves qu'on a dû pendant longtemps l'éponge, la perle, le trépang.

Ces produits de la mer étaient généralement extraits par des plongeurs. Ils le sont encore dans beaucoup de pays.

Des hommes se précipitent à la mer et vont arracher eux-mêmes l'éponge aux rochers où elle est fixée. Ils en remplissent des filets, qu'on suspend à des barques et qu'on descend à leur portée. A un signal donné par le plongeur, on le retire avec le filet.

Les huîtres comestibles habitent les mers d'Europe et des Indes ; elles sont très-abondantes sur les côtes françaises et anglaises. On les pêche en traînant sur les rochers, auxquels elles sont fixées, un filet garni d'un ratissoir. Les huîtres, détachées du fond, entrent dans le filet avec les autres animaux qui les accompagnent.

Les malheureux, dit Goldsmith, condamnés à ce travail pénible et dangereux, sont ou des nègres, ou les gens les plus pauvres de la Perse. Les plongeurs, non-seulement courent risque de se noyer, de suffoquer, d'être dévorés par les requins, mais leur état même, en les obligeant à retenir pendant longtemps leur haleine, leur cause presque toujours des crachements de sang. On choisit pour ce métier les jeunes gens les plus robustes et les mieux portants; mais ils l'endurent rarement pendant plus de cinq ou six ans. Leurs fibres se roidissent, leurs prunelles deviennent rouges, et ils meurent souvent de consomption... Ils déposent les perles, ou plutôt les huîtres qui les renferment, dans des bateaux de 28 pieds de long, dont il y a souvent 300 ou 400 à la fois en mer. Chacun de ces bateaux a sept ou huit pierres, qui lui servent d'ancres ; il est monté de 5 à 8 hommes, qui plongent chacun à son tour. Les pêcheurs se débarrassent de leurs vêtements ; ils gardent seulement un filet qui est suspendu à leur cou, et dans lequel ils jettent les huîtres, et des gants aux mains pour se garantir contre les contusions qu'ils pourraient se faire en détachant les coquilles dans les fentes des rochers. Ils descendent au moyen d'une corde à laquelle est suspendue une pierre du poids de 50 livres. Ils mettent le pied dans une espèce d'étrier. De la main gauche ils tiennent la corde, et de la droite ils se bouchent le nez pour empêcher l'air d'en sortir ; car, avant de plonger, ils prennent une très-longue haleine. Arrivés au fond, ils commencent par donner un signal à ceux qui sont restés dans le bateau afin qu'ils remontent la pierre ; ils se mettent alors à recueillir les coquilles et à en remplir leur filet aussi vite que possible ; ils font ensuite un autre signal : on retire le filet, et tout de suite après eux-mêmes, pour qu'ils puissent reprendre haleine. Toutes les coquilles sont transportées sur le rivage. On les met en tas jusqu'à la fin de la pêche, qui dure pendant les mois de novembre et de décembre.

Fig. 62. — Plongeurs malais pêchant le trépang.

L'holothurie ou trépang, très-recherchée en Asie, est pêchée par des plongeurs ou harponnée sur les corps auxquels elle se fixe. Le harpon est fixé à l'extrémité d'une série de longs bambous s'emboîtant les uns dans les autres. Penché sur l'avant de la barque, le pêcheur observe le fond de la mer. Le calme le plus parfait est indispensable; on assure que, dans ce cas, il peut voir, même à 30 mètres de profondeur, l'animal fixé aux rochers ou aux coraux. Le harpon s'approche le plus doucement possible de la victime, et la frappe soudainement. Rarement on le descend en vain.

L'homme plonge aussi loin que la vue peut atteindre dans le plus grand nombre de cas, c'est-à-dire à une profondeur très-faible. Des appareils modernes facilitent ses expéditions, mais ils n'en ont pas étendu beaucoup le rayon. La pression supportée par l'intrépide explorateur augmente en effet d'une atmosphère quand il s'enfonce de 10 mètres ; bientôt elle devient telle, que la vie, dans ces conditions, est impossible. L'asphyxie, les monstres, l'obscurité, ne sont donc pas les seuls dangers que rencontre l'homme dans ses voyages sous-marins. Il ne peut s'aventurer dans les grandes vallées océaniques comme il affronte le froid et la raréfaction de l'air sur les hautes montagnes. Au delà de la zone des monstres, l'obscurité; plus loin, l'écrasement.

Qui peut dire les innombrables changements qu'entraînerait la faculté de voyager librement dans l'air et sous les eaux ? où seraient les frontières naturelles, si recherchées aujourd'hui ? L'homme franchissant l'air comme l'oiseau, les locomotives luttant de vitesse avec l'aigle et se perdant au milieu des nuages ; de puissantes machines plongeant au-dessous des tempêtes océaniques, et dispersant les bandes effrayées des hôtes de la mer! qui oserait songer sérieusement à d'aussi étonnantes fictions ? De grands esprits y ont pourtant consacré leurs veilles, et nous verrons plus loin comment on a résolu partiellement la question pour l'Océan. On peut embarquer des navigateurs d'un nouveau genre pour des expéditions sous-marines. L'homme peut emporter sa provision d'air, sa lumière, ses vivres ; il peut s'enfoncer et s'élever à volonté, se tenir dans la couche d'eau qui lui convient ; il peut, sans qu'on ait eu le temps de se préparer à la défense, apparaître, comme l'esprit des mers, au milieu d'une flotte ou sur une côte ennemie ; il décharge de puissantes batteries, on le cherche ; il s'abîme, en vrai monstre marin, dans son élément d'adoption.

Si l'on a fait quelques pas vers la réalisation de ces merveilles, combien en reste-t-il à faire ? Jamais probablement il ne sera donné à l'homme de fouler aux pieds les abîmes encore insondés de la mer ; jamais le bruit de la civilisation ne troublera la paix profonde que les monstres marins eux-mêmes sont forcés de respecter. Nous attendrons patiemment une longue série de siècles, et nous léguerons à nos descendants le soin d'ajouter une page à l'histoire de la terre. Peut-être verront-ils des terres cultivées, des forêts, des montagnes, où le nivellement de la mer ne montre aujourd'hui que les eaux ; peut-être pourront-ils, en creusant leurs routes, leurs canaux, leurs tunnels, étudier les dépôts actuellement en voie de formation, tandis que des récifs de polypiers, des éponges, des bancs d'huîtres recouvriront les édifices dont nous nous enorgueillissons !

Sans descendre à d'effrayantes profondeurs, ne voyons-nous pas près de la surface, non loin des côtes, au milieu des récifs qui semblent permettre à l'homme de pénétrer dans l'Océan pour lui fermer le retour, la vie sous-marine conspirer avec les eaux pour masquer ces épaves dont le nombre dépasse tout ce que nous pouvons imaginer ? Nous serions riches si la mer n'exigeait de nous aucun tribut ! Mais ces trésors, la mer les ronge, la vie les engloutit une seconde fois.

Les mollusques, les anatifs, les algues se fixent très-promptement sur les corps plongés dans l'eau de mer. Les navires qui font de longs voyages entraînent parfois de si énormes cargaisons de coquillages adhérents à leur carène, que, véritables aquariums mobiles, ils perdent beaucoup de leur vitesse. Le travail de la mer est incessant. Chaque heure, chaque minute augmente le secret dont elle enveloppe ses larcins, et tant que les moyens d'investigation ne seront pas plus parfaits, nous devrons nous contenter de recueillir les épaves qu'elle veut bien nous rendre quelquefois.

Nous sommes repoussés de la plus grande partie de l'écorce terrestre ; la nature a mis un soin jaloux à l'écarter de nos yeux, à la soustraire à notre dévorante avidité. Ne devons-nous pas nous en applaudir ? Cette eau, qui nous cache tant de merveilleux tableaux, n'a-t-elle pas toujours été et n'est-elle pas aujourd'hui pour nous un puissant auxiliaire ?

C'est l'eau qui facilite le plus les relations des hommes entre eux, les échanges, les transactions de tous genres, le commerce enfin, d'où naît la civilisation.

Amie des côtes, la civilisation ne pénètre qu'avec peine les vastes continents. Sur la mer, elle rayonne rapidement d'une plage aux îles voisines, des îles à une plage lointaine. Elle se transmet, dans les continents, de proche en proche, lentement, et sa marche y est presque parallèle à celle des fleuves et des rivières. Otez l'eau, toute civilisation disparaît, le désert reprend son empire, le sable s'amoncelle en collines, et recouvre tout d'un linceul mobile comme les vagues de la mer. Linceul terrible ! qui peut l'affronter ? Combien de victimes ont payé leur audace de leur vie, lorsqu'elles ont osé violer le secret du désert !

La mer fournit, à quiconque a le courage de se confier à elle, un mode de transport à la fois agréable et commode. Le flot supporte le fardeau, le vent le pousse et l'homme dirige la marche. De ce transport facile résultent un grand mouvement commercial, une circulation d'idées, qui élargit le champ du génie industriel et engendre les inventions utiles, une affabilité et des sentiments d'humanité, que développent les relations entre tous les peuples de la terre. Enfin les découvertes des navigateurs, leurs voyages dans des contrées lointaines, aux climats très-différents, aux productions variées, la rapidité des échanges et le bien-être qui en est la conséquence forcée, telles sont les premières étapes vers l'union universelle, but de toute civilisation bien entendue..

Exploration du fond de la mer. — Scaphandre. — Homme plongeur de Rouquayrol et Denayrouze. — Éclairage électrique sous-marin. — Sauvetage d'objets tombés à la mer. — Une caisse d'or retrouvée en quelques heures dans la vase du vieux port de Marseille.

L'exploration du fond de la mer n'a fait que peu de progrès dans l'antiquité et le moyen âge. On signale, pendant une longue série de siècles, de rares essais, plutôt légendaires qu'authentiques. Faut-il s'en étonner, si l'on songe à la profonde ignorance dans laquelle on a longtemps vécu relativement aux propriétés des gaz? si l'on se rappelle qu'Aristote, voulant démontrer la pesanteur de l'air, pèse une vessie vide, la même vessie gonflée d'air, et trouve que son poids n'a pas varié ? si, il y a trois siècles à peine, on expliquait l'ascension de l'eau dans les corps de pompe par l'horreur de la nature pour le vide?

Il n'y a guère que cent ans, que le célèbre astronome anglais Halley, inaugurant les voyages sous-marins, descendit à 15 mètres de profondeur dans une cloche à plongeur qu'il avait fait construire. Les ingénieurs d'outre-Manche ont utilisé, jusqu'en 1830, cette invention pour mener rapidement à bonne fin les nombreux travaux sous-marins dont ils ont couvert les côtes d'Angleterre. A cette époque, un autre appareil, plus commode en même temps que moins dispendieux, se substitua petit à petit à la cloche.

Nous voulons parler du scaphandre. Son but est de laisser à un ouvrier isolé toute la liberté de ses mouvements. Un habit imperméable, composé d'étoffe et de métal, lui permet une certaine franchise d'allures, qu'il n'a pas avec la cloche dans laquelle il est enfermé. Un tuyau communiquant avec l'intérieur de son vêtement, lui apporte l'air nécessaire à sa respiration. Cet air est fourni par une pompe aspirante et foulante, placée sur le rivage ou dans un bateau. Le scaphandre est d'origine française.

Des essais d'un autre genre furent faits, à la fin du siècle dernier, par un habitant de Breslau. On fit descendre sous l'eau un plongeur, emportant sa provision d'air dans un réservoir où l'on avait comprimé de grandes quantités de ce gaz. Le plongeur portait sur le dos le réservoir qui communiquait avec la bouche par un tube.

Le docteur Mhurr fit aussi des essais en France. Mais le scaphandre primitif ne fut pas détrôné. En 1830, les ingénieurs anglais en faisaient déjà un constant usage. La découverte du caoutchouc vint donner une grande impulsion à cette industrie, et l'usage universel des plongeurs rendit plus nécessaire que jamais le perfectionnement d'appareils jusqu'alors trop peu précis pour donner de bons résultats pratiques.

Deux Français, M. Rouquayrol, ingénieur des mines, et M. Denayrouze, lieutenant de vaisseau, résolurent cette question difficile. Leur invention répond à toutes les exigences des travaux sous-marins. Que l'homme soit nu ou recouvert d'une enveloppe imperméable, sa respiration ne dépend que de sa volonté ; c'est l'activité de ses poumons qui la règle dans tous les cas.

On obtient ce résultat au moyen d'un *poumon artificiel* ou *réservoir régulateur*. Ce poumon artificiel consiste en un réservoir d'acier ou de fer, capable de résister à une très-forte pression, et surmonté d'une chambre qui régularise l'afflux de l'air. Le plongeur le porte sur le dos. Un tuyau de respiration part de cette chambre, et se termine par un ferme-bouche, fait d'une simple feuille de caoutchouc qui s'applique entre les lèvres et les dents du plongeur. Une soupape, dont ce tuyau est muni, se prête à l'expulsion de l'air, et s'oppose à la rentrée de l'eau.

Le réservoir d'acier est séparé de la chambre à air par une soupape conique s'ouvrant de la chambre à air vers le réservoir, de manière à ne céder que sous l'influence d'une pression extérieure, tandis que toute pression émanée du réservoir ferme la soupape.

La marche de la pompe n'a pas besoin dès lors d'être régulière comme dans le scaphandre. L'air qu'elle envoie

Fig. 65. — Plongeurs munis d'appareils Rouquayrol-Denayrouze.

au plongeur s'emmagasine dans le réservoir d'acier. Le plongeur l'en tire suivant ses besoins et sans aucune fatigue, au moyen de la disposition suivante

La chambre à air est fermée par un couvercle mobile, auquel est fixée la tige de la soupape conique. Le couvercle est formé d'un plateau d'un diamètre moindre que le diamètre intérieur de la chambre, et recouvert d'une feuille de caoutchouc qui, d'une surface plus grande que celle du plateau, le relie hermétiquement aux parois centrales de la chambre. Il est susceptible de céder à une pression, soit intérieure, soit extérieure, de s'élever dans le premier cas et de s'abaisser dans le second.

Qu'une pression soit exercée sur le plateau, ce dernier la transmettra immédiatement à la soupape par l'intermédiaire de la tige; l'orifice de communication entre le réservoir et la chambre à air s'ouvrira, et le premier laissera couler dans la chambre une partie de l'air comprimé qu'il renferme. Si la chambre contient un excès d'air, la pression de ce gaz contre le plateau mobile maintient la soupape fermée.

Suivons le fonctionnement de l'appareil lorsque le travailleur est sous l'eau. L'ouvrier aspire, c'est-à-dire qu'il prend à la chambre à air une partie de son contenu; aussitôt la pression extérieure agit sur le plateau, le fait descendre, et avec lui la tige de la soupape qui s'ouvre. L'air du réservoir pénètre dans la chambre à air, rétablit l'équilibre entre l'intérieur de celle-ci et le milieu ambiant, fait remonter par suite le plateau. La soupape conique, revenant à sa position primitive, intercepte de nouveau la communication entre le réservoir et la chambre à air, jusqu'à ce qu'une autre aspiration ramène la même série de phénomènes. Dès que le plongeur respire, la soupape, qui se trouve sur le tuyau, s'ouvre et laisse échapper dans l'eau l'air expulsé de la poitrine.

Tout ici est automatique; l'appareil agit, quelle que soit l'irrégularité du travail de la pompe, avec la régularité du tiroir de la machine à vapeur. L'ouvrier reçoit exactement la quantité d'air nécessaire à sa respiration; cet air lui arrive à la pression à laquelle est soumis tout son corps, et cela, sans exiger de lui la moindre attention ni le moindre effort.

MM. Rouquayrol et Denayrouze, non contents d'avoir rendu la respiration du travailleur sous-marin indépendante de la régularité de la pompe, ont perfectionné beaucoup ce dernier appareil en construisant des pompes sans espace nuisible, où les fuites sont rendues de plus en plus impossibles à mesure que la pression augmente.

On sait que l'air fortement comprimé s'échauffe par le seul fait de cette compression. L'arrivée d'un air très-chaud gêne beaucoup les plongeurs. Les pompes dont nous parlons, et dans lesquelles l'air traverse deux couches d'eau avant de pénétrer dans le réservoir d'acier, obvient à cet inconvénient. De plus, l'air, en passant du réservoir d'acier dans la chambre à air où le plongeur le puise, perd de sa pression et continue de se refroidir.

Un autre avantage capital de l'appareil Rouquayrol-Denayrouze consiste en ce que l'air expiré vient seul crever par bulles à la surface. Tant que le plongeur respire régulièrement, les intervalles qui séparent l'arrivée des bulles, sont sensiblement égaux. Augmentent-ils ou diminuent-ils notablement, il se passe quelque chose d'anormal. Si les bulles cessent d'arriver, le plongeur ne respire plus, il faut le retirer sans retard.

Dans le scaphandre, l'air arrive dans l'intervalle qui sépare le corps du plongeur de son vêtement imperméable. L'air expiré s'échappe par une petite soupape, pratiquée dans le casque. Mais, par cette soupape sort aussi l'excédant de l'air envoyé par la pompe à l'ouvrier. L'irrégularité du jeu de la pompe amènera donc des irrégularités dans le dégagement des bulles d'air par la soupape, et, si les hommes continuent de pomper, ils pourront, sans en être aucunement avertis, envoyer longtemps de l'air à un cadavre. Avec le premier appareil, on a comme un bulletin continuel de la santé du plongeur. On sait au juste le moment où il faut lui porter secours; avec le second, on n'a aucune donnée sur son état. Cet avantage du nouvel appareil ne peut manquer d'inspirer de la confiance aux moins hardis.

Enfin l'homme qui endosse le scaphandre a sa vie beaucoup plus exposée qu'avec l'appareil Rouquayrol-Denayrouze. La vie, ou tout au moins la sécurité et la durée de son travail, dépendent évidemment de la solidité de son vêtement. Dans le nouveau système, l'habit en caoutchouc ne sert qu'à protéger le plongeur contre le froid. Aussi a-t-il besoin de beaucoup moins de solidité que le scaphandre et laisse-t-il au travailleur une plus grande liberté d'allures.

MM. Rouquayrol et Denayrouze ont tout fait pour que leur appareil, d'une utilité si incontestable pour tous les travaux sous-marins, fût à la portée de tout le monde. Il n'y a plus besoin de plongeurs habiles et intelligents, de manœuvriers longtemps exercés, pour donner à la pompe un mouvement uniforme. Nous avons vu comment l'air est fourni régulièrement au plongeur malgré les irrégularités du fonctionnement de la pompe. La substitution d'un simple masque au casque employé jadis rend la fermeture plus facile. Un seul boulon suffit pour l'obtenir complètement hermétique.

Il y a cependant quelques précautions indispensables. Faute de s'y conformer, les plongeurs courraient des risques au moins désagréables. La pression supportée par l'explorateur augmente en effet de 1 atmosphère chaque fois qu'il s'enfonce de 10 mètres. Le corps de l'homme est donc soumis, à 30 ou 40 mètres, à une pression de 4 à 5 atmosphères environ, tandis qu'à la surface, il subirait la seule pression atmosphérique. On ne peut impunément passer rapidement d'une pression à une autre aussi différente de la première[1]. Mais le corps se fera par degrés à ces nouvelles conditions physiologiques, si l'on descend d'abord à quelques mètres, et qu'on s'habitue chaque jour à une profondeur plus grande. Malgré cet exercice préliminaire, on doit chaque fois descendre très-

---

[1] Les belles recherches de M. P. Bert, sur l'*Influence que les modifications dans la pression barométrique exercent sur les phénomènes de la vie*, ont jeté une vive lumière sur les phénomènes dont il est ici question. — Voir à ce sujet les *Annales des sciences naturelles*, 1874, où M. P. Bert a publié son beau travail.

lentement; le retour doit être plus lent encore; et, pour éviter tout inconvénient, on fera bien d'employer une minute environ par deux mètres d'ascension. Si l'on ne suit pas ces simples recommandations, on souffre beaucoup de bourdonnements d'oreilles et de maux de tête. En procédant avec mesure, on *s'entraîne* peu à peu, comme pour tous les exercices du corps.

La lumière est faible sous les eaux ; l'obscurité augmente à mesure qu'on s'éloigne de la surface ; bientôt elle devient telle que le plongeur se dirige et travaille à tâtons, surtout sur les fonds vaseux et dans les ports, où l'on ne voit plus rien à 4 ou 5 mètres de profondeur. On a imaginé, pour remédier à ce grave inconvénient, d'employer des lampes à huile, à esprit-de-vin, ou même de simples lanternes munies de bougies. Un tuyau, communiquant avec une pompe foulante, apportait l'air nécessaire à la combustion ; un autre, remontant à la surface, permettait le dégagement des produits de la combustion.

Sans parler des innombrables inconvénients que présentait, dans la plupart des cas, la manœuvre de ces lampes avec leurs deux tuyaux, leur lumière était toujours impuissante à percer l'obscurité des eaux. L'air dense envoyé par la pompe donnait lieu au singulier phénomène observé dans les tubes à air comprimé ; les mèches charbonnaient, la lumière était pâle et l'éclairage ne durait guère qu'un quart d'heure. MM. Rouquayrol et Denayrouze ont su éviter habilement ces difficultés en employant la lumière électrique. Une lampe de fer ou de fonte, parfaitement étanche, renferme un régulateur de lumière électrique, du système de M. Serrin. Les fils conducteurs du courant, enfermés dans un tuyau de caoutchouc, pénètrent dans la lampe en traversant un presse-étoupe. Le courant électrique est produit par une pile de 50 éléments, et un jet éblouissant de lumière, dont l'intensité égale celle de deux mille becs de lampes

Carcel, éclaire la marche du plongeur. Les parois de la lampe résistent à la pression exercée par l'eau, et les gaz qu'elle renferme, dilatés par la chaleur, s'échappent par une petite soupape analogue à celle du poumon artificiel.

La régularité de la lumière ainsi produite ne dépend

Fig. 64. — Plongeurs trouvant une caisse d'or dans le port de Marseille.

que du régulateur lui-même, et nullement de la profondeur : elle dure environ trois heures en gardant la même énergie. Il suffit de changer les charbons pour retrouver la même intensité.

On emploie très-généralement les plongeurs à la recherche des corps tombés à la mer. Combien de précieux objets ont été par ce moyen dérobés à l'Océan, malgré la vase ou le sable qui commençait à les recouvrir ! Le plongeur cherche patiemment, à son aise ; il voit aussi clair qu'en plein jour ; il scrute les coins les plus obscurs ; il inspecte le sol pierre à pierre ; il jalonne sa route et se donne le moyen de ne visiter qu'une fois chaque place, chaque fente de rocher. Ses patientes investigations sont rarement inutiles. Nous trouvons dans l'excellente notice sur les appareils Rouquayrol-Denayrouze, un exemple remarquable de sauvetage effectué à l'aide de ces instruments. « Les paquebots *le Gange*, des Messageries impériales, et *l'Impératrice*, de la compagnie Valery, s'étaient abordés dans l'avant-port de Marseille. *L'Impératrice* a eu une de ses roues cassées et les chambres des officiers, qui étaient dans les tambours, ont été brisées. L'une d'elles contenait une caisse remplie d'or, qui tomba dans la vase épaisse qui forme le fond du port de Marseille. Il fallait le lendemain, retrouver le précieux colis. La mer était très-mauvaise, et l'on ne savait pas l'endroit exact de l'abordage ; la vase était molle, noire. On laissa tomber, à l'endroit que l'on croyait le plus rapproché de la caisse, un gros plomb de 60 kilogrammes. Ce plomb portait deux cordes divisées par mètres ; deux plongeurs les tendirent en sens inverse, et, prenant chacun le nœud correspondant au mètre, ils décrivirent des cercles concentriques, regardant, tâtant le fond à chaque pas. Au bout de trois heures de recherches, l'or était retrouvé et rendu à son propriétaire, qui suivait cette manœuvre avec une anxiété facile à concevoir. Ce sauvetage a été exécuté le 19 février 1867 par M. Barbotin, entrepreneur de travaux sous-marins à Marseille[1]. »

Sauvetage des navires russes à Sébastopol par Gowau.

Un ingénieur américain, Gowau, opéra naguère un sauvetage bien plus important, un véritable travail her-

---

[1] *L'Art de plonger et de travailler sous l'eau.* (3, boulevard du Prince-Eugène, Paris.)

Fig. 65. — Sauvetage des navires russes à Sébastopol, par Gowan.

culéen, sans antécédents dans l'histoire de l'industrie.

Le prince Mentschikoff, serré de près dans Sébastopol par l'armée anglo-française, reconnut immédiatement que le point faible de la ville était sa rade. L'amiral Duperré voulait en forcer l'entrée. Par une résolution aussi habile qu'énergique, le prince russe déjoua ce projet. Il fit couler bas une ligne de vaisseaux et de frégates entre le fort Catherine et le fort Alexandre. Une seconde ligne de bâtiments fut coulée bas, pour combler les vides créés dans cette digue sous-marine par les tempêtes que la fin de l'automne déchaîne sur cette mer. Enfin, lorsque l'heure de la retraite eut sonné pour les Russes, ils voulurent dérober aux vainqueurs les derniers restes de leurs vaisseaux; quelques épaves seules erraient sur la baie. Le fond limoneux de la rade abritait au moins cent navires, représentant une valeur de plus de 350 millions de francs.

Le dépôt confié à la mer avait été disposé de manière à résister autant que possible à son action délétère ; on avait recouvert de brai ou de suif toutes les parties susceptibles d'être détériorées, telles que les machines et toutes les pièces métalliques. La paix conclue, la lutte s'engageait entre l'homme et la mer. M. Gowau revêt un équipement de plongeur ; il descend sur la vase molle, et il visite les cadavres à demi ensevelis des navires. Les uns seront retirés d'un seul bloc, les autres pièce à pièce. La mer rendra tout le dépôt qu'elle a si bien gardé.

Une pompe gigantesque, enlevant jusqu'à 1,000 tonnes par minute, va puiser l'eau dans l'intérieur des navires, dont les sabords et les écoutes sont imparfaitement fermés. Cette puissante machine vide tout à coup la coque d'un navire submergé. L'allégement est si subit, que la coque est enlevée jusqu'à la surface par la poussée de la mer avant que l'eau ait pu l'envahir de nouveau. Une énorme chaîne de 300 mètres de long, et dont chaque anneau pesait 150 kilogrammes, était l'auxiliaire de la pompe, ou servait au défaut de cette dernière. Enfin, un détachement de plongeurs étaient occupés à chercher les débris séparés, et déjà à demi ensevelis sous le limon sous-marin. L'homme triompha de la mer.

Radoubage des navires effectué sans les sortir de l'eau, et même en marche.

Si l'utilité des appareils plongeurs est grande lorsqu'il s'agit d'exécuter des recherches ou des travaux sous-marins, elle est bien plus grande pour le marin qui veut nettoyer la carène de son navire ou même réparer une avarie fortuite. Nous voyons s'augmenter chaque jour l'importance des organes placés, dans les navires, au-dessous de la ligne de flottaison. La marine à vapeur surtout exige l'emploi très-fréquent de plongeurs. Un appareil comme le scaphandre, dans lequel la vie d'un homme est confiée à une simple étoffe, est peu fait pour supporter les rudes épreuves de la mer. L'appareil Rouquayrol-Denayrouze ne présente pas du tout les mêmes inconvénients.

Si l'on veut nettoyer la carène d'un navire ou le radouber, on n'a plus besoin, comme on le faisait autrefois de l'amener dans les docks, ce qui cause la perte d'un temps précieux et occasionne de grandes dépenses. On passe sous le navire une échelle de corde à barreaux de bois ou de fer. L'échelle tendue, le plongeur descend à la mer et s'accroche aux barreaux de l'échelle au moyen d'un triangle dont la base est en fer, les deux côtés en corde et le sommet un croc de fer. Il travaille comme un couvreur. Il n'a même pas besoin d'employer ses mains à se soutenir. Il peut verser de l'air dans son habit de manière à se coller pour ainsi dire aux parois du navire, et il se trouve soutenu sans aucune peine.

Le célèbre monitor américain le *Miantonomah* revient de Cronstadt avec de très-graves avaries ; les matelots de la frégate américaine le *Colorado* le réparent en rade de Cherbourg, par un mauvais temps. Le travail ne dure que cinq jours. Entré dans la Méditerranée, il a de nouvelles avaries dans un tuyau placé à l'arrière du navire. Les matelots du *Miantonomah*, pourvus de l'appareil de MM. Rouquayrol-Denayrouze, dont ils ne s'étaient jamais servis, réparent le tuyau dans sept heures de travail.

Fig. 66. — Radoubage de la cale d'un navire en marche.

Cette question du nettoyage de la carène en cas de campagne, surtout dans les pays chauds, est très-importante. En adoptant, sur les paquebots, les appareils destinés à ce service, on économisera beaucoup de charbon.

Dans cent neuf heures de travail sous l'eau, le bélier cuirassé *le Taureau*, qui était sorti du bassin depuis quatre mois, e dont la coque était déjà couverte d'herbes de 0ᵐ,15 de longueur, de petites coquilles, de moules, a été entièrement nettoyé, et les expériences des machines, faites immédiatement après, ont donné la vitesse de 12 nœuds 8, superbe résultat pour ce navire.

Quel meilleur auxiliaire pour le mécanicien que cet appareil? Il lui permet de veiller constamment sur les parties délicates et toujours immergées de sa machine, de vérifier, avant l'appareillage, ses prises d'eau, l'état de son hélice, de son presse-étoupe, etc. Tous ces travaux se font en quelques minutes, surtout si le mécanicien ne néglige pas de faire de temps en temps *ses visites à la mer*.

Cet appareil peut, en cas d'accident, rendre d'immenses services. Que de navires échoués sur un banc de sable ou jetés sur un récif, auraient été sauvés, si l'on avait eu une connaisance exacte du fond, si l'on avait pu boucher une voie d'eau ou faire tout autre travail sous-marin !

Les sensations du plongeur. — Profondeur à laquelle il peut descendre.

Il y a cependant une limite au delà de laquelle il est extrêmement dangereux de descendre, pour ne pas dire impossible. Cette limite est d'environ 60 mètres. Le plongeur y est soumis à la forte pression de 7 atmosphères; le moindre incident met sa vie en danger. Nous en trouvons un curieux exemple dans les *Annales du sauvetage maritime*. (Mai 1866.)

Le 17 février 1865, vers trois heures de l'après-midi, on aperçut d'Ouessant un vapeur en feu, très-ras sur l'eau, désemparé et sans embarcations, les parois brisées, naviguant sous un hunier, le perroquet et le foc : d'autres voiles pendaient en lambeaux aux ralingues. Au lieu de mouiller dans la baie du Stiff, située à l'est de l'île d'Ouessant, vers laquelle il semblait se diriger, ce navire s'engagea dans les récifs, entre l'une des pointes de cette baie et le Men-Corn, et ne tarda pas à talonner dessus. On voyait les marins courir sur le pont comme des fous. La mer était démontée, le vent d'une violence extrême; de terre on ne pouvait tenter aucun secours, faute d'amarres et d'appareils pour les lancer à bord. D'ailleurs, la marée montante dégagea bientôt le navire, qui privé de son gouvernail, brisé sur les rochers, se trouva drossé par les vents et les courants dans le chenal de la Helle. Il avait en outre une voie d'eau, car son arrière s'enfonçait lentement, et une heure après il disparaissait, au moment où l'obscurité commençait à se faire. Il pouvait être 4 heures 1/2 du soir. (Ce navire était le *Columbian*.)

31 août, départ de Modène à 4 heures 30 minutes du matin. Vers 11 heures, les pilotes croient avoir accroché le *Columbian*. Le *Flambeau* mouille sur quatre ancres, à peu près sur l'emplacement indiqué. Une sonde jetée par le capitaine donne le pont du *Columbian* par 55 mètres; les sondes rapportent du charbon de terre, du minium, de la peinture noire. Le fond, au sud-est du navire, est à 62 mètres, et au nord-ouest à 70 mètres. L'ancre nord se trouve par 75 mètres. La pose des quatre ancres est terminée à une heure. Pendant que les hommes dînent, nous préparons la pile et la lampe, qui brûle bien à l'air. Les pompes et tous les appareils sont mis en état. A 3 heures 25 minutes, on coiffe le plongeur Deschamps de son casque.

Voici maintenant le récit qu'il fait lui-même des impressions reçues pendant les deux descentes:

Première épreuve. Il descend marche à marche avec les mains, et les compte de dix en dix, en faisant un temps de repos à chaque dizaine (les échelons sont espacés de $0^m,33$). Il reçoit et transmet les signaux très-régulièrement. Au cinquantième échelon, l'eau entre par la soupape de derrière, qu'il ferme un peu; au soixantième, il achève de la fermer; au cent vingtième (40 mètres), l'eau entre par la soupape de devant, qu'il commence à serrer. Il demande plus d'air. Au cent soixantième échelon (55 mètres), il fait une pause un peu plus longue ; il serre davantage sa soupape ; l'air ne sort plus que par globules. Il compte cent soixante-quatorze échelons : l'échelle ne porte pas à terre ; il sent les gueuses en fonte qui ont servi à la tendre et peut encore les distinguer ; il s'y suspend et pose ses pieds à terre, dans un sable très-mou, où il s'enfonce. Au moment où il se baisse pour ramasser quelque chose de blanc comme un caillou, il se sent enlevé avec une vivacité extrême, ses pieds battent contre chaque échelon ; il tient l'échelle d'une main, et ne peut parvenir à s'y attacher de l'autre. Il est arrivé un accident aux pompes et il n'en a rien senti. Au cinquantième échelon, il a perdu de vue la lampe et les fils, ils lui apparaissent fins comme des fils de laiton ordinaires, l'un plus fin que l'autre. La soupape du casque *ne chantait pas* du tout. En touchant le sol, il a senti l'eau rentrer dans son pied droit et suinter de partout comme une sueur.

Deuxième épreuve. Au quarantième échelon, l'eau entre par la soupape de derrière ; il la visse en partie, et il est obligé de la fermer au soixantième. A 50 mètres, l'eau entre par la soupape de devant qu'il tient presque complétement fermée, à 60 mètres l'eau entre par la jambe ; il ferme la soupape et se pose sur le sable, qui s'enfonce. La pression est générale sur tout le corps, elle s'exerce sur la vessie, qui se vide malgré sa volonté. Cet effet a également été éprouvé, mais avec moins d'intensité, en posant le pied sur le sol la première fois. Il détache l'un des bouts de sa corde de guide, il peut distinguer cette corde, les gueuses, ses mains, et il fait une vingtaine de pas. Il a beaucoup de peine à retirer ses pieds du sable, dans lequel il semble être enraciné. Tout à coup ses yeux s'obscurcissent, sa tête tournée, il revient instinctivement à l'échelle et demande à remonter, autant que ses forces le lui permettent. Il commence son ascension, se sent retenu par sa petite corde de guide, il la coupe avec le poignard et remonte alors seul, très-rapidement, ayant perdu connaissance. Un choc violent le ranime : il reconnaît les flancs du navire contre lequel son casque a porté, et reprend courage. Il agite sa main à la surface de l'eau et se sent tiré vers le fond. Son casque ayant remonté, le collier lui bouche complètement la respiration. Il se sent saisi par le bras et s'accroche à une corde qu'il sent près de sa main. Il perd de nouveau connaissance un instant très-court sur le canot, et demande à être remonté sur le pont aussitôt que son casque est dévissé. La main droite le fait beaucoup souffrir, l'air lui manque, il a froid aux extrémités ; son cou est très-douloureux, et il ne peut respirer. Deux fois il perd à peu près le sentiment et la respiration à bord. Sa vue est trouble, tout tourne autour de lui, son regard est sans fixité,

L'état du plongeur et celui des appareils nous font reconnaître unanimement que ces derniers ne peuvent pas fonctionner avec régularité à une pression normale de six atmosphères, et qu'il serait très-imprudent d'exposer la vie des hommes pour un travail suivi sous cette pression. Le plongeur voudrait recommencer l'expérience. Ni le capitaine ni les ingénieurs ne veulent le lui permettre. Ces expériences enseignent que, jusqu'à 40 mètres de profondeur, le plongeur conserve bien sa respiration, la rétractilité volontaire de ses organes, sa présence d'esprit, mais qu'arrivé à des profondeurs supérieures à 50 mètres, la pression extérieure produit sur les organes internes des effets physiologiques indépendants de la volonté. Quarante mètres, telle est donc la profondeur, indiquée par l'expérience, au delà de laquelle il ne faut pas espérer d'entreprendre, avec quelques succès, un travail un peu prolongé sous l'eau de mer... En deçà de cette limite, on peut, avec toute sécurité pour la vie des hommes, tenter et réussir le sauvetage de tout navire sombré, dont l'importance justifiera les dépenses exposées...

(CARVALLO).

Extrême difficulté que présentent les travaux sous-marins. — Fondations sous-marines. — Blocs artificiels fabriqués sur place.

La limite de 60 mètres imposée aux promenades sous-marines de l'homme est bien faite pour nous montrer notre faiblesse. Malgré tous les efforts du génie, nous ne pouvons pénétrer dans l'empire des eaux. Nous restons sur le seuil. Cependant nos visites à la mer, quoique bornées, ont une grande importance théorique et pratique. Nous en avons cité plusieurs exemples.

Les constructions sous-marines sont encore un des magnifiques champs où l'art du plongeur est presque indispensable. Quel travail sérieux peut exécuter l'ouvrier qui agit en aveugle, lançant ses matériaux presque au hasard, et les livrant au bon plaisir d'un élément qu'il n'ose pas affronter? Son œuvre aura-t-elle beaucoup plus de valeur, s'il doit plonger et sortir de l'eau à chaque instant, ne jetant qu'un rapide coup d'œil sur un travail qu'il n'a pas le temps de refaire, ou dont il ne peut, dans les courts intervalles de sa vie sous-marine, corriger les défauts?

Quand l'homme aura, tous les jours, versé à profusion les matériaux sur le fond de la mer, qu'une colline artificielle surgira, nouveau récif, au-dessus d'un abîme, il se verra, près de la surface, continuellement arrêté. Pendant le calme, les matériaux s'élèveront sans peine au-dessus des eaux : il s'enorgueillira, se vantera d'avoir subjugué la mer. Mais voilà qu'une tempête déchaîne contre ses fragiles travaux des vagues furieuses ; ils disparaissent comme par enchantement. On dirait que la mer n'a laissé quelque répit à l'homme que pour mieux l'humilier, en détruisant en un instant l'ouvrage de plusieurs années.

La belle digue de Cherbourg, l'un des plus gigantesques travaux des temps modernes, n'a-t-elle pas été plusieurs fois rasée par la mer avant de s'élever glorieuse en face de la côte, et d'opposer aux flots une barrière infranchissable? On se contentait jadis de répandre à profusion, sur le fond de la mer, des blocs de rochers, des pierres, du béton; de les entasser pêle-mêle, comme faisaient les géants de la Fable, poussés par la folle prétention d'escalader le ciel. On agit maintenant avec moins de précipitation, mais plus de connaissance de cause; on superpose

Fig. 67. — Lancement de blocs artificiels.

lentement des blocs énormes, sur lesquels la mer exerce vainement sa fureur. On les fabrique même sur place, en remplissant d'immenses caisses rectangulaires d'une sorte de béton grossier, qui se durcit au contact de l'air et surtout de l'eau (fig. 67).

Quand le bloc est assez résistant pour affronter la submersion, on le dépouille de son enveloppe et on le descend à la mer. Mais, avant tout, il faut que le plongeur ait parfaitement nivelé la place sur laquelle reposera la première assise de cette muraille cyclopéenne. Armé de pinces ou de leviers, il soulève le bloc et le place exactement dans la position indiquée par l'ingénieur. Ce travail force les plongeurs de monter ou de descendre à chaque instant ; il faut que, sans cesse, ils escaladent les blocs, et qu'ils les voient sous toutes les faces. Munis de

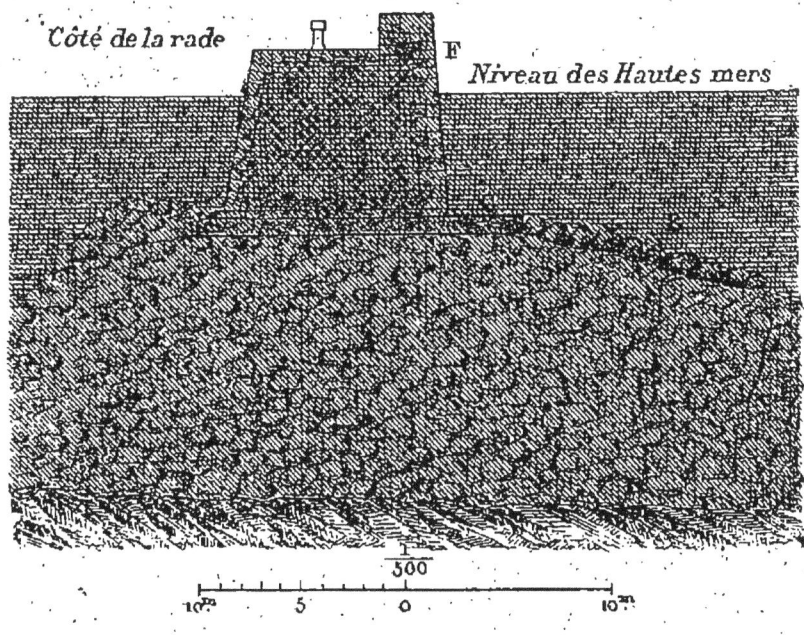

Fig. 68. — Coupe verticale de la digue de Cherbourg.

A, Enrochements en moellons.
B, Blocs naturels.
C, Blocs artificiels.
D, Assises de béton.
E, Muraille en mortier hydraulique.
F, Parement en granit.

l'appareil Rouquayrol-Denayrouze, ils peuvent, à l'aide d'un simple robinet, gonfler ou dégonfler d'air leur vêtement de caoutchouc, qui joue parfaitement le rôle d'une vessie natatoire. Il leur suffit de tourner un robinet pour exécuter sous l'eau, sans aucun effort, les manœuvres les plus variées. Les blocs se superposent régulièrement les uns aux autres, et de manière à neutraliser autant que possible les incessantes attaques du flot.

Cloches à plongeurs. — Appareils fixes à air comprimé.

La plus grande précision doit présider aux travaux sous-marins. Ils perdent en durée tout ce qu'ils perdent en précision. Aussi, avant l'invention de ces ingénieux appareils qui font presque de l'homme un animal am-

Fig. 69. — Cloche à plongeur.

phibie, la cloche à plongeur était-elle d'un usage universel sur les côtes où l'on construisait des jetées, des fortifications, des phares, des ports, des bassins ; en un mot, partout où l'on exécutait d'importants travaux sous-marins.

La cloche à plongeur, avons-nous déjà dit, se compose d'une grande cloche de fonte, communiquant par sa partie supérieure avec une pompe foulante.

14

Retournons un verre à boire sur une cuvette pleine d'eau ; l'air qu'il renferme diminue de volume à mesure qu'on l'enfonce dans l'eau, car on voit cette dernière pénétrer dans le verre. L'air se réfugie dans la partie supérieure du vase ; là, il se comprime de plus en plus, empêchant l'eau d'envahir le tout. Ouvrons le fond du verre et faisons communiquer son intérieur avec un réservoir contenant de l'air aussi comprimé que celui dont nous avons réduit le volume, l'eau gardera le même niveau. Comprimons davantage l'air du vase, il envahira le verre et chassera l'eau. C'est ce qui arrive dans la cloche à plongeur.

Elle porte des bancs, ou des madriers transversaux. C'est là que les ouvriers se tiennent pendant qu'on descend l'instrument (fig 69). Lorsqu'on arrive au sol, l'air de la pompe chasse complètement l'eau de la cloche, les ouvriers quittent leurs bancs et travaillent sur le fond de la mer. Comme ils ne peuvent sortir de leur cellule étroite, leur action est limitée à un très-petit espace, inconvénient auquel on remédie par un déplacement latéral de la cloche, et qui s'annule si le travail à exécuter consiste, comme cela arrive souvent, dans une fouille à pratiquer en un lieu déterminé. On peut même, dans ce cas, remplacer avec avantage la cloche par un appareil à air comprimé, dont la forme dépendra des conditions dans lesquelles on est placé. C'est à un artifice de ce genre que l'on doit le rapide achèvement du magnifique pont construit, il y a quelques années, sur le Rhin, près de Strasbourg.

Chacune des piles de ce pont repose sur quatre caissons en tôle de $8^m,80$ d'épaisseur, 7 mètres de largeur, $5^m,80$ de longueur, $3^m,40$ de hauteur, et pesant chacun plus de 50 000 kilogrammes. Chaque caisson était ouvert à sa partie inférieure (fig. 70). La partie supérieure portait trois cheminées, dont une médiane et deux latérales. Toutes trois s'élevaient au-dessus des eaux du Rhin. La médiane s'ouvrant à l'air libre à sa partie supérieure, l'eau s'y maintenait au niveau général du fleuve. Elle renfermait une drague, mise en mouvement par une machine à vapeur. Cette drague, ainsi que la cheminée, descendait jusqu'au gravier du fond. Les ouvriers chargeaient les compartiments de la drague qui déversait sa charge hors du fleuve.

Fig. 70. — Appareil à air comprimé.

Les deux cheminées latérales, au lieu de pénétrer, comme l'autre, jusqu'au sol à creuser, s'arrêtaient à la partie supérieure du caisson. Les ouvriers s'enfermaient d'abord hermétiquement dans une chambre réservée au haut de la cheminée, puis on mettait cette dernière en communication avec des machines soufflantes. L'air poussé par ces machines, se comprimait dans les cheminées latérales, refoulant petit à petit l'eau dans leur intérieur jusqu'au caisson, puis jusqu'au gravier. Les courriers descendaient alors dans le caisson et apportaient à la drague les matières arrachées au lit du fleuve. Quand les ouvriers voulaient sortir, ils remontaient d'abord à la partie supérieure des cheminées latérales ; on ralentissait l'action des machines soufflantes, de manière à diminuer graduellement la pression de l'air qu'ils respiraient. L'eau montait en même temps dans les caissons et de là dans les cheminées latérales, jusqu'à ce qu'elle y eût atteint le niveau général du fleuve. On ouvrait alors la portière, et les ouvriers sortaient de leur prison, sorte de cloche à plongeur d'une forme spéciale et appropriée à des usages particuliers.

Hydrostat sous-marin de Payerne.

M. le docteur Payerne a beaucoup perfectionné la cloche à plongeur. Son *hydrostat sous-marin* présente l'immense avantage de pouvoir flotter sur l'eau, d'être submergé ou ramené à la surface par les ouvriers enfermés dans les flancs de cette lourde machine. Trente hommes peuvent y travailler à l'aise pendant plusieurs heures consécutives, sans en être aucunement incommodés. Il est donc d'une grande utilité pour tous les travaux à exécuter au fond des ports et sur les points qui s'ensablent.

Le principe de cet appareil est très-ingénieux. Il a extérieurement la forme d'une grande caisse rectangulaire, surmontée d'une autre un peu moindre. Le tout peut se fermer hermétiquement sauf par-dessous, où l'on a laissé une large ouverture.

L'hydrostat renferme trois compartiments principaux. L'inférieur, ou la *cale*, est ouvert par le bas, et communique par une large cheminée, ou *bure*, avec le compartiment supérieur, ou *entrepont*. Entre eux est un troisième compartiment ou *faux-pont*, qui ne communique avec ses voisins que par des robinets. Tout autour de la *cale* et du *faux-pont*, règne une *galerie* hermétiquement fermée, et reliée à ces deux compartiments seulement par d'excellents robinets. La partie inférieure de cette *galerie* renferme des matières pesantes destinées à lester l'appareil ; sa partie supérieure se remplit à volonté d'air ou d'eau (fig. 74).

Fig. 71. — Hydrostat sous-marin.

Quand l'hydrostat flotte, la *cale* et une partie de la *bure* sont pleines d'eau ; le *faux-pont*, sa *galerie* et l'*entrepont* sont pleins d'air. Une pompe aspirante et foulante est placée dans ce dernier, où se tiennent alors les ouvriers.

Lorsqu'on veut faire descendre l'hydrostat, on ferme hermétiquement une écoutille de l'*entrepont* et la porte de la *bure*. On manœuvre la pompe, de manière à puiser de l'eau à l'extérieur et à la faire pénétrer dans le *faux-pont* et sa *galerie*. Un tube, muni d'un robinet, fait communiquer la partie supérieure du *faux-pont* avec la *cale*. On ouvre ce robinet; l'air, comprimé dans la partie supérieure du *faux-pont*, descend dans la *cale*. En même temps que cette dernière se remplit d'air comprimé, l'appareil se charge d'eau, devient plus lourd, et descend au fond de la mer. L'eau qui était dans la *cale* est, il est vrai, sortie ; mais le volume de ce compartiment est égal à celui du faux-pont. La *cale* était pleine d'eau ; actuellement ce sont le *faux-pont* et sa *galerie*. Les ouvriers ouvrent alors la porte de la *bure* et descendent dans la *cale*. Quelques aides restent dans l'*entrepont*, pour y arrimer les matériaux extraits, et pour manœuvrer la pompe en cas de besoin.

Lorsqu'on veut revenir à la surface, les travailleurs remontent à l'*entrepont* par la *bure* qu'ils ferment ensuite hermétiquement. La pompe est manœuvrée de manière à aspirer l'air de la *cale*, à le refouler dans le *faux-pont* et de là dans la *galerie*. L'eau s'échappe par un conduit communiquant avec l'extérieur. L'*hydrostat* reprend sa légèreté en même temps que la *cale* se remplit d'eau, et bientôt il flotte comme primitivement. C'est alors qu'on ouvre l'*écoutille de l'entrepont*, et qu'on ramène, au moyen d'un treuil et de câbles, l'hydrostat au point de son débarquement, ou qu'on l'amarre à des bouées près du lieu de travail.

La *cale* est carrée. Elle mesure 8 mètres de côté sur 2 mètres de hauteur. Le *faux-pont* a les mêmes dimensions. L'*entrepont* a la même hauteur, mais il n'a que 5 mètres de côté. L'*hydrostat* a donc 6 mètres de hauteur, et sa base, dont le plancher est le fond de la mer, a 64 mètres carrés de surface. Nous avons déjà dit qu'une galerie complétement fermée entoure les deux étages inférieurs. Elle est, comme le faux-pont, divisée en plusieurs compartiments plus petits, qu'on peut faire communiquer entre eux ou rendre indépendants les uns des autres au moyen de robinets.

L'*hydrostat sous-marin* de M. Payerne résout donc à la fois plusieurs difficultés. Une manœuvre intérieure le submerge et le transforme en une cloche à plongeur; puis elle le ramène à la surface ou le change en un radeau qui se déplace à volonté. Cette ingénieuse machine a déjà fait ses preuves. Le port de Fécamp était encombré de galets, qui fermaient son entrée à tous les navires d'un fort tonnage. L'hydrostat a fonctionné, et le port, débarrassé, est rouvert au commerce. Le même instrument serait employé avec fruit à des reconnaissances sous-marines dans le voisinage des côtes.

On aime mieux en général faire les ports en creusant de vastes bassins dans le voisinage des côtes, qu'en cherchant à enfermer par des jetées de grands champs de la mer. On marche plus librement à l'air libre, les travaux s'exécutent rapidement, et l'on n'est pas exposé à voir la mer les renverser en un instant. Le port enfermé par des collines, ou port naturel, a le double avantage de mettre les bâtiments à l'abri des vagues et des vents. Mais, si le port se comble petit à petit, si les alluvions marines obstruent son entrée, l'*hydrostat* sera employé avec succès.

Navire sous-marin de l'ingénieur français Villeroy.

Que d'engins sous-marins de destruction ou d'investigation l'esprit humain n'a-t-il pas imaginés? Les navires sous-marins, les cloches ou les vêtements de plongeur, les brûlots sous-marins ou torpilles, ne témoignent-ils pas de l'activité développée chez l'homme par la mer?

M. Villeroy, ingénieur français, construisit, il y a quelques années, à Philadelphie, une remarquable machine destinée à flotter dans l'eau comme le poisson, à toute profondeur, suivant le caprice de son conducteur. Ce navire sous-marin a la forme d'un long cylindre terminé par deux cônes. Il est hermétiquement fermé. La lumière y pénètre par un grand nombre de fenêtres circulaires, pratiquées dans son enveloppe de tôle, et fermées par des glaces épaisses. Une écoutille permet d'entrer dans le navire ou d'en sortir. Des tubes de gutta-percha, placés dans l'intérieur, communiquent avec l'extérieur par un conduit muni d'un robinet. Une pompe permet de les remplir d'eau à volonté. Lorsqu'on veut s'enfoncer dans la mer, on fait

Fig. 72. — Navire sous-marin de Villeroy.

pénétrer de l'eau dans ces tubes. On les vide quand on veut remonter à la surface. Une hélice, placée à l'arrière du navire, est mise en mouvement par une machine enfermée dans les flancs du monstre sous-marin.

Le bâtiment de M. Villeroy avait 35 pieds ($11^m,55$) de longueur et 44 pouces ($1^m,11$) de diamètre. L'hélice avait 3 pieds (1 mètre) de diamètre. En éclairant le fond de la mer au moyen d'une lumière électrique placée dans l'intérieur d'un navire, on aurait un moyen très-commode d'explorer le fond de l'Océan, au moins dans le voisinage des côtes.

Ce bateau, construit pendant les guerres d'Amérique, à l'époque où l'enfantement des *monitors* jetait la frayeur dans le monde entier, est le digne pendant de la torpille, cet engin de guerre si terrible, qui tue au moment où l'on se croit à l'abri de toutes poursuites, cette mine destinée à faire sauter les ouvrages les mieux construits, et à briser les navires aussi facilement que peut le faire la plus violente tempête.

Emploi des torpilles pour dégager les passes et l'entrée des ports.

Dans notre siècle, que l'on peut appeler avec raison le siècle du progrès, puisqu'il a vu se développer les idées de fraternité et de solidarité sans lesquelles nous sommes à peine supérieurs aux bêtes féroces, combien d'engins de destruction ont été détournés de leur destination première, et sont devenus, au profit de l'humanité, de puissants moyens de sauvetage ! M. Delvigne transforme le canon en porte-amarres, et le boulet apporte au naufragé la nouvelle de sa délivrance. M. François Tixier fait de la torpille un instrument de salut. *Le Pilote dunkerquois* rapporte une opération dont le succès ne laisse aucun doute sur les heureux résultats que l'on est en droit d'attendre de ce terrible et docile auxiliaire de l'homme.

« La goëlette *Virginie*, de Saint-Malo, coulée dans la passe du port par le bateau à vapeur *Zingari*, a été démolie en partie par l'explosion d'une torpille placée sous l'eau, dans la cale, par M. François Tixier, qui avait entrepris cette opération et l'avait menée à bonne et complète réussite. Les phases par lesquelles devait passer l'explosion, et jusqu'au laps de temps qui devait s'écouler entre la mise de feu (par la mèche Bickford) et le résultat lui-même, avaient été indiqués à l'avance avec une précision remarquable, que les faits ont pleinement confirmée, et qui ont été constatés par de nombreux spectateurs, parmi lesquels se trouvaient MM. le ministre de l'instruction publique et des cultes, le recteur de l'académie, le sous-préfet, le maire, Lefebvre adjoint, le commandant du bateau de l'État *l'Averne*, le capitaine de service du port.

Fig. 75. — Dégagement d'une passe.

Les spectateurs ont salué de leurs acclamations la projection des débris et du sable à la surface de l'eau qui bouillonnait, indiquant le résultat de l'opération, et confirmant toutes les données de l'entrepreneur. Cette expérience prouve aujourd'hui que nous avons un élément utile de plus pour débarrasser, en cas opportun, les ports ou passes, pour y prévenir les sinistres du genre de ceux que nous avons eu à déplorer trop souvent depuis quelque temps. Nous ne devons plus recourir à nos voisins d'outre-mer, nous saurons à quelle porte, chez nous, il faudra frapper en cas de nécessité. La partie restante du navire sera enlevée par le même moyen, et l'entrée du port sera complétement débarrassée de cet écueil qui a failli causer de graves accidents aux navires arrivés à Dunkerque depuis son échouement. »

Il est rare que l'on ait besoin d'un instrument puissant comme la torpille, mais il faut souvent faire jouer la mine au fond de la mer. On a recours au plongeur. Il dirige le trépan mû à bras ou à vapeur; au besoin il déblaye autour de lui. Quand le trou est percé, c'est lui qui place le vase en fer-blanc rempli de poudre ou de nitro-glycérine. Il le recouvre de ciment et le met en communication avec le rivage par des fils conducteurs d'un courant électrique ou par une mèche brûlant sous l'eau. Le plongeur se retire. On allume la mèche, ou l'on fait passer un courant dans les fils, et l'explosion se produit.

Quand la profondeur est grande, l'action de la poudre est prodigieuse. Comprimés par une colonne d'eau, les gaz attaquent plus vivement le rocher et le fendillent de mille manières. Le bouleversement est profond; à la surface presque aucun indice; on ne voit qu'un léger soulèvement de l'eau, des poissons morts flottent au-dessus de la mine, et l'on sent une sourde commotion. Si la colonne d'eau est faible, une grande gerbe est projetée en l'air au moment de l'explosion, les roches sont peu attaquées. Aussi, dans les pays de marée, l'on attend le moment de la pleine mer pour mettre le feu à la poudre.

Cette précaution est surtout nécessaire lorsque la roche à détruire est accidentée, qu'elle présente de profondes anfractuosités et qu'on peut la faire sauter en se contentant d'enfermer la poudre dans des bouteilles de grès placées dans une fente convenablement choisie.

Mines anglaises au-dessous de l'Océan.

Les travailleurs sous-marins ne s'arrêtent pas au fond ; ils descendent plus bas encore. Au-dessous de la mer, comme dans les flancs de nos montagnes, la nature enferme ses trésors. La houille, le fer, l'étain et les autres métaux sont tirés quelquefois d'une grande profondeur. Un puits vertical sert à faire communiquer avec l'extérieur les galeries souterraines horizontales, d'où l'on extrait le

Fig. 74. — Coupe d'une mine d'étain du comté de Cornouailles (Angleterre, d'après M. Simonin.

minerai. En plusieurs points des côtes anglaises, le mineur n'a pas craint de prolonger ces galeries sous la mer, au risque de se voir englouti si la moindre fissure laisse un passage à l'eau. Mais ce danger, ne le court-il pas aussi bien ailleurs ? Les nappes d'eau, reconnues par le géologue dans l'épaisseur de l'écorce terrestre, suffisent et au delà pour détruire en un instant les plus gigantesques ouvrages souterrains.

L'entreprise n'est donc pas aussi hasardeuse qu'elle le paraît au premier abord, elle présente partout à peu près les mêmes difficultés. Le grisou ne se dégage-t-il pas aussi bien dans les mines sous-aériennes que dans les mines sous-marines? Ses effets sont-ils dans un cas moins redoutables que dans l'autre? Enflammé dans la mine, il ne tarde pas à se trouver à l'étroit dans son enveloppe. Le feu se propage, une explosion détruit les parois du canal souterrain, des collines entières sont soulevées ou déchirées comme par une éruption volcanique. Peu importe au mineur que cette catastrophe l'atteigne sous la mer; il n'y est pas plus en danger qu'au milieu du continent : avant d'être noyé, il sera brûlé ou écrasé. Réservons un peu de notre compassion pour le marin qui veut aborder une côte hospitalière, et qui voit son embarcation démembrée par la violence de l'explosion sous-marine.

VARIATIONS DU FOND DES MERS

GÉNÉRALITÉ DES CHANGEMENTS DU FOND DES MERS

Extension des mouvements de l'écorce terrestre. — Travail incessant de la nature. — Le refroidissement lent de la terre a plissé et brisé son écorce, de manière à lui donner sa forme actuelle.

Rien n'est immuable. La continuité du changement est la grande loi de la nature.

Depuis le gaz subtil qui échappe à notre vue jusqu'au rocher qui sert de fondement à nos édifices, tout se meut et se transforme sans jamais s'arrêter. Depuis le corpuscule imperceptible jusqu'à l'astre gigantesque et aux systèmes des mondes, tout nous montre une continuelle agitation. La modification est plus ou moins apparente, plus ou moins rapide; mais qu'elle soit ou non accommodée à notre vue, elle existe, et nous assistons sans cesse à une sorte de palpitation de la matière.

L'animal et la plante naissent, se développent, puis meurent. Les éléments qui ont concouru à leur formation et à leur développement se sont renouvelés sans relâche. Après avoir accompli leur rôle dans l'organisme où ils ont pénétré, ils en sont expulsés pour être remplacés par d'autres. A un moment donné, ils sont pour ainsi dire sortis de l'ornière qui leur était tracée, et ils ont contracté de nouvelles alliances, A l'être a succédé un ensemble tout différent, à la concentration des forces succède l'anarchie, à l'anarchie la création de nouveaux ensembles destinés à disparaître eux-mêmes. L'individu n'est donc pas plus immuable que le simple atome.

L'histoire nous apprend à voir dans les peuples de grandes individualités naissant, grandissant et mourant comme les individus, pour se fondre dans d'autres grandes individualités.

L'espèce elle-même n'est pas à l'abri des modifications.

Est-ce l'orgueilleux rocher qui jouit du calme et du triste privilége de l'immutabilité? Mais sa surface n'est-elle pas soumise à l'action de tous les agents extérieurs, et les variations de la température ne remuent-elles pas profondément cette masse en apparence immuable?

Notre vue a des bornes étroites. L'infiniment grand nous échappe comme l'infiniment petit. Une roue tournant excessivement vite semble immobile. Un mouvement extrêmement lent de cette roue passe inaperçu.

L'air est composé d'un grand nombre d'éléments. L'oxygène et l'azote y entrent pour la plus grande part. La vapeur d'eau, l'acide carbonique et toutes les émanations qui se dégagent de la surface terrestre s'ajoutent aux deux premiers gaz. L'oxygène est absorbé par les animaux, et remplacé par l'acide carbonique. Il l'est également pendant la nuit par les feuilles, et de l'acide carbonique le remplace. La combustion produit un semblable résultat. Les parties vertes des plantes agissent pendant le jour en sens inverse.

La vapeur d'eau, pompée par les vents dans les vastes réservoirs océaniques, flotte au-dessus de nous en nuages, et se répand sur les terres en pluies bienfaisantes; mais elle redescend vers son point originel, à l'état de rivières et de fleuves, pour être de nouveau changée en vapeurs, et recommencer le cycle de ses transformations.

Une sorte de balancement entre des causes nombreuses d'altération rend la composition de l'air sensiblement constante, et son agitation continuelle tend à l'uniformiser.

Le nuage, qui se fixe au sommet de la montagne, est le siége d'un mouvement très-rapide de l'air. Les vésicules qui le constituent se forment par l'afflux d'un air humide et chaud au contact d'un air plus froid. Le vent les emporte, et elles se dissolvent dans un air plus sec. Continuellement reformées pour disparaître bientôt, elles donnent lieu à une apparence de nuage immobile. Les variations sont continuelles et rapides. Elles passent inaperçues pour nous. L'ensemble paraît immuable.

Des variations lentes nous font également croire de prime abord à l'immobilité.

La voûte du ciel est parsemée d'astres errants appelés planètes, et d'astres fixes ou étoiles. Ces derniers semblent chaque soir tourner autour d'un point voisin de l'étoile polaire. Le centre de la rotation ne paraît pas varier au premier abord; mais une longue et minutieuse étude des phénomènes célestes montre qu'il se déplace lui-même. Or ces apparences tiennent à ce que la terre tourne autour d'un axe passant par son centre : de plus, elle décrit une grande orbite autour du soleil. Mais les étoiles sont à une distance si énorme de nous que, l'axe de notre globe restant sensiblement parallèle à lui-même pendant que la terre accomplit sa révolution annuelle, nous voyons, à toute époque de l'année, les étoiles à la même place que si le centre de la terre était immobile. Le parallélisme constant de l'axe terrestre n'est qu'apparent. Il tourne en réalité autour d'une droite, dont il s'écarte de 4°. Il décrit un cône autour d'elle, et il accomplit une révolution complète en 20 000 ans environ.

Si les étoiles se déplacent, leurs distances mutuelles sont-elles au moins constantes ? Observez-les aujourd'hui, demain, dans un an, dans plusieurs années, les instruments les plus délicats vous y décèleront à peine un léger changement. Cependant le changement n'est pas une fiction. Le système solaire tout entier se transporte dans l'espace. Il s'approche de la constellation d'Hercule, mais il faut des siècles d'observation pour reconnaître une variation dans les positions relatives des étoiles ; on les voit alors toutes s'éloigner de la constellation d'Hercule par un effet très-ordinaire de perspective.

Tous les jours le soleil s'élève au-dessus de l'horizon et se couche à l'autre extrémité du ciel, pour décrire le lendemain la même carrière. A la chaleur de la journée succède régulièrement la fraîcheur de la nuit. La glace se fond tous les ans sous la douce haleine du printemps; l'été fait mûrir tous les ans les fruits de la terre; l'automne avec ses brouillards et tempêtes, dépouille chaque année les arbres de leur verdoyante parure; l'hiver les orne des plus blanches guirlandes de givre, et paralyse le torrent qui se précipite du rocher dans la plaine. La même succession de phénomènes semble continuellement se reproduire, avec les modifications qu'y apporterait une volonté capricieuse et désordonnée.

Cependant nous commençons à soupçonner que le climat subit en chaque point du globe une variation lente, et les débris de toutes sortes enfouis dans l'écorce terrestre témoignent d'une manière irrécusable que jadis la distribution de la température à la surface de notre planète fut bien différente de celle que nous y voyons aujourd'hui.

La couche superficielle a subi de nombreuses vicissitudes. Le noyau interne est sans doute immuable ?

Comment le serait-il, puisqu'il se refroidit, que la température diminue sur la croûte légère qui le recouvre et qui s'accroît sans cesse intérieurement ? Les contractions du noyau amènent des plissements dans la croûte, par suite des soulèvements de montagnes, des continents, des abaissements en d'autres points, des variations tellement lentes du paysage terrestre, que des siècles suffisent à peine pour en signaler quelques-unes, et que le passage de l'espèce humaine sur la terre est trop court pour la faire assister aux grands bouleversements, dont les traces palpables nous attestent la réalité.

Ce que nous voyons bien, ce sont les changements dont la rapidité moyenne permet à nos sens de suivre le phénomène, en même temps que notre mémoire nous en fait comparer aisément les différentes phases.

Nous voyons la mer changer de niveau tous les jours, comme si elle oscillait autour d'une position fixe. Nous assistons à l'ensablement des ports par les courants marins, aux assauts de la vague contre un rivage trop escarpé, au developpement du polypier qui oppose de redoutables remparts de pierre aux envahissements de l'Océan, et qui fait surgir des îles du sein des eaux. Nous voyons les montagnes s'abaisser sous l'influence des agents atmosphériques; les résidus des continents courir avec l'eau des fleuves jusqu'à la mer pour en combler les abîmes; les glaces flottantes charrier une masse de débris arrachés aux terres arctiques, et les répandre sur leur route; les courants marins entraîner avec eux tout ce qu'ils rencontrent, et accumuler, sur leurs bords d'immenses dépôts de végétaux, d'animaux, de sables et de vase. Nous voyons les foraminifères, ces pygmées de la création, s'évertuer, par un travail opiniâtre, à édifier des obstacles à la navigation; des volcans détruire le bassin actuel de l'Océan, ou tout au moins le modifier incessamment et le remplir de scories et de cendres. Nous étudions ces faits accomplis sous nos yeux, et connaissant les effets produits par les diverses causes modificatrices, nous jugeons, pour les époques passées, les causes d'après leurs effets.

L'exploration du fond de la mer est, pour cette raison, une excellente préparation à l'étude du passé de notre planète et de son avenir. Dès que les matières ignées, dont elle était complétement formée au début, se sont solidifiées à sa surface, et que leur refroidissement a permis aux vapeurs aqueuses de s'y condenser, la mer existe. Primitivement répandue sur tout le globe, elle sert de liqueur où se font les premières précipitations solides. Dès lors, la croûte s'accroît par l'extérieur et par l'intérieur; d'un côté par dépôt, de l'autre par solidification.

Le refroidissement continue; l'écorce, trop grande pour le noyau qu'elle enveloppe de toutes parts, se plisse, et les premiers soulèvements de montagnes marquent la fin de cette première période. Des terres émergent, et les dépôts marins cessent de recouvrir le globe entier. La constance de la température de la mer, due au voisinage des matières ignées, rendait très-faibles ou nuls les courants marins. L'équilibre tend de plus en plus à se rompre dans la masse liquide, les courants marins s'établissent.

L'atmosphère se modifie par des précipitations continuelles, et se dépouille de sa vapeur d'eau qui contribue à élever le niveau des mers. Les courants commencent aussi à se manifester dans l'enveloppe gazeuse.

Le refroidissement continue; avec lui apparaissent de nouveaux brisements, des plissements de la couche solide déjà formée. Des montagnes nouvelles surgissent du sein des eaux, des déchirures du sol livrent passage aux matières ignées; on les voit s'épanouir sur la croûte légère en nappes, d'une grande étendue, de matières dites éruptives. Les êtres vivants apparaissent et présentent d'abord une grande simplicité de structure, en même temps que les mêmes espèces peuvent habiter sur toute la terre. Les courants marins et atmosphériques se dessinent de plus en plus.

Les soulèvements ne cessent d'augmenter le nombre et l'étendue des terres émergées. Des fleuves et des lacs se forment; aux dépôts exclusivement marins se mêlent ceux des eaux douces et des eaux saumâtres. Des plantes de marais ou de terre ferme croissent et pullulent sur les continents nouveaux.

L'inégalité de la température aux différents points de

la terre augmente ; les montagnes s'accroissent en hauteur, de nouvelles s'ajoutent aux premières ; les faunes et les flores sont de plus en plus localisées ; les courants marins et atmosphériques s'approchent insensiblement de leur forme actuelle.

Rivage. — Sa fixité apparente. — On trouve presque partout des traces du séjour de l'Océan.

Avons-nous atteint un état immuable ? Pouvons-nous être certains que de nouvelles révolutions de notre globe ne viendront pas détruire les édifices dont nous nous glorifions, enfouir sous le linceul des eaux les riches contrées où la civilisation répand aujourd'hui ses bienfaits ? Il nous suffit d'étudier avec soin tout ce qui nous entoure, pour perdre à jamais cette consolante illusion.

Des variations continuelles se produisent dans le bassin des mers. Elles sont généralement très-lentes et difficiles à suivre ; mais petit à petit, elles acquièrent une grande importance. Quelquefois seulement, elles sont brusques, accompagnées de ces phénomènes désastreux qui effrayent l'homme et paraissent troubler l'harmonie de l'univers.

Comment pouvons-nous constater sûrement les variations du lit de l'Océan ?

Nous voyons la mer se précipiter vers ses rives, en roulant ses vagues furieuses et lançant des flots d'écume au-dessus des plus hauts rochers. Il semble qu'elle engloutira tout sur son passage. Tout à coup elle s'arrête. La terrible vague se résout en une lame d'eau inoffensive ; ou bien, elle se disperse en une mousse légère. Une autre vague suit la première. Une troisième se presse et vient s'échouer comme les deux autres. Les rangs de cette armée s'évanouissent tous au même point. La mer a rencontré son rivage.

Tous les jours l'Océan semble jeter un défi à la terre. Il se retire, comme le lutteur, pour s'élancer avec plus de force contre des barrières qu'il voudrait franchir.

Deux fois par jour, il s'agite et couvre de ses eaux de grandes étendues de côtes ; deux fois, il se retire, abandonnant aux hommes un grand nombre d'épaves marines. Mais, contenu par une main puissante et invisible, il ne dépasse jamais une limite que tous les jours il peut atteindre. Il s'avance et se retire à des heures si bien réglées, que l'homme a pu déterminer, pour chaque point des côtes, l'heure de la haute mer et l'heure de la basse mer.

Le rivage nous semble donc l'emblème de la fixité. La mer ne le dépassera pas ; nous pouvons y cultiver la terre, y bâtir des villes, y creuser des ports, construire à grands frais des jetées qui bravent les attaques incessantes du flot.

Si nous visitons les continents, nous trouvons presque partout, même sur les hautes montagnes, des coquillages marins, des débris de poissons et d'autres témoins de la présence de l'Océan. Ils sont tous changés en pierres, et forment des couches gigantesques. Leur existence doit remonter à des âges bien reculés ; aucun souvenir n'en a été gardé dans les histoires.

Penserons-nous dès lors qu'une horrible catastrophe aurait jadis entièrement bouleversé le monde, et que notre époque, plus privilégiée, serait à l'abri des transformations ? Non, la Suprême Intelligence qui gouverne l'Univers a réglé les rouages de cette grande machine. Tout arrive à son heure. Rien n'est laissé au hasard.

La mer a couvert autrefois à peu près toute la terre. La géologie nous apprend comment on a pu déterminer ses limites successives aux divers âges de notre planète. Mais il n'est pas nécessaire de remonter à des époques très-reculées, pour être témoin des envahissements ou du retrait des eaux.

GÉNÉRALITÉ DES CHANGEMENTS DU FOND DES MERS. 231

Élargissement progressif du détroit de Gibraltar depuis les temps historiques. — Anciennes colonnes d'Hercule disparues sous les eaux. — Descriptions d'Avienus, de Pline et de Pomponius Mela. — Mellaria, Carteya, Belon, sous les eaux. — Autres exemples de villes et d'îles submergées, de montagnes séparées violemment du continent.

Le détroit de Gibraltar est une conquête de l'Océan. Dureau de la Malle cite plusieurs mesures de sa largeur, faites par des géographes anciens. Les nombres montrent qu'il s'est élargi depuis l'antiquité jusqu'à nos jours.

Avienus donne une mesure de Dæmon d'Amphipolis. Elle est de 3 milles ou 4,335 mètres. Il cite une mesure postérieure de 2,820 toises (5,496^m) faite par l'Athénien Euctémon.

Scymnus, de Chio, trouva en l'an 610 de Rome (143 ans av. J.-C., 11,320 toises (22,063^m) du côté de l'Atlantique, tandis qu'aujourd'hui l'on compte 22,833 toises (44,502^m) entre Spartel et Trafalgar.

Turanius Gracilis, né sur les bords du détroit 100 ans av. J.-C., donne 5 milles (7,223^m) de Mellaria en Espagne, au cap Blanc, en Afrique.

Strabon évalue la plus petite largeur à 5,640 toises (10,992^m).

Pline qui a été questeur en Espagne et a visité le détroit, donne 7 milles et demi (10,854^m) de largeur dans l'endroit le plus étroit, et 10 milles (14,446^m) dans l'endroit le plus large.

Victor Vitence a trouvé 12 milles (17,336^m) 500 ans environ après J.-C., et les mesures espagnoles actuelles sont de 14 milles (20,226^m).

Des témoignages nombreux montrent que la profondeur a successivement augmenté jusqu'à nos jours :

Avienus rapporte qu'entre l'Afrique et l'Europe il y avait deux îles boisées, où l'on avait bâti un temple et des autels en l'honneur d'Hercule. On les appelait les Colonnes d'Hercule. Le même auteur cite l'obligation où étaient les

Carthaginois, voisins du détroit, de construire des vaisseaux à fond plat, afin qu'ils pussent glisser sur cette mer peu profonde. Enfin, dit-il, on savait, par Himilcon, qu'il y avait à l'ouest une mer sans fond et sans bornes.

Pline, qui avait visité le détroit, parle d'une île basse, couverte d'oliviers sauvages s'étendant au milieu, et sur laquelle était bâti le temple d'Hercule.

Pomponius Mela, Espagnol, auquel ces lieux étaient familiers, peint le détroit comme entrecoupé d'une multitude de petites îles sans nom. Aujourd'hui, les plus gros vaisseaux peuvent y passer librement.

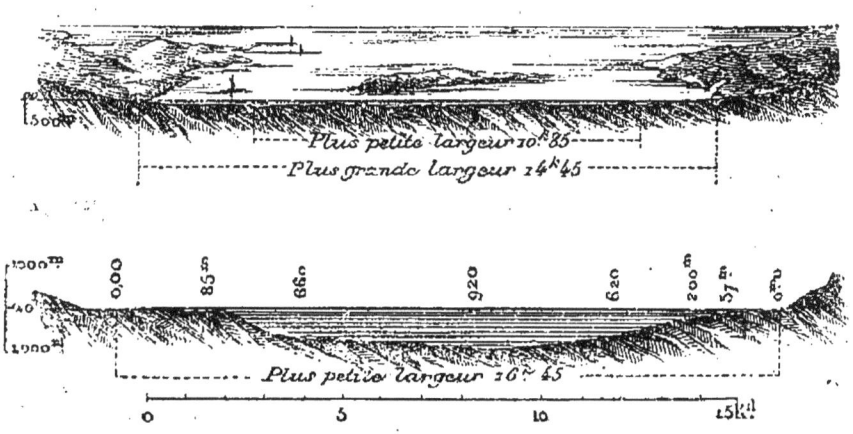

Fig. 75. — Vue et coupe du détroit de Gibraltar à l'époque de Pline, et coupe du détroit actuel.

En 1748, par une mer très-basse, on a découvert, dans la partie océanique du détroit, le fameux temple d'Hercules Gaditanus, dont on a retiré plusieurs débris.

Jean Conduit (*Historia de Gibraltar*, por Ignacio Lopez de Ayla) assure que la mer occupe la plus grande partie du terrain où était bâtie l'ancienne ville de Mellaria. Dans la baie même de Gibraltar, la mer a englouti en partie la ville de Carteya.

A trois lieues à l'est de Tarifa, la ville de Belon occupait les bords du détroit. Aujourd'hui elle est engloutie, et l'on trouve assez avant dans la mer des vestiges de rues.

Thomas James, lieutenant-colonel d'artillerie, cite [1] une ancienne secousse de tremblement de terre, qui engloutit l'île de Calès, l'île située à l'embouchure du Bactis, la ville bâtie sur la côte espagnole près de Tarifa. les îles qui étaient en face de cette ville, le rocher de la Perle, qui était autrefois une île et qui est aujourd'hui recouvert de 4 mètres d'eau dans les plus basses marées. James parle aussi de violents tremblements de terre qui, l'an 246 avant Jésus-Christ, déchirèrent l'autre partie de l'île de Cadix, et l'engloutirent complétement dans la mer.

Le tremblement de terre du 1er novembre 1755, qui détruisit presque entièrement la ville de Lisbonne, ne fut pas, dit James, à comparer, pour la violence, à celui qui engloutit l'île de Calès dont la circonférence avait plusieurs lieues. Cependant ses effets se firent sentir à Gibraltar, où ils ont été observés par lui.

Dans la matinée du 1er novembre 1755, on commença par ressentir un ébranlement qui dura une demi-minute. Il y eut une violente secousse, et le tremblement de terre, diminua par degrés, comme il avait commencé. La mer s'élevait toutes les 15 minutes à près de 5 mètres, puis elle baissait tellement qu'elle laissait à sec sur la plage beaucoup de poissons, toutes les petites moules et les bestiaux d'abord engloutis.

Nous pouvons ajouter aux villes espagnoles submergées celles d'Hélicé et de Bura, en Achaïe. La mer les engloutit 568 ans avant Jésus-Christ. La plus grande partie des Lycades a également été ensevelie sous les eaux.

Strabon, dans son voyage en Égypte, a vu le mont Casius, séparé brusquement du continent, devenir une île, autour de laquelle on naviguait pour se rendre en Phénicie.

Sorca, une des Moluques, fut, en 1693, abîmée dans la mer pendant un tremblement de terre.

---

[1] *History of the Herculean straits*, t. II, p. 410. London, 2 vol. in-4, 1771.

En 1772, à Java, une montagne de 3 lieues de circonférence disparut tout à coup.

On cite un espace de 60 lieues de tour, qui fut, en 1556, complétement recouvert d'eau en quelques jours, dans la province de Chansy, en Chine.

Fig. 76. — Irruption de la mer en Zélande.

San Lorenzo, qui touchait autrefois au continent américain, en est maintenant séparé par un bras de mer large de plusieurs centaines de mètres.

Une des plus désastreuses irruptions de la mer, que nous connaissions est celle qui, en 1446, submergea plus de deux cents bourgs de la Frise et de la Zélande. On a vu, longtemps encore après la catastrophe, les sommets des tours et les pointes des clochers s'élevant au-dessus de la surface de l'eau.

Nous pourrions multiplier beaucoup les exemples des variations dans le fond des mers. Ici des villes, des contrées entières sont recouvertes par les eaux. Là, au contraire, d'autres surgissent, comme l'île Julia, les Açores, l'archipel de Santorin. Le port d'Aigues-Mortes se trouve maintenant à 3 lieues du rivage. Le temple ruiné de Sérapis, à Pouzzoles, a été longtemps englouti, le faîte seul apparaissait au-dessus des eaux; aujourd'hui, il est entièrement dégagé. Dans le nord de la Suède, la mer paraît se retirer, tandis qu'elle envahit lentement le sud de cette contrée, et qu'elle a, à une époque peu éloignée de nous, causé de grands ravages en faisant irruption dans les plaines basses de la Poméranie.

La quantité d'eau qui recouvre la terre est sensiblement constante. — A un soulèvement en un point, correspond un affaissement en un autre. — Opinion d'Aristote sur les déluges grecs. — La terre finirait par se dessécher en se refroidissant.

Si la mer se retire d'un lieu, c'est pour en couvrir un autre. Nous sommes donc portés à admettre que la quantité d'eau varie peu à la surface de la terre, mais que le fond du lit qui la renferme se modifie sans cesse.

Telle était déjà du reste l'opinion d'Aristote. Il pensait que les changements apparents du niveau de la mer dans telle ou telle localité ne pouvaient pas s'expliquer par le dessèchement des mers, comme le croyaient certains philosophes de son temps.

Voici les paroles de cet illustre savant : « Il n'y a que ceux qui envisagent peu de rapport, et qui ont vu peu d'objets, qui attribuent ces changements partiels à un bouleversement de tout le globe. Quand ils apportent pour preuve du dessèchement des mers, qu'on voit paraître de nos jours plusieurs lieux qui ne s'apercevaient pas autrefois, ils nous donnent des faits authentiques, et en tirent des inductions fausses. Il est vrai, en effet, que plusieurs terres, jadis couvertes par les eaux, sont maintenant réunies aux continents, mais le contraire arrive aussi, et, s'ilsse donnaient la peine d'examiner les faits, ils trouveraient qu'en plusieurs points la mer a fait des irruptions. C'est ce qui arriva lors du déluge de Deucalion, qui exerça ses ravages surtout dans la Grèce et qui, entre ses différentes provinces, se fit sentir plus terriblement dans l'ancienne Hellade, contrée qui s'étend de Dodone jusqu'à l'Achéloüs. Ce fleuve changea alors de lit plusieurs fois. Cette province était dans ce temps habitée par les Selles et par les peuples nommés Grecs, et qui s'appellent aujourd'hui Hellènes. »

Certains parages d'une même mer ne présentent en même temps que peu de variations. Le détroit de Messine s'ensable, surtout du côté de la Sicile; mais il a subi relativement de si faibles changements, que depuis Homère il a conservé les mêmes habitants. En lisant les descriptions données de cette localité par Homère, Polybe et Spallanzani, on est fort surpris de trouver dans ces auteurs les mêmes détails sur les hôtes de ce bras de mer[1]. Or nous avons vu que les animaux vivant dans une mer émigraient pour laisser la place à d'autres espèces, si la profondeur changeait d'une manière notable. La pêche même de l'espadon se fait encore de nos jours comme du temps de Polybe.

Tantôt les mouvements de l'écorce terrestre sont bor-

---

[1] Polybe disait, il y a deux mille ans : « Les espadons, les chiens de mer et les autres cétacés, s'engraissent singulièrement chaque année par la chasse des thons qui viennent par bancs le long de l'Italie, et qu'ils attendent dans le détroit... Dans des barques à deux rames, il y a deux hommes, dont l'un conduit la nacelle et l'autre se tient sur la proue, armé d'une lance. Ces différentes barques ont une vedette commune, placée sur un lieu élevé, qui indique l'approche de l'espadon, car ce poisson porte le tiers de son corps au-dessus de l'eau. Lorsqu'il s'approche de l'esquif, le harponneur le perce de sa lance, dont la tête est barbelée et fixée si légèrement dans le bois, qu'elle l'abandonne très aisément quand le lancier retire à lui le manche. Au

nés à des régions peu étendues, tantôt ils embrassent de vastes contrées. Ils sont presque toujours compensés par des mouvements inverses, produits en des régions plus ou moins éloignées. Le refroidissement graduel de notre planète amène des plissements dans la mince écorce déjà formée. La mer occupe toutes les cavités, les proéminences seules apparaissent au-dessus des eaux.

L'eau tend à se combiner de plus en plus avec les roches. Il viendra probablement un temps où la terre sera trop froide pour que l'eau reste à l'état liquide. La quantité de la masse liquide qui baigne notre planète diminue donc; mais cette diminution est tellement lente, que des milliers d'années ne sont pas suffisants pour la constater.

Les tremblements de terre agitent le fond de la mer comme le sol sur lequel nous vivons. Ils sont généralement suivis d'une déformation du fond sur une étendue plus ou moins considérable, et cette déformation entraîne un déplacement des eaux.

fer de la lance est attachée une longue corde que l'on file au poisson blessé, jusqu'à ce qu'en se débattant et en voulant échapper, il ait perdu ses forces. Alors ils le halent vers la terre ou le prennent dans leur barque, à moins qu'il ne soit trop gros. Lorsque le manche de la lance tombe dans la mer, il n'est pas perdu pour cela, car il est formé de chêne et de sapin; de manière que, le chêne s'enfonçant par son propre poids, et le sapin par sa légèreté restant debout, le pêcheur peut le reprendre aisément. Il arrive aussi quelquefois que le rameur se trouve blessé, l'espadon étant armé d'une longue épée et étant d'une fureur et d'une impétuosité semblables à celles du sanglier. »

MOUVEMENTS BRUSQUES DU SOL SOUS-MARIN

Les tremblements de terre déforment le lit de l'Océan. — Volcans sous-marins.

Les tremblements de terre sont presque toujours, on pourrait même dire toujours, liés à des phénomènes volcaniques. On sait que ces derniers ne se manifestent jamais dans toute leur énergie que près des mers ou de grandes nappes d'eau. Nous ne devons donc pas être étonnés de rencontrer des volcans sous la mer, il est même probable que le nombre en est très-grand, et qu'il faut rattacher à des éruptions sous-marines passées inaperçues pour nous la plupart des phénomènes séismiques qu'aucune éruption volcanique visible n'a accompagnés.

Au début de leur activité, les volcans sous-marins se signalent quelquefois par des tremblements particuliers de la mer, si la profondeur est considérable. Lorsque la profondeur est faible, ou que le volcan est très-actif, des bouillonnements particuliers de l'eau, une colonne de fumée s'élevant au-dessus de la mer, des flammes, des scories ou des pierres incandescentes, signalent la présence du volcan. La mer change plus ou moins de couleur en même temps qu'elle s'échauffe. Les navires éprouvent des chocs semblables à ceux qu'ils ressentiraient s'ils avaient touché un rocher ; la secousse est, dans certains cas, si violente que des vaisseaux en ont été démâtés.

Cependant les déjections volcaniques de toute sorte s'accumulent dans les abîmes, recouvrant les êtres et les plantes qui y vivaient; des coulées de laves, des amas de scories et de roches s'ajoutent au soulèvement du sol pour amener le sommet du volcan au jour. Telle est souvent l'origine des volcans insulaires.

Fig. 77. — Volcan sous-marin en éruption.

Les secousses du sol sous-océanien, remuant la mer dans toute son épaisseur, engendrent ces terribles vagues dont nous avons parlé plus haut. Les faits suivants montrent la grande influence exercée par les feux souterrains sur les régions sous-marines de tout le globe.

Archipel grec. — Délos et Rhodes sorties des flots. — Accroissements successifs de l'archipel de Santorin.

On sait depuis longtemps qu'il existe des volcans sous-marins. La Grèce en comptait plusieurs. C'étaient eux qui faisaient, de temps en temps, surgir ces îles qu'on voyait naître comme par enchantement. Les écrits des anciens nous transmettent quelques données sur différents phénomènes de ce genre; mais ajoutons aussi que la plupart, fondés sur des renseignements peu précis ou sur des traditions plus ou moins incertaines, ne peuvent être que d'une faible utilité au point de vue scientifique ou même historique.

« Les célèbres îles de Délos et de Rhodes, dit Pline (liv. II. chap. xviii et xix), sont, d'après ce qu'on rapporte, nées dans les flots ; ensuite on en a vu paraître de plus petites, telles qu'Anaphé, au delà de Mélos ; Néa, entre Lemnos et l'Hellespont ; Alone, entre Lesbos et Théos ; Théa et Thérasia, au milieu des Cyclades, la 4ᵉ année de la 135ᵉ olympiade ; Hiëra ou Automaté, située entre les deux précédentes, et formée cent trente ans plus tard. De notre temps, cent dix ans après, sous le consulat de M. Julius Silanus et L. Balbus, le 8 des ides de juillet (l'an 19 de notre ère), a paru Thia. »

Beaucoup d'auteurs anciens, Justin, Cassiodore, Dion Cassius, Plutarque, Sénèque, Strabon, etc., donnent des détails très-circonstanciés sur la naissance et les agrandissements successifs de quelques-unes de ces îles par suite du soulèvement de la mer. Mais la naissance de plusieurs d'entre elles est entourée de circonstances purement fabuleuses, et nous sommes obligés de rejeter, comme peu dignes de foi, presque tous les récits des anciens. C'est de nos jours seulement que l'on a sérieusement étudié les phénomènes volcaniques, et que l'on a fait sur cet important sujet des observations ayant quelque valeur.

L'une des îles les plus célèbres de l'archipel grec est Thera, nommée depuis Sainte-Irène, puis Santorini [1]. A une demi-lieue de cette île se trouve aujourd'hui Apronysi, l'ancienne Thrasia. Elle se montra pour la première fois 136 ans av. J.-C. (la 4ᵉ année de la 133ᵉ olympiade, d'après Pline, cité plus haut). Automaté, née cent trente ans après (106 ans av. J.-C.), a été nommée Hiera à cause du culte de Vulcain qui y fut établi. Thia (an 4 de J.-C.) apparut à 2 stades (250 mètres) d'Hiera. Les détails donnés par les anciens géographes concordent donc entre eux.

De violentes éruptions de cendres, de roches et de laves en ignition comblèrent, en l'an 726 de J.-C., le bras de mer qui séparait Thia et Hiéra.

---

[1] C'est un foyer incessant d'activité volcanique.

Les mêmes phénomènes se renouvelèrent en 1427, ainsi que l'atteste un monument de marbre élevé dans Santorini, près du fort Scauro. Une île nouvelle, désignée sous le nom de Nea-Kameni (c'est-à-dire nouvelle île brûlée), se montra en 1570, à la suite d'une sixième éruption. On appela dès lors Hiéra, Palæ-Kameni (ancienne île brûlée).

Nous devons au père Kircher la description détaillée d'une éruption qui jeta, en 1650, le trouble dans ces parages pendant une année entière. Elle donna lieu à des pluies de cendre et à des tourbillons de flammes qu'on voyait sortir de la mer. La quantité de cendres projetées fut si considérable, que Smyrne et Constantinople en furent incommodées.

Une île nouvelle surgit en 1707. Voici comment M. J. Girardin raconte cette nouvelle apparition : « Le 23 mai 1707, au lever du soleil, on vit en mer, à une lieue des côtes de l'île de Santorini, un rocher flottant. Des matelots le prirent pour un bâtiment qui allait se briser, et ils se dirigèrent vers lui dans l'intention de le piller. Arrivés auprès et ayant vu ce que c'était, ils eurent le courage d'y descendre, et ils en rapportèrent de la pierre ponce et quelques huîtres qui y étaient adhérentes. Le rocher n'était vraisemblablement qu'une grande masse de ponce que le tremblement de terre qui avait eu lieu quelque temps auparavant avait détachée du fond de la mer. Au bout de quelques jours, il se fixa, et forma ainsi une petite île dont la grandeur augmenta de jour en jour. Le 14 juin, cette île avait 800 mètres de circuit et 7 à 8 de haut; elle était ronde et formée d'une terre blanche et légère. A cette époque, la mer commença à s'agiter, et il se fit sentir dans l'île une chaleur qui en empêcha l'accès ; une forte odeur de soufre se répandit tout alentour. Le 16 juillet, on vit paraître tout près dix-sept à dix-huit rochers noirs; le 18, il en sortit, pour la première fois, une fumée épaisse, et l'on entendit des mugissements souterrains. Le 19, le feu commença à paraître, et son intensité augmenta graduellement. Dans les nuits, l'île semblait n'être qu'un assemblage de fourneaux qui vomissaient des flammes. Son volume s'accroissait, et l'infection devint insupportable à Santorini. La mer bouillonnait fortement et jetait sur les côtes des poissons morts; les bruits souterrains étaient semblables à de fortes décharges d'artillerie; le feu faisait de nouvelles ouvertures d'où il sortait des pluies de cendres et de pierres enflammées, qui retombaient quelquefois à plus de deux lieues de distance. Cet état de chose dura pendant un an. En 1767, une nouvelle éruption eut lieu entre Nea-Kameni et Palæ-Kameni; elle recommença avec le mois de juin, et, après dix ou douze jours de travail, une île nouvelle surgit dans le voisinage de Nea-Kameni. Pendant quatre mois, des phénomènes terribles se succédèrent, des portions considérables de cette dernière île furent englouties, mais d'autres se formèrent; enfin une seconde île apparut, et vint se réunir à la première en juin. On la nomma l'île Noire, de la couleur de son sol. Jusqu'à la fin de l'année suivante, le travail souterrain continua, et, le 15 avril, il y eut une éruption de grosses pierres enflammées qui s'abattirent à deux milles de distance. »

Les éruptions et les soulèvements du fond de la mer continuèrent longtemps encore. L'Académie des sciences envoya M. Fouqué pour étudier sur place la manière dont se développe ce remarquable archipel.

M. Fouqué a parfaitement distingué les deux modes employés simultanément par la nature pour amener au jour de nouvelles terres : le soulèvement du sol; l'accroissement des couches soulevées par le dépôt de laves, de scories et de roches issues de la bouche ignivome. Le fond de la mer est, comme nous l'avons vu, généralement plus froid que la surface; si donc les roches situées à une grande profondeur sont assez rapidement amenées à la surface, elles n'auront pas le temps de s'échauffer pendant leur soulèvement, et elles refroidiront les eaux environnantes jusqu'à une certaine distance. Des laves et des pierres lancées par le volcan échaufferont au contraire l'eau, qu'elles porteront parfois jusqu'à l'ébullition.

Le soulèvement de l'île Julia, à l'ouest de la Sicile, se rattache à de semblables phénomènes.

Açores. — Naissance et disparition d'îles à la suite de tremblements de terre. — Ile éphémère de Sabrina.

Les Açores sont toutes volcaniques. Nous y retrouvons les phénomènes si remarquables observés dans l'archipel grec.

Un volcan sous-marin s'est signalé, près de Saint-Michel, par quatre éruptions en moins de deux cents ans. L'une d'elles commença le 11 juin 1638, pendant un tremblement de terre. Des flammes et de la fumée jaillirent, près de Saint-Michel, de la mer agitée; de la terre et des roches furent projetées à une grande hauteur, et, retombant dans la mer, finirent par former une île longue de 10 kilomètres environ, et haute de 120 mètres. Bientôt l'île disparut, comme l'île Julia.

Un autre tremblement de terre survint le 31 décembre 1719, et une île se forma entre Terceira et Saint-Michel. Elle était d'abord assez haute pour être vue de 7 à 8 lieues en mer; sans cesse elle vomissait une épaisse colonne de fumée, des cendres et de la ponce; un torrent de lave brûlante se précipitait sur ses flancs; la mer était très-chaude dans le voisinage. La hauteur de l'île diminua rapidement; après deux ans d'existence, en 1722, elle était abaissée à fleur d'eau; elle disparut le 17 novembre 1723.

De forts tremblements de terre agitèrent Saint-Michel pendant les mois de juillet et d'août 1810. Peu de temps après, le 31 janvier 1811, le sol se fendit du côté oriental de l'île, en face du village de Ginetas, et à une lieue et demie du rivage. Pendant que la mer bouillonnait vivement, il s'éleva dans les airs une énorme quantité d'eau et de fumée, mélangées à de la terre et à des cendres. Des pierres furent lancées à plus de 650 mètres de hauteur. L'éruption dura huit jours : on vit alors un banc de ponces, contre lequel se brisaient les vagues, au point où il y avait naguère une profondeur d'environ 80 brasses.

Une île de 1 à 2 kilomètres de tour, et de 100 mètres de haut, fut, le 15 juin de la même année, le résultat d'une

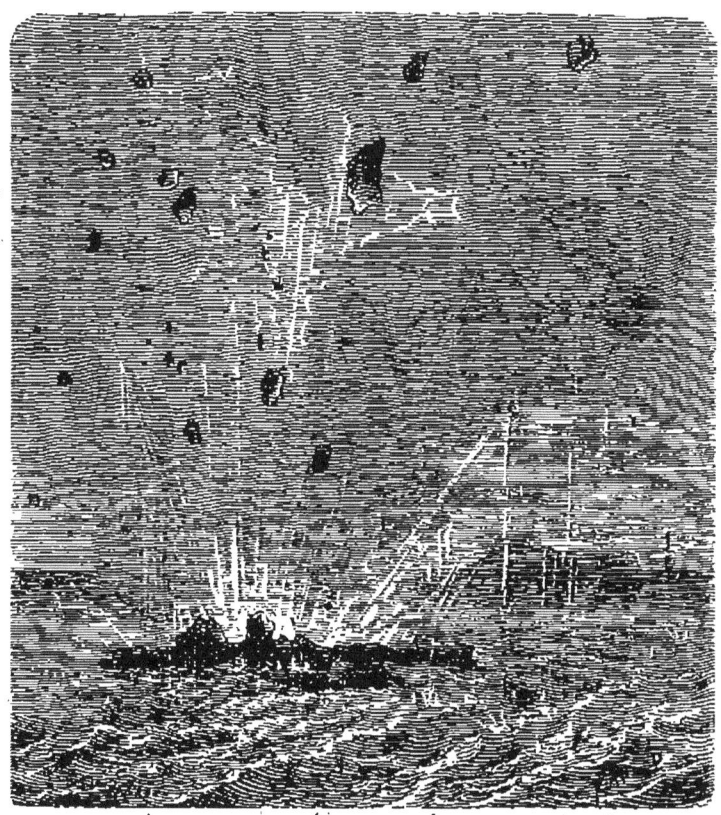

Fig. 78. — Éruption sous-marine aux Açores.

nouvelle éruption sous-marine. Le capitaine Tillard, commandant le navire *Sabrina*, la visita et en prit possession au nom du gouvernement anglais. Il lui donna le nom de son bâtiment. Peu à peu l'île s'enfonça, et, vers la fin de février 1822, de la vapeur s'élevant de la mer était la seule trace de son existence.

Porto de Ithéo, vaste cratère échancré, au milieu du

quel les vaisseaux viennent relâcher, a la même origine, ainsi que l'île Corvo.

Pendant un grand tremblement qui, en 1757, fit périr le septième de la population (1,500 personnes) de l'île Saint-Georges, dix-huit îlots se montrèrent tout à coup à 600 mètres du rivage. Leur sort fut celui de Sabrina.

Volcan sous-marin au milieu de l'Atlantique.

Un des volcans sous-marins les plus remarquables est au milieu de l'océan Atlantique. M. Daussy a depuis longtemps, signalé, comme tout à fait intéressante au point de vue des phénomènes volcaniques, une région située vers 21°12′ long. O. et 0°50′ lat S. Nous reproduisons une liste, donnée par M. Vézian, des faits observés par un grand nombre de marins, en cet endroit depuis le milieu du siècle dernier.

— 1747. Le vaisseau *le Prince*, allant aux Indes ; deux secousses, comme si le vaisseau avait touché sur un haut-fond.

— 1754. Le vaisseau *la Silhouette*; secousse extraordinaire.

— 1759. *Le Fidèle*; secousse.

— 1761. *Le Vaillant*; on aperçoit une île de sable.

— 1771. La frégate *la Pacifique*; secousse très-violente, mer très-agitée.

— 1806. M. de Krusenstern aperçoit une colonne de fumée s'élevant, à deux reprises, à une grande hauteur.

— 1816. *Le Triton*; écueil ayant trois milles de longueur et un mille de largeur, vingt-six brasses d'eau, fond de sable brun.

— 1831. *L'Aigle*; mer calme, secousse, bruit sourd sous l'eau.

— 1832. *La Seine*; secousses.

— 1835. *La Couronne*; racle le fond avec sa quille, on trouve ensuite trente-cinq brasses.

— 1836. *Le Philanthrope*; secousses qui durent pendant trois minutes et qui sont également ressenties, à dix milles de distance, par un autre navire.

— 1836. On présente à la Société de Calcutta des cendres volcaniques recueillies sur ce point, au moment où la mer était dans une violente agitation.

— 1856. *Regina Cœli;* bruit sourd semblable à celui d'un orage lointain, puis fortes secousses accompagnées d'un bruit assez semblable à celui que produisent plusieurs feuilles de métal frappées l'une contre l'autre. La barre du gouvernail joue dans les mains du timonnier, sans qu'on puisse la retenir.

— 1856. Le même jour et à la même heure, c'est-à-dire le 30 décembre, à quatre heures du matin, le navire *Godavery* est fortement secoué à peu de distance du point où se trouvait la *Regina-Cœli.*

— 1861, 20 février. Tremblement de terre sous-marin, ressenti à bord de *la Félicie*. Il a duré une minute et a été précédé d'un bruit venant de l'ouest.

Éruptions sous-marines près du Kamtchatka. — Islande. — Mer enflammée, apparition d'une île près de Reikianess. — Ile de feu sortie de l'Océan près des îles Aléoutiennes.

On a souvent observé de pareils faits près du Kamtchatka et dans les parages de l'Amérique russe. Une éruption, entre autres, engendra, le 10 mai 1814, une petite île qui vomissait du bitume par plusieurs ouvertures.

Le célèbre capitaine Kotzebue a observé la naissance d'une île près d'Umnak, une des Aléoutiennes. Il la décrit ainsi dans la relation de son voyage :

« Le 7 mai 1796, M. Krinckhoff, agent de la Compagnie russe-américaine, se trouvait à la pointe nord-ouest d'Umnak ; une tempête venant de nord-ouest ne permettait pas de voir en mer. Le 8, le temps s'éclaircit : on vit à quelques milles du rivage une colonne sortir de la mer, et, vers le soir, quelque chose de noir s'élever au-dessous de la fumée. Pendant la nuit il sortit du feu de la même place, quelquefois avec une intensité telle qu'à 10 milles du lieu de l'éruption l'on distinguait parfaitement tous les objets. Alors un tremblement de terre, accompagné d'un bruit effroyable qui fut réfléchi par les montagnes du sud, ébranla tout le sol. L'île naissante lança des pierres jusque sur Umnak. Le tremblement de terre cessa au lever du soleil, le feu diminua, et l'on vit paraître la

Fig. 79. — Naissance d'une île près d'Umnak.

nouvelle île, d'une couleur noire et d'une forme conique.

« Un mois après, M. Krinckhoff la revit. Elle était plus élevée. Pendant tout ce temps elle n'avait cessé de vomir du feu. Depuis cette époque, elle paraît encore avoir acquis en circonférence et en hauteur, mais les flammes ont été en diminuant. Elle ne lançait plus ordinairement que des vapeurs et de la fumée; quatre ans après, celle-ci elle-même disparut; enfin huit ans plus tard, des chasseurs visitèrent cette île. Toutes les eaux étaient à une température élevée, et le sol si chaud que, dans beaucoup d'endroits, il était impossible de marcher dessus. Un Russe dit que sa circonférence, qui avait augmenté, était de 2 milles 1/2 et son élévation de 350 pieds (116 mètres), que le fond de la mer était parsemé de pierres jusqu'à une distance de 3 milles. Depuis le milieu de la hauteur jusqu'au sommet, il trouva le sol chaud, et la vapeur qui sortait du cratère lui parut d'une odeur agréable. »

L'Islande est un foyer volcanique très-actif; aussi observons-nous dans son voisinage des phénomènes de soulèvement analogues à ceux que nous avons déjà cités. Mackensie raconte qu'en 1780 on aperçut sur la côte occidentale de l'île, à 10 lieues de Reikianess, des flammes jaillissant de la mer pendant plusieurs mois, puis une petite île sortie de la mer. Après avoir vomi quelque temps des flammes et des pierres, cette île disparut. Immédiatement après, le Skaptaa-Iokull, volcan voisin, entrait en éruption.

Le fond de la mer subit le contre-coup des phénomènes volcaniques terrestres.

Les volcans terrestres et les tremblements de terre ont presque toujours un retentissement en mer. Le fond de l'Océan est agité lui-même, et les navires éprouvent des secousses comme s'ils passaient au-dessus d'un foyer d'activité volcanique.

Carcatoa, l'une des îles de la Sonde, fut détruite en 1680, pendant un tremblement de terre fortement ressenti en mer par les vaisseaux.

Goonung-Api ou Gounapo (Moluques) eut, le 22 novembre 1694, une éruption. Son sommet vomit à grand bruit une colonne de flammes. Le fond de la mer fut soulevé au niveau du sol de l'île, des flammes sortaient des eaux.

Il se forma en 1820, dans une baie située à l'ouest de Gounapi, et où l'on mesurait autrefois 60 brasses de fond, un promontoire qui, en s'agrandissant, finit par combler la baie. Il est formé de blocs gigantesques de basalte fortement calcinés. Cette formation nouvelle se fit avec si peu de bruit, que les habitants de Banda l'ignorèrent presque

Fig. 80. — Éruption du Tinboro en 1851.

jusqu'au moment où elle eut cessé de s'accroître. Le soulèvement avait été lent, et ne s'était manifesté que par une chaleur extraordinaire de l'eau et par son bouillonnement dans la baie.

L'île de Sumbawa, ou Bima, renferme un volcan très-actif, le Timboro. Il y eut en 1851, dans cette région, un tel mouvement de la mer, que l'île fut en partie submergée, et que les vaisseaux à l'ancre dans le port furent lancés à une grande distance du rivage. Plusieurs même furent jetés par-dessus les maisons. Le volcan le l'île resta calme pendant ce temps, mais une montagne volcanique située au nord-est lança à cette époque des pierres embrasées et des cendres au milieu d'un torrent de vapeurs. Le tremblement fut ressenti dans les îles voisines, à Célèbes, et jusqu'à Macassar, où l'on observa les mêmes scènes de dévastation qu'à Bima. Ces deux lieux sont cependant séparés par un bras de mer de plus de 100 lieues de large.

Produits des volcans sous-marins. — Comment ils diffèrent des produits des volcans sous-aériens.

On a reconnu une très-grande analogie entre les produits de tous les volcans observés à la surface de la terre. Les volcans sous-marins ne font pas exception à la règle générale. Une même cause engendre ces phénomènes ; la nature du milieu dans lequel ils vomissent les matières ignées et les gaz, peut seule occasionner une différence dans les caractères de l'éruption.

Les laves sous-marines doivent recouvrir une plus grande étendue du sol, d'après l'opinion de M. Poulett-Scrope exprimée dans son traité sur les volcans [1].

On doit s'attendre à ce que les laves produites au fond de la mer prennent une extension latérale plus considérable, comparativement à leur épaisseur, que celles qui se sont écoulées sous la seule pression atmosphérique, et que cette extension est proportionnée à la profondeur de la colonne d'eau.

Et encore on doit s'attendre à ce que les courants de lave qui ont coulé à de grandes profondeurs sous l'eau présentent peu de parties scoriformes. C'est en effet ce qui a été observé dans les trapps anciens [2] sous-marins,

---

[1] Traduit de l'anglais par le docteur Endymion Pieraggi, ancien vice-secrétaire de la Société météorologique de France.
[2] Roche d'origine volcanique.

Cependant cela peut provenir de l'influence dégradante des flots ou des courants.

On peut acquérir quelque connaissance de la manière dont se comportent les volcans sous-marins, par l'observation de leurs produits, qui ont pu, à la suite d'un soulèvement postérieur sur une grande échelle, être élevés au-dessus du niveau de la mer. De tels exemples sont fréquents dans les îles madréporiques du Pacifique. Les plates-formes basaltiques des côtes sud et nord de l'Irlande, des îles Féroé, du nord-est de Ténériffe e d'autres localités nombreuses, tendent à démontrer que la conduite et la disposition de la lave, lorsqu'elle jaillit d'un orifice sous-marin, sont presque semblables à ce qui se passe sur la terre ferme.

Les différences principales semblent être :

1° Qu'elle coule plus uniformément et s'étend davantage sur une surface plane ;

2° Qu'un volcan sous-marin rejette une moindre quantité de conglomérat ou de matière fragmentaire que ne le fait un volcan sous-aérien, ou qu'elle s'étend davantage et se trouve interstratifiée[1] avec moins d'épaisseur entre les laves contemporaines.

D'après ces idées, les régions où l'on trouve actuellement des plates-formes immenses, quelquefois inclinées légèrement, de trapps et de basaltes, qui donnent à certains pays un aspect si pittoresque, ont été jadis submergées, et un volcan sous-marin se trouvant dans leur voisinage, les a couvertes des produits de ses éruptions.

Le volcan rentre-t-il dans le calme, les dépôts sous-marins de toutes sortes, les animaux eux-mêmes et les plantes, si la profondeur n'est pas trop grande, apparaissent au bout d'un certain temps sur les laves refroidies. Qu'un soulèvement amène ces matières au jour, et l'on observera une couche basaltique entre deux couches formées des débris d'animaux marins.

---

[1] C'est-à-dire formant une couche.

Les volcans sous-aériens se voient, en Islande, côte à côte avec les volcans sous-marins amenés au jour, longtemps après leur éruption, par suite de soulèvements. Les premiers sont les Jokuls, hautes montagnes qui abondent dans l'île. Le nord et le sud de l'Islande ont un aspect tout à fait caractéristique. On y trouve d'immenses plateaux, dont l'origine sous-marine est nettement indiquée par des couches alternantes de basalte et de conglomérat basaltique.

L'île de France a tous les caractères distinctifs d'une formation volcanique sous-marine soulevée en masse après la cessation des éruptions. L'île Bourbon, voisine de la première, présente au contraire l'apparence d'un volcan ordinaire, formé par des écoulements répétés de lave provenant de deux ou trois sources habituelles au-dessus du niveau de la mer, et dont l'une est continuellement en activité.

Ajoutons cependant que, si les remarques de M. Poulett-Scrope sont exactes, elles sont au moins sujettes à de nombreuses exceptions.

Les consciencieux travaux de M. Sainte-Claire Deville sur les volcans ont en effet montré que la nature des déjections volcaniques varie avec le temps depuis lequel durent les éruptions. Nous ne saurions, sans sortir de notre sujet, traiter à fond cette intéressante question. Mais nous pouvons dire en deux mots l'un des nombreux résultats des études faites par le savant géologue français : Le volcan semble avoir une période de jeunesse, une période de vieillesse. Dans la première, les laves dominent ; dans la seconde, elles cèdent la place à des basaltes. Un volcan producteur de lave se repose-t-il, on peut toujours craindre une nouvelle éruption. Quand aux laves ont succédé les basaltes, le volcan est sur le point de se taire, et il ne tarde pas à entrer dans sa phase d'extinction. Gardons-nous donc soigneusement de prononcer des conclusions trop absolues sur l'origine marine des terrains volcaniques, d'après leur nature et leur aspect.

Combien de fois ne voit-on pas, dans l'histoire de la science, les théories les plus séduisantes renversées, d'un seul coup, par une observation minutieuse des faits!

Fond de la mer amené au jour à la suite d'éruptions de volcans sous-marins.

Une montagne ignivome est-elle portée par la dilatation souterraine au-dessus du niveau de la mer, elle pousse devant elle les couches récentes de formation marine auxquelles elle sert d'appui. La même force expansive, agissant sur une échelle plus considérable et ne bornant pas ses effets à soulever la base de la montagne, amènera au jour de grandes étendues du monde sous-marin avec des couches de formation quelquefois très-ancienne.

C'est ce qu'on remarque à l'île de France et dans les îles voisines de la Platte et des Colombiers. La partie septentrionale de la première est une plaine horizontale formée d'une roche calcaire assez récente. La roche se compose de polypiers analogues aux coraux. Elle recouvre les roches volcaniques qui couronnent l'île.

La superposition des madrépores et des coraux aux roches volcaniques indique évidemment que leur formation est postérieure à l'émision des laves, sur lesquelles ils ont pris racine lorsqu'elles ont été suffisamment refroidies. Les polypiers vivent sous l'eau. Les laves sont donc sous-marines; le soulèvement du sol les a amenées au jour longtemps après leur première apparition.

La plus grande partie de la surface d'un groupe d'îles situées un peu à l'est de Java se compose de couches de corail, tout à fait semblables à celles qui se forment encore aujourd'hui près de ces îles, et qui constituent de dangereux écueils pour la navigation. On voit très-facilement qu'elles ont élu domicile sur des laves refroidies, amenées ensuite au jour comme celles de l'île de France.

Dans l'île de Pulo Nias, à l'ouest de Sumatra, des couches de corail, semblables à celles des mers voisines, ont été soulevées à une hauteur de plusieurs centaines de mètres.

Dans le tremblement de terre qui, en 1820, détruisit en partie Acalpulco (Mexique), le niveau de la mer resta pendant deux heures à 10 mètres environ au-dessous de son niveau moyen, parce que le sol s'était soulevé de cette quantité.

On remarqua, au contraire, un soulèvement durable de 2 ou 3 mètres du rivage, au Chili, à la suite d'un tremblement de terre qui détruisit Tahuano, dans la baie de la Conception.

On pourrait multiplier beaucoup les exemples de ces soulèvements du sol sous-marin. Rappelons les formations d'îles nouvelles dont il a été question plus haut.

Les changements brusques, qui se produisent actuellement daus le bassin des mers, sont, dans la plupart des cas, faciles à constater. Ils sont même, le plus souvent, accompagnés d'accidents terribles, qui jettent la terreur dans les populations, et gravent profondément dans les esprits le souvenir de ces catastrophes.

MOUVEMENTS LENTS DU FOND DE LA MER

Comment peut-on les constater ? — Modifications qu'apporterait à la carte d'Europe un affaissement lent de 10 mètres par siècle. — Paris sous les eaux. — Nouvelle carte d'Europe dans le cas où le niveau de la mer se serait élevé de 166 mètres. — Toulouse et Vienne ports de mer.

Nous avons assisté à de brusques secousses, à une sorte de palpitation de l'écorce terrestre. D'autres mouvements se produisent avec une extrême lenteur, et il faut, pour les constater, des observations poursuivies pendant plusieurs générations. Leur influence sur le sol sous-marin n'en est pas moins très-grande. Ils ne s'arrêtent jamais, et ils embrassent à la fois de très-vastes régions. Sous l'influence de ces mouvements lents de l'écorce terrestre, des contrées jadis florissantes ont disparu, d'autres se sont soulevées.

Comment le voyageur constatera-t-il ces oscillations du sol? Tant qu'il restera au milieu des mers ou dans l'intérieur des continents, ses recherches seront vaines. Qu'il aille sur le rivage, et il trouvera la trace du mouvement de retrait ou de progression des eaux. Si elles paraissent se retirer, le sol s'élève. La mer envahit-elle la terre, on peut affirmer que la terre s'abaisse.

Observons une côte terminée brusquement par une haute falaise. Il se forme au niveau supérieur des eaux une ligne facile à reconnaître.

Les flots creusent la roche. Ils sont aidés dans leur travail par des animaux dont nous avons déjà parlé. La pholade et la balane affectionnent, en effet, la ligne de démarcation entre les deux atmosphères, cette arène où elles se livrent un perpétuel combat. Ces animaux ne peuvent rester continuellement submergés, mais l'eau est indispensable à leur existence. Les falaises que vient battre la vague leur offrent les meilleures conditions de vie qu'elles puissent rencontrer. Partout où les balanes et les pholades ont établi leur demeure, il y avait jadis un rivage. La mer gagne-t-elle sur les terres, les colonies de pholades se portent plus haut avec le flot. La mer se retire-t-elle devant un continent qui s'élève, les pholades la suivent dans sa retraite.

Dans le cas où le flot expire sur une plage peu inclinée, il accumule un cordon de galets roulés et d'autres débris que l'on trouve sur toutes les côtes basses, et dont l'ensemble forme le cordon littoral. Les vagues s'arrêtent au cordon littoral. Elles ne le franchissent que rarement, et pendant les grandes tempêtes. Il marque la limite de l'Océan. Si le sol s'affaisse, le cordon littoral sera poussé vers l'intérieur des terres. Il se retirera, comme la mer, à chaque période d'exhaussement du sol.

L'envahissement ou le retrait de la mer, facile à constater dans ce cas, l'est beaucoup moins sur des côtes rocailleuses et fortement inclinées. Sur un sol presque horizontal, une élévation du niveau de quelques décimètres donne lieu à l'ensevelissement d'une grande étendue de pays. L'envahissement de la mer est insensible près d'une côte abrupte; il faut, pour se rendre un compte exact du phénomène, faire de nombreuses mesures, et les renouveler à de très-longs intervalles.

Si nous ajoutons à cette difficulté d'observation la complication introduite par le flux et le reflux de la mer, nous comprendrons sa peine pourquoi il a fallu de longues années pour reconnaître le mouvement de bascule de la Suède et pour le mesurer approximativement.

Si le sol se disloque bruyamment près de nous, qu'il s'y produise rapidement des crevasses, pendant que la terre tremble sous nos pas, nous n'aurons aucune peine à le remarquer. Mais, qu'après un tremblement de terre ou toute autre perturbation de cette nature, le sol reste soulevé ou abaissé de plusieurs mètres, les habitants de l'intérieur n'en auront aucunement conscience. Ils ne s'apercevront pas davantage d'un mouvement lent et continu de soulèvement ou d'affaissement. Les riverains en seront immédiatement avertis par les variations du niveau de la mer. La quantité dont l'eau s'élève ou s'abaisse mesure l'abaissement ou l'élévation du sol.

Si l'Europe, s'affaissant uniformément, se laissait envahir par la mer, quelle ne serait pas, au bout d'un temps relativement court, la modification de sa carte? Supposons qu'elle s'enfonce de 10 mètres par siècle : au bout de 50 siècles ou de 5000 ans, le niveau de la mer semblerait avoir monté de 500 mètres. Que de riches plaines et de villes opulentes seraient alors englouties !

Paris aurait depuis longtemps disparu avec ses hauts monuments et ses collines. Une forêt d'algues couvrirait cette merveilleuse cité, ses rues serviraient aux promenades des animaux marins. Les sables, et tous les dépôts dont la mer couvre son lit comme d'un vaste linceul, ne tarderaient pas à s'amonceler là où nous voyons aujourd'hui l'agitation fiévreuse d'une civilisation avancée. Paris disparaîtrait sous le sable de la mer, comme Ninive s'est endormie sous le sable du désert.

Mais il n'est pas nécessaire que le changement de niveau de la mer soit aussi considérable pour que l'Europe devienne méconnaissable. La carte ci-jointe montre le nouvel aspect qu'offrirait notre continent dans le cas où la mer aurait monté de 500 pieds ($166^m,66$). Il cesserait, dès lors, d'être lié au continent asiatique ; ce serait un archipel traversé par de larges bras de mer. Les plaines de la Vistule et du Dniéper seraient complètement recouvertes par les eaux. Un grand golfe remonterait l'ancienne vallée du Danube ; un canal étroit le séparerait d'une mer intérieure correspondant à une grande partie de la Hongrie actuelle. Le Danemark, les plaines basses de l'Allemagne et les Pays-Bas seraient remplacés par l'Océan. L'Angleterre et la France seraient échancrées profondément. On verrait, dans cette dernière contrée, trois grands golfes correspondant aux cours actuels de la Seine, de la Loire et de la Garonne ; les pêcheurs pourraient jeter l'ancre à Bordeaux ou à Orléans, et ils viendraient atterrir à Toulouse. Un isthme étroit relierait la France à l'Espagne dans le voisinage de Castelnaudary, et les riches vignobles du Midi seraient transformés en prairies sous-marines.

La plaine du Pô et la vallée de l'Èbre feraient place à des golfes profonds ; mais en général, les bords septentrionaux de la Méditerranée subiraient peu de changements. Il n'en serait pas ainsi des plaines basses qui forment l'Égypte et la Cyrénaïque. Elles deviendraient une vaste mer, s'arrêtant aux montagnes de l'Algérie, du Maroc et de l'Abyssinie.

Combien le climat de cette partie du monde ne serait-il pas changé ? D'immenses surfaces d'eau couvriraient les steppes salées de la Russie ; elles s'étendraient dans le Turkestan jusqu'aux montagnes sibériennes et au plateau de Gobi ; au sud, elles envahiraient la plus grande partie du désert africain. Les débris de l'Europe auraient un climat très-humide, car, tandis qu'aujourd'hui les vents d'ouest seuls nous apportent de la vapeur d'eau, tous les vents seraient alors des vents marins.

Il ne nous appartient pas de discuter complétement les modifications entraînées par ce nouvel état de choses ; mais nous désirions montrer en peu de mots que les conquêtes de la mer auraient un immense retentissement dans l'économie générale de la nature.

Fig. 82. — Paris sous les eaux.

Anciennes limites de la mer Noire. — Dessèchement des steppes russes.

Ces variations ne sont pas une pure fiction. Les travaux de Tournefort, de Chandler, de Tott, ceux du comte Potocki, de Pallas et du prince Galitzin se joignent à ceux des anciens pour démontrer que les côtes septentrionales de la mer Noire ont beaucoup changé, et que, entre cette mer, la Caspienne et le lac d'Aral, on trouve partout des traces du séjour des eaux marines. Pallas (tome X) pense que les lacs salés des steppes russes et tartares sont d'anciens golfes, dont l'ouverture a été engorgée par suite d'ensablements et qui se sont évaporés en partie.

Primitivement, dit Dureau de la Malle, la Méditerranée était un lac de peu d'étendue, alimenté par le Nil, le Rhône, le Pô et plusieurs autres rivières moins considérables.

L'Océan, y faisant irruption, lui fit inonder une partie des côtes basses et sablonneuses de l'Espagne, de la Barbarie, des plaines de la Provence et du Languedoc, des plages noyées de l'Égypte et de l'Asie Mineure, où elle a pénétré jusqu'au pied des montagnes et des collines.

Depuis lors, la Méditerranée perdant beaucoup plus par l'évaporation qu'elle ne recevait par ses fleuves et par le détroit de Gibraltar, alors fort étroit, se retira de plus en plus.

Enfin, suivant le même auteur, lorsque, par l'éruption volcanique des Cyanées, le canal du Bosphore et les plaines qui l'avoisinent eurent ouvert passage au Pont-Euxin, à la mer Caspienne et au lac d'Aral, réunis alors en une mer au moins aussi grande que la Méditerranée actuelle, toutes les plaines basses de récente formation furent de nouveau recouvertes par les eaux ; mais la mer se retira jusqu'à un équilibre entre l'apport de l'eau et son évaporation, et elle garda à peu près sa forme actuelle. Depuis, ses côtes n'ont éprouvé de changements remarquables que sur les plages basses et aux environs des grands fleuves.

Oscillations du sol dans l'hémisphère boréal. — Pli d'affaissement dans le nord de l'Europe et de l'Amérique. — Exhaussement des régions voisines du pôle. — Mouvement de bascule de la Suède.

Certains points s'abaissent, d'autres s'élèvent, mais le phénomène est loin de suivre une marche irrégulière. La coordination de tous les documents montre que, dans notre hémisphère, la zone continentale s'exhausse. Un pli concave se forme du sud de la Baltique à l'Atlantique, en passant par le Danemark, la mer du Nord et les Pays-Bas. Il se prolonge sur la Manche, se continue probablement sous l'Océan, où nous ne pouvons le suivre, et se retrouve au nord-est de l'Amérique septentrionale et sur le Groënland. A l'intérieur de ce pli concave, qui correspond à une zone d'affaissement, l'océan Glacial est en voie de soulèvement.

Le pli d'affaissement ne peut être suivi dans l'est au delà de la Baltique, pour les raisons énoncées plus haut; mais certainement il ne doit pas s'arrêter où nous cessons de l'indiquer. Dans le voisinage de la Suède, sa direction d'est à ouest donne aux oscillations du sol, dans cette contrée, l'aparence d'un mouvement de bascule. Le nord s'élève et le midi s'abaisse.

« De nouvelles îles apparaissent dans le golfe de Bothnie et la Finlande[1]; si la progression continue, dans deux mille ans le golfe de Tornéa sera un lac semblable à ceux qui occupent les dépressions du granit sur toute la surface de la Finlande ; et, dix-huit cents ans plus tard, Stockholm sera rattachée à cette province par les îles d'Aland, transformées en isthme. »

Sir Rodrigue Murchison signala le premier, en 1845, l'existence d'une ligne autour de laquelle paraissait tourner le sol de la Scandinavie. Mais l'honneur de la première constatation des mouvements du sol en Suède revient au naturaliste suédois Celsius, qui vivait au com-

---

[1] *Les Oscillations de l'écorce terrestre*, par M. Héber, professeur de géologie à la Faculté des sciences de Paris.

mencement du siècle dernier. Ce savant émit l'opinion que le niveau de la Baltique et de la mer du Nord s'abaissait lentement; la discussion d'un grand nombre d'observations lui donnait 1 mètre par siècle pour cet abaissement. Les rochers qui avaient été jadis sur les bords de la Baltique et de l'Océan, des récifs redoutés des marins, se montraient de son temps au-dessus des eaux; la terre ferme gagnait sans cesse du terrain sur le golfe de Bothnie, ainsi que le prouvaient l'éloignement de la côte de plusieurs anciens ports, l'abandon de pêcheries desséchées ou transformées en bas-fonds, et la réunion d'anciennes îles à la terre ferme.

Les faits constatés par Celsius étaient exacts, leur explication était erronée. Playfair donna, en 1802, leur véritable cause en attribuant les changements observés au mouvement du sol.

Son opinion fut confirmée, en 1707, par Léopold de Buch, qui réconnut, dans un voyage en Scandinavie, le soulèvement lent de toute la contrée comprise entre Fredericksall (Norwége) et Saint-Pétersbourg. Il pensait, sans en être certain, que la Suède s'élevait plus que la Norwége, et que le mouvement était plus rapide dans le nord que dans le sud.

On avait fait graver sur les rochers, au commencement du dix-huitième siècle, des lignes indiquant le niveau ordinaire de la mer par un temps calme. Ces repères furent examinés en 1820 et en 1821 par les officiers préposés au pilotage. De nouveaux repères furent tracés. Durant cet intervalle la Baltique avait baissé, mais pas également partout pendant ces périodes de temps égales.

Nilson déclara, en 1837, que la province de la Scanie, la plus méridionale de la Suède, semblait s'être abaissée depuis plusieurs siècles. L'éminent géologue suédois citait, en même temps, beaucoup de faits à l'appui d'une assertion aussi nouvelle. Une grande pierre, dont Linné avait mesuré en 1749 la distance à la mer, près de Talborg, est aujourd'hui à 30 mètres environ plus près du rivage. Certaines villes maritimes sont incessamment envahies par la mer, le niveau de quelques rues est inférieur à celui de la mer, même dans les plus basses marées. Une province entière, appelée jadis Witlanda, et située entre Pillau, Brandebourg et Bolga, à l'époque où florissait l'ordre Teutonique, est aujourd'hui complétement submergée. Enfin le sol du Danemark, de la Norwége et du nord de la Suède renferme des dépôts de coquilles tout à fait semblables à ceux qu'on trouve au fond des mers voisines. Le sol de la Scanie en est dépourvu. Donc, à une époque qui n'est pas très-reculée, le Danemark et certaines portions de la Suède et de la Norwége étaient submergées; la Scanie ne l'était pas. Les premières contrées se sont élevées au-dessus des eaux, et l'homme a pu s'y établir; la Scanie s'abaisse et la Witlanda a déjà disparu.

Tels sont les nombreux travaux qui ont permis au géologue anglais, sir Rodrigue Murchison, de conclure, d'une manière générale, que le mouvement actuel du sol de la Suède et du lit de la Baltique ressemble à celui d'une bascule, dont la ligne fixe passerait au nord de la Scanie. Le sud s'abaisse, le nord s'élève.

Exhaussement du Spitzberg. — Affaissement de la côte occidentale et exhaussement de la côte orientale du Groënland. — Submersion lente des forêts du Labrador et de la Nouvelle-Écosse. — Constructions romaines englouties dans les Pays-Bas. — Naissance du Zuyderzée. — Insuffisance pour l'avenir des digues hollandaises. — La vallée de la Somme et les côtes de Normandie suivent le mouvement des Pays-Bas.

Le Spitzberg est dans une phase d'exhaussement. D'anciennes plages y sont aujourd'hui à 45 mètres au-dessus de la mer. La Sibérie suit le même mouvement. Des bois flottés, et jetés à la côte par des vagues, sont aujourd'hui dans l'intérieur des terres, à 40 à 50 kilomètres du rivage. Une ancienne île, séparée encore du continent en 1760, était, en 1820, rattachée à la terre ferme.

Le pli d'affaissement dont nous avons parlé plus haut

passe au sud des îles Britanniques, dont la partie septentrionale, l'Écosse, s'est élevée de 8 mètres environ depuis les Romains. Il commence, au nord-ouest, entre le Groënland et l'Islande. On voit aujourd'hui, sous les eaux, les ruines d'anciens monuments. Un naturaliste danois, le docteur Singel, a constaté que, pendant les quatre derniers siècles, la mer avait empiété sur les terres, sur une longueur de plus de 900 kilomètres du nord au sud, ce qui avait obligé de reporter, à plusieurs reprises, dans l'intérieur des terres, des factoreries établies près du rivage, puis envahies par les eaux.

Les forêts submergées de la baie de Fundy, à la Nouvelle-Écosse, les affaissements d'autres points des côtes du Labrador et du haut Canada, montrent que le détroit de Davis et le nord-est de l'Amérique sont entraînés dans le même mouvement que le Groënland.

Il y avait, au neuvième siècle, des missions danoises très-florissantes au Groënland, ainsi que le prouvent les bulles des papes. Il y avait sur ces côtes, inabordables aujourd'hui que des glaciers les recouvrent entièrement, une population active et industrieuse. Deux villes, une cathédrale, onze églises, trois ou quatre monastères, montrent combien ces colonies étaient prospères au moyen âge. Les glaces couvraient chaque année, pendant l'hiver, le canal qui sépare le Groënland de l'Islande, mais tous les ans, le passage était libre pendant la belle saison, et une flotte danoise apportait aux colons leurs approvisionnements en échange des produits de leur échasse et de leur pêche.

En 1408, les glaces ne se rompirent point. Dès lors les communications étaient interrompues, et les colons, séparés de la mère-patrie, furent en partie massacrés par les Esquimaux. D'autres périrent de froid ou de faim. Le refroidissement de ces parages a continué, et les glaciers ont recouvert les ruines des établissements danois. La cause du refroidissement est très-probablement un exhaussement général de toute la côte orientale, pendant que la côte occidentale s'affaissait. L'exhaussement avait un double effet : il diminuait la température en augmentant l'altitude du pays; il refoulait les eaux chaudes du Gulf-Stream plus à l'est, ce qui contribuait énormément à refroidir la contrée. Nous n'en serons pas étonnés, maintenant que nous connaissons l'extrême influence exercée par les courants marins sur les climats.

Les Pays-Bas, ainsi que l'a montré M. Élie de Beaumont, subissent un affaissement général. On y voit, sous la mer, des constructions romaines que le cordon littoral a depuis longtemps dépassées. Des tourbières autrefois très-importantes ont été, depuis les temps historiques, enfouies sous la mer. Les eaux océaniennes, s'infiltrant dans un sol meuble, et montant sans cesse, on vit les lacs de Harlem perler sur le sol, grossir peu à peu, se réunir et former, à la fin du dix-septième siècle, une mer intérieure.

C'est en vain que les hommes élèvent de puissantes digues pour s'opposer aux envahissements de la mer. Les digues s'enfoncent petit à petit, comme le sol sur lequel elles reposent, et nul doute que, dans un avenir plus ou moins éloigné, leur barrière n'oppose une insuffisante protection aux plaines basses de la Hollande.

La vallée de la Somme et les côtes de Normandie s'abaissent également. Déjà les tourbières de la vallée de la Somme sont au-dessous du niveau de la mer; des forêts, dont l'ensevelissement a pu être suivi et constaté par des documents positifs, bordaient les côtes de Normandie et sont cachées aujourd'hui sous les eaux. Nous dirions la même chose des côtes anglaises qui leur font face. Toute la Manche s'affaisse. Le Pas-de-Calais, qu'un faible retrait de la mer mettrait à sec, a donc peu de chances de servir plus tard de trait d'union entre la France et les îles Britanniques. Il s'élargira pour deux raisons : par suite de l'érosion exercée par la mer sur ses rives, et par suite de l'affaissement des contrées avoisinantes.

Deux grandes zones d'affaissement dans l'hémisphère sud. — Elles sont séparées par une zone de soulèvement. — L'affaissement dure aux îles Fidji depuis 300 000 ans.

Deux vastes régions s'affaissent dans l'hémisphère sud. L'une d'elles comprend les nombreux archipels océaniens : les îles Basses, les îles de la Société, les îles Carolines, Gilbert, Marshall, etc. Sa longueur est de plus de 13 000 kilomètres, et sa largeur moyenne de plus de 2000 kilomètres.

On a constaté et l'on constate encore tous les ans, dans cette zone immense, la disparition de plusieurs îles, la diminution notable de beaucoup d'autres.

On a vu dans l'un des précédents chapitres, comment le travail incessant des polypiers contre-balance en partie les effets de l'affaissement du sol, et comment la rapidité de l'accroissement des récifs coralliens donne la mesure de l'affaissement. La grandeur des récifs indique aussi l'époque depuis laquelle dure le mouvement du sol. L'accroissement annuel en hauteur des polypiers est environ de $0^m,003$. Or certains récifs ont plusieurs centaines de mètres d'épaisseur. Ceux des îles Fidji, par exemple, ont jusqu'à 900 mètres de hauteur, ceux des îles Gambier 360 et ceux de Taïti 76 mètres. Si l'accroissement des polypiers a toujours été le même, il leur a fallu 300 000 ans pour édifier le récif des îles Fidji.

Les coraux ne peuvent croître que près de la surface de l'eau ; le sol s'est donc affaissé de 900 mètres aux îles Fidji depuis que les polypiers ont commencé leur travail, et cet affaissement a duré 300 000 ans.

La seconde région d'affaissement comprend la Nouvelle-Calédonie, l'Australie, et le bassin de l'océan Indien, comprenant les atolls des Chagos et des Maldives. Les polypiers y jouent également un rôle très-important.

Entre ces deux plis s'étend une vaste zone de soulèvement. Elle est indiquée par un demi-cercle d'îles volcaniques : la Nouvelle-Zélande, l'île Kermadec, l'île des Amis, les Nouvelles-Hébrides, les îles Salomon, la Nouvelle-Guinée. Cette ligne volcanique se bifurque. L'une des branches passe par les Philippines, Formose et le Kamtchatka. Elle se dirige ensuite vers l'est, puis vers le sud-est. Elle passe aux îles Sandwich, et elle côtoie le versant occidental des Andes sur une étendue de plus de 4000 kilomètres. L'autre branche, allant vers l'ouest, passe à Timor, Java, Sumatra. L'exhaussement est très-manifeste dans les bancs de coraux de l'île Maurice, de la Réunion, de Madagascar, des Seychelles, de la mer Rouge, etc., qui servent de point de jonction entre les zones océaniennes et les zones continentales d'exhaussement.

Nous avons dit plus haut par quels moyens on s'assure de ces variations. Elles sont lentes, mais continuelles; on est encore loin de connaître les lois suivant lesquelles elles se produisent; mais c'est un grand honneur pour notre siècle d'avoir démontré clairement leur existence. On peut, dès à présent, dire avec M. Hébert : « Malgré son apparente immobilité, toute la surface de la terre est soumise à des balancements continuels, et qui sont aujourd'hui coordonnés de telle manière que ce sont, en général, les grandes zones continentales qui s'élèvent, et les grands bassins des océans qui s'affaissent... Le relief du globe est tout simplement dû à une série de plissements qui se sont exécutés pendant des temps d'une durée incalculable..... Sachons reconnaître que nos mesures, adaptées à notre taille, à la durée de notre existence, empruntées aux dimensions et au mouvement de ce point de l'univers que nous habitons; que ces mesures, dis-je, et pour l'espace et pour le temps, sont hors de proportion avec les dimensions et la durée des œuvres du Créateur. »

ACTION DES FLEUVES ET DES COURANTS SUR LE FOND DE LA MER

Ensablement des ports. — Deltas. — La marée ronge les deltas. — Les courants marins favorisent et contrarient leur formation suivant les cas. — Les deltas se forment dans les mers peu profondes. — Croissance rapide du delta du Pô due aux défrichements des revers méridionaux des Alpes et à l'endiguement de ses rives.

Les mouvements du sol sous-marin sont une des causes les plus actives de variation dans la distribution des terres et des mers à la surface du globe; mais ils sont loin d'être les seuls.

Les eaux rongent sans cesse leur lit dans les endroits où le courant est rapide ; elles laissent déposer, dans les lieux calmes, tous les corps qu'elles ont entraînés. C'est pourquoi les ports s'ensablent, si l'on ne peut y faire passer un fort courant d'eau. L'ensablement sera le plus rapide possible, si l'entrée du port est suivant la direction d'un courant parallèle à la côte. Une digue construite à une certaine distance, et rejetant le courant vers le large, diminue l'afflux des sables.

C'est pour la même raison qu'il se forme, à l'embouchure des fleuves, des dépôts sablonneux ou vaseux barrant en partie le passage aux cours d'eau et devenant parfois assez importants pour constituer de nouvelles îles qui se prolongent plus ou moins dans la mer, c'est-à-dire des deltas.

Nous avons vu, dans un des chapitres précédents, que les fleuves entraînent vers la mer toutes sortes de débris. Les roches un peu considérables s'arrêtent non loin des montagnes ; les gros graviers roulent plus loin, mais ils n'arrivent pas toujours à la mer. Dans le Gange, on les trouve à 400 milles de l'embouchure; ils ne vont pas, dans le Pô, au delà de Plaisance. Les corps ténus sont entraînés plus loin, d'autant plus qu'ils sont plus légers.

Le limon et le sable forment, par suite, la base essentielle d'un delta. Des coquilles d'eau douce ou terrestres, des débris d'animaux vivant dans les eaux saumâtres, et plus rarement des coquilles marines, viennent grossir ces dépôts.

Des cadavres d'animaux de grande taille s'y trouvent également, soit qu'ils aient été portés par les eaux du fleuve, soit que le delta leur serve de demeure. Le delta du Gange est habité par des tigres et des alligators ; tous les corps humains jetés dans le fleuve, suivant la coutume des Hindous, s'y arrêtent. Le delta du Mississipi est la retraite de nombreux alligators. Ceux du Nil, du Rhône, du Rhin, sont couverts de cités florissantes, et des forêts séculaires couvrent les îles immenses qui obstruent l'embouchure des plus grands fleuves de l'Amérique méridionale.

Un delta se présente sous la forme triangulaire. Le premier point de bifurcation du fleuve est le *sommet* du delta. Sa *base* est la portion du littoral comprise entre deux ramifications extrêmes. Quelquefois deux fleuves ont des embouchures voisines, et leurs deltas se confondent presque. Il ne faut plus, dans ce cas, s'attendre à la régularité d'un delta ordinaire. Les deux deltas mélangés forment un réseau, plus ou moins irrégulier, d'îles et de canaux. Le Pô et l'Adige, le Rhin et la Meuse, le Gange et le Barrampooter en sont des exemples.

Bien des causes peuvent influer sur l'accumulation des débris à l'embouchure d'un fleuve. Elles ont été analysées avec un soin minutieux dans l'ouvrage de M. Alexandre

Vézian [1]. La plupart des détails suivants lui ont été empruntés.

Plus le bassin du fleuve est étendu, plus grande est la masse des débris de toutes sortes qu'il charrie, et, par suite, plus rapide est la formation de son delta. Les deux plus grands deltas sont ceux du Gange et du Mississipi.

La marée tend à diminuer les deltas en voie de formation. L'eau de la mer refoule régulièrement tous les jours celle du fleuve, en y produisant une grande agitation. Le lit se ronge, et, à la marée descendante, la grande rapidité du courant augmente cette érosion. La Tamise, le Tage, le Saint-Laurent, l'Amazone sont dans ce cas. Si, cependant le courant du fleuve est assez fort pour lutter avec avantage contre celui de la mer, le delta se forme. C'est ce qui arrive pour le Gange.

Une mer intérieure offre les conditions les plus favorables à l'établissement d'un delta. Le Mississipi, dont l'embouchure est au fond d'un golfe, se trouve dans des conditions intermédiaires entre ces deux extrêmes.

Un courant parallèle à la côte contrarie la formation d'un delta. Il saisit les matériaux à mesure que le fleuve les dépose à son embouchure, et il les transporte quelquefois très-loin dans un lieu plus calme. Ce cas est réalisé pour l'Amazone. Ce fleuve immense engendre un courant d'eau douce, sensible jusqu'à 100 lieues de son embouchure. Les sédiments qu'il charrie sont considérables, mais le grand courant équatorial qui longe, de l'est-sud-est à l'ouest-nord-ouest, les côtes de l'Amérique du Sud, les saisit à leur arrivée et les transporte près de la Guyane, où il se forme, sans la présence d'aucun fleuve, des dépôts entièrement analogues à ceux d'un delta. Ces dépôts se transforment petit à petit en terre ferme, et l'on peut les considérer comme le delta du fleuve, transporté pièce à pièce à l'ouest du point où il aurait dû se former.

[1] *Prodrome de géologie*, par Alexandre Vézian, docteur ès sciences, professeur de géologie à la faculté des sciences de Besançon, membre de la Société géologique de France, etc.

Que fait l'homme quand il veut conquérir sur la mer quelques pouces de terrain? Du rivage, il jette rochers, terres, blocs artificiels, tout ce qui, s'amoncelant, comblera les profondeurs. Le fleuve, à son embouchure, entraîne les vases et les sables légers. A l'époque de ses crues, des bois flottés, immenses radeaux, véritables îles flottan-

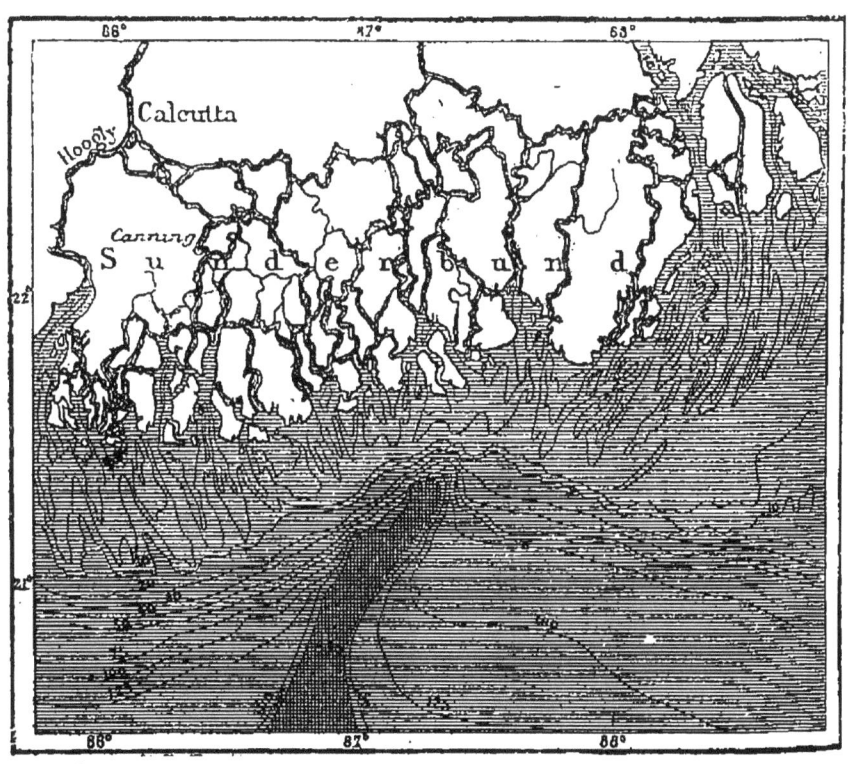

Fig. 83. — Delta du Gange (dressé par Guillemin, extrait de *la Terre*).

tes, encombrent son lit et s'embarrassent dans ses nombreux détours, s'arrêtent, y constituent de gigantesques barrages. Le fleuve les contourne, une île est formée. Plus loin, de semblables îles s'édifient près de la mer, où les dépôts se continuent en un talus dont la base gagne tous les jours ; chaque heure, chaque minute voit arriver de nouveaux matériaux. Le travail de la nature ne s'arrête jamais.

Il est évident que, moins une mer sera profonde, plus rapidement elle se comblera, plus l'accroissement des deltas sera rapide. La grande profondeur du golfe de Bengale, où se perd le Gange, contribue à ralentir la progression du delta de ce fleuve immense. On voit très-bien, sur une carte de ce delta, que les deux branches principales extrêmes comblent des deux côtés les abîmes sous-marins, construisent deux puissants talus, séparés par un étroit ravin, et qui ne tarderont pas à se rejoindre.

Tout le monde connaît la progression très-rapide du delta du Pô et le peu de profondeur de l'Adriatique, à laquelle ce fleuve porte ses eaux. Mais d'autres causes ont contribué puissamment à exagérer cet effet : ce sont l'endiguement du fleuve et le défrichement des forêts.

Le défrichement du sol et la destruction des forêts augmentent la masse des eaux qui, lors des fortes pluies, s'écoulent par les rivières. L'homme rend ainsi plus considérable la quantité des débris que celles-ci charrient.

L'endiguement produit des effets du même genre, en augmentant la vitesse du cours d'eau qui, lors des crues, transporte les sédiments beaucoup plus loin que lorsqu'il peut s'étaler à son aise sur de vastes plaines où il répand un riche tribut de limon.

L'Égypte, dit Hérodote, est un présent du Nil.

L'endiguement du Nil, du Pô et du Mississipi montre combien, en contenant les eaux dans des canaux trop étroits, on augmente la rapidité de l'accroissement des deltas.

« Les grands travaux d'endiguement du Pô et une partie des défrichements des revers méridionaux des Alpes ont eu lieu du treizième siècle au dix-septième. Depuis lors, l'embouchure du fleuve s'est avancée avec une grande rapidité dans l'intérieur de l'Adriatique. L'endiguement a eu pour résultat, non-seulement d'accroître la masse des matériaux transportés par le Pô vers la mer, mais aussi d'exhausser graduellement son lit qui, actuellement est plus élevé que les maisons de Ferrare.

« Les mêmes causes ont produit les mêmes effets pour le Mississipi, depuis que l'industrie de l'homme a pris

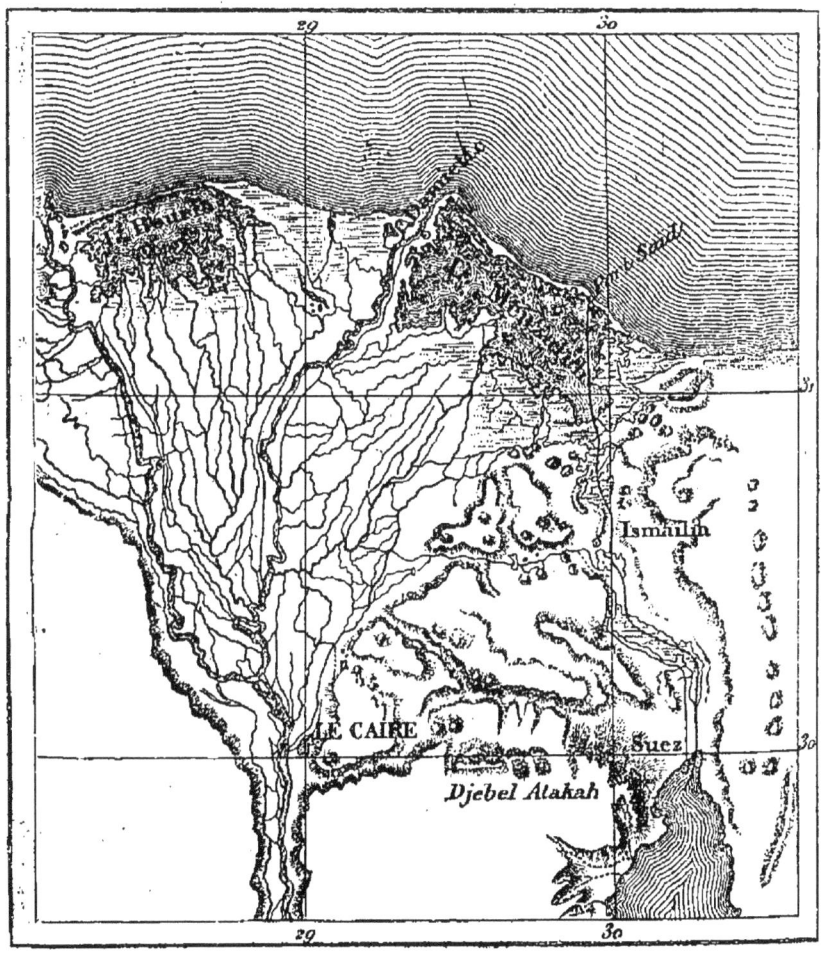

Fig. 84. — Delta du Nil (dressé par Guillemin, d'après Petermann).

possession de la vaste région parcourue par ce fleuve et par ses affluents... » (Vézian.)

Les habitants de l'Égypte, plus intelligents que nous, se gardent bien de retenir, par des digues, les eaux du Nil à l'époque de chaque crue. Ils les reçoivent dans des canaux, afin de les répandre d'une manière plus complète sur le sol de leur pays. Par ce moyen, ils diminuent aussi la vitesse du courant et parviennent, dans le plus grand nombre de cas, à empêcher les effets dévastateurs de l'inondation. La vase qui, dans d'autres conditions, serait por-

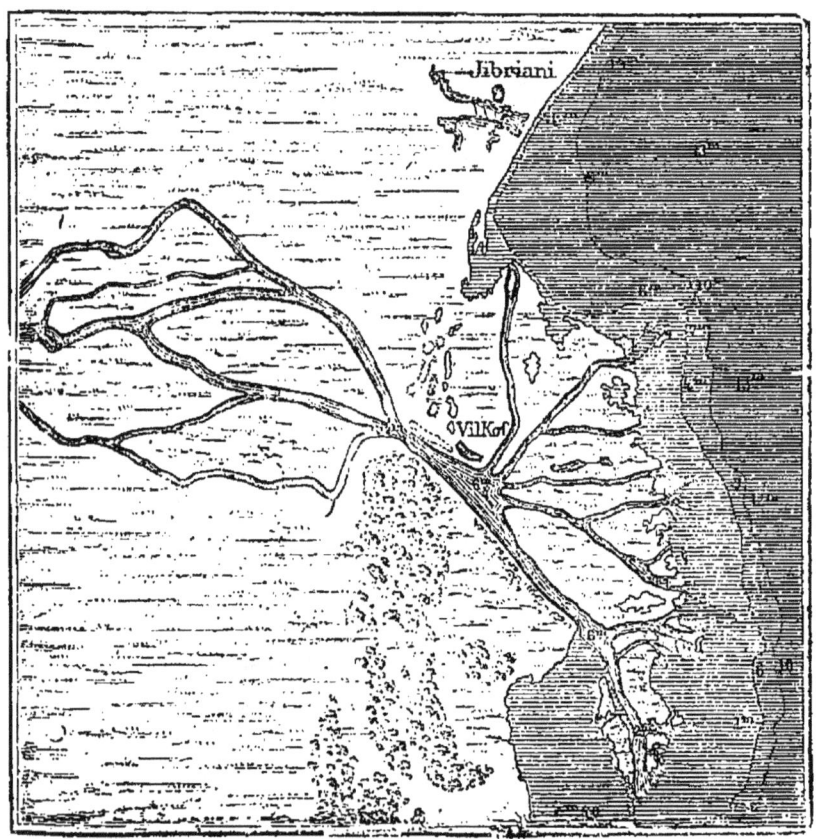

Fig. 85. — Embouchure du Danube (branche de Kilia), dressé par Guillemin, d'après la commission internationale.

tée jusqu'à la mer, se dépose chemin faisant sur le sol et le fertilise. Les matériaux du delta s'éparpillent sur toute l'étendue du bassin. Aussi le delta du Nil croît-il d'une manière beaucoup moins rapide que ceux du Mississipi et du Pô, malgré la petitesse relative du bassin de ce dernier fleuve.

Les anciens ont compris l'importance des alluvions

charriées par les fleuves. Hérodote (*Histoire*, liv. II, ch. x) cite l'opinion des prêtres égyptiens. D'après ces derniers, l'Égypte (il n'est question que de la basse Égypte) est un *présent* du Nil, qui a comblé par ses alluvions un bras de mer compris entre la Libye et la montagne arabique. Il ajoute que si, l'abordant par mer, on jette la sonde à une journée des côtes, on en tire du limon à 12 orgyes de profondeur. Hérodote appuie son opinion sur ce que le sol superficiel de cette contrée est un limon noirâtre apporté d'Éthiopie, et qui contraste avec le sable et le gravier, sol ordinaire de ces déserts.

Les prêtres égyptiens remarquaient aussi, à l'époque d'Hérodote, que, sous Mœris, neuf cents ans auparavant, si le Nil, dans ses débordements annuels, croissait de 8 coudées, il arrosait toute la plaine au-dessous de Memphis, et que, depuis, il ne produisait le même effet que s'il montait de 15 ou 16 coudées.

Aristote parle des variations des mers dans son *Traité des météores*. « L'Égypte, dit-il, offre l'exemple d'une contrée qui se dessèche de plus en plus ; elle est formée tout entière par les alluvions du Nil. » Suivant lui, la branche canopique (la plus occidentale) est seule naturelle. Les autres, pense-t-il, ont été creusées par l'homme pour accélérer le desséchement.

Plutarque (*Traité d'Isis et d'Osirie* dit qu'anciennement la vallée du Nil était recouverte par la mer, comme le prouvent les coquillages que l'on rencontre dans les déserts voisins et la salure des puits que l'on y creuse. Les auteurs arabes professèrent, au moyen âge, la même opinion.

Il est très-curieux de voir que les anciens avaient déjà étudié assez à fond cette question pour reconnaître l'élévation lente, mais continue, du lit du fleuve, et la progression de ses alluvions dans la mer sous la forme d'un delta. Cette élévation du lit fait que, près de leur embouchure, dans des lieux très-plats, les fleuves coulent souvent à un niveau supérieur à celui de la plaine, en sorte qu'à chaque débordement les eaux répandues sur les contrées voisines ne peuvent rentrer dans leur lit et forment des lagunes.

Souvent même, incertains sur leur cours, ils se partagent en plusieurs branches, pour se réunir plus loin. La moindre inégalité du sol leur oppose un obstacle insurmontable. Les eaux semblent fatiguées d'un long cours, elles paraissent quitter à regret la terre qu'elles ont égayée, elles suivent mille contours capricieux, se séparent pour se rejoindre, amassent elles-mêmes des sables et du limon, cherchant à refaire, au dernier moment, les montagnes à la destruction desquelles elles ont employé leur fureur. Mais hélas! toute force leur est enlevée. La pente faisait leur puissance, elles travaillent à la diminuer, quand elle est déjà si peu sensible! C'est ainsi que, si nous marchons aveuglément, nos plus grands efforts ne tendent le plus souvent qu'à nous paralyser davantage.

Description du delta du Mississipi. — Un village à l'ancre. — Navires perdus dans les sables et la vase du fleuve.

Le Mississipi, ce fleuve si remarquable, domine de plus de $3^m,50$ les points de la plaine situés à 2 kilomètres de ses rives. Il en résulte une grande tendance de la branche principale du fleuve à envoyer à droite et à gauche des ramifications, pour lesquelles un phénomène analogue ne tarde pas à se montrer.

Les atterrissements continuels, qui se produisent le long des rives du fleuve, élèvent son lit au-dessus des plaines avoisinantes, et il coule ainsi au sommet d'une colline basse dont il suit la crête. Que les eaux débordent, elles se répandront de part et d'autre sur les flancs de la colline, sans pouvoir jamais remonter dans le lit qu'elles ont abandonné. Elles se rendent lentement vers la mer, en suivant des canaux innombrables et tortueux, nommés *bayous*. Ceux-ci, dans ces régions plates et presque sans écoulement, se déversent dans des étangs, et forment des sortes de chapelets liquides. Le phénomène de l'exhaussement du lit se produit sur les bayous comme sur l'artère principale. Des bayous du second ordre émanent des premiers. Ils donnent eux-mêmes naissance à d'autres bayous, d'autant moins élevés au-dessus de la plaine qu'ils sont plus éloignés de la branche mère. La région entière présente (fig. 5) un relief opposé de celui qu'on rencontre ordinairement. Les cours d'eau occupent les crêtes des collines, et leur importance est d'autant plus grande qu'ils dominent des collines, plus élevées. L'irrigation doit être facile dans une pareille contrée.

Le Mississipi se prolonge très-avant dans la mer. Il y coule entre deux berges peu élevées, qu'il allonge sans cesse.

Il crée d'abord des bas-fonds que recouvre bientôt une forêt de plantes aquatiques et de roseaux. Une épaisse couche de limon vient, à chaque crue annuelle du fleuve, ensevelir les tiges des plantes et élever le fond de la mer. On pourrait dire qu'il se forme un delta sous-marin. Sur cette couche limoneuse, une nouvelle couche viendra se déposer, pour être enfouie elle-même sous une autre l'année suivante.

D'immenses radeaux, formés des débris des forêts, charriés jusqu'à la mer et refoulés par les vagues, se recouvrent eux-mêmes de limon, et deviennent de véritables îles flottantes, ou s'arrêtent près des berges, dont ils facilitent l'accroissement.

Le *Tour du monde*, ce magnifique journal des voyages et des découvertes, publié sous la direction de M. Édouard Charton, renferme une intéressante relation d'Élisée Reclus, l'éminent et populaire géographe. L'auteur, après une longue traversée, remonte le cours du Mississipi jusqu'à la Nouvelle-Orléans. Il nous fait assister à toutes les phases du phénomène des deltas, nous montrant les eaux douces séparées de l'Océan par un rideau mobile de vases sablonneuses, plus loin les îles basses et marécageuses, plus loin encore la terre ferme et la civilisation.

« Pendant toute la nuit notre navire oscilla sur un fond de vase nauséabonde ; mais, loin de me plaindre, je me félicitais au contraire de me sentir ainsi balancé sur cette boue, je venais de faire 2000 lieues pour la voir. Au point de vue géologique, quoi de plus intéressant que ces vastes alluvions dans un état encore semi-liquide ! Arrachés par la lente érosion des flots et des siècles à toutes les chaines de montagnes de l'Amérique du Nord, ces sables et ces argiles forment dans le golfe du Mexique une puissante couche de 2 ou 300 mètres d'épaisseur qui, tôt ou tard, par le tassement et l'influence de la chaleur centrale, se transformera en vastes assises de rochers et servira de base à des régions fertiles et populeuses. Dans leur œuvre de création, ces particules ténues se tamisent dans la mer, pour ajouter sans cesse des îles, des presqu'îles des rivages au continent, ou bien, entraînés dans le courant des Florides, vont se déposer à 1000 lieues de là sur le banc de Terre-Neuve.

« Vers le point du jour, le capitaine songea au moyen de nous faire sortir de notre lit de vase, et envoya l'une de ses chaloupes à l'embouchure du fleuve pour y trouver un pilote. A quelques milles de distance en avant du navire, une mince et longue ligne noire semblait jetée en travers de la mer comme un immense môle ; par delà de cette ligne sombre, on distinguait le fleuve comme un grand ruban de soie blanche ; puis venait une autre ligne noire parallèle à la première, et plus loin s'étendaient les eaux bleues de la mer jusqu'à la courbure de l'horizon. Le Mississipi nous apparaissait comme un canal, s'avançant jusqu'à la haute mer entre deux longues jetées, et les 40 ou 50 navires dont nous voyions les mâts effilés se dessiner vaguement sur le ciel, complétaient encore la ressemblance : c'est le spectacle qu'offrira un jour, sur une échelle bien réduite, le canal de Suez projeté dans les eaux de la Méditerranée.

« Dès que nous fûmes arrivés à la hauteur de l'embouchure, le remorqueur ralentit un peu sa marche pour s'engager avec circonspection dans les passes balisées qui mènent à l'entrée du fleuve ; car ces passes sont très-dangereuses, et tous les mouvements des courants et de la marée en font varier la profondeur. En temps ordinaire, les îles que les alluvions y forment s'élèvent insensiblement ; mais, pendant les tempêtes, la configuration sous-marine de l'embouchure change complétement, les navires ne peuvent se hasarder à tenter l'entrée qu'après avoir fait de nombreux sondages. Malgré son audace d'Américain, notre pilote lui-même fit plusieurs fois jeter le plomb.

« Enfin nous entrons dans le lit même du fleuve, et nous sentons avec joie la pression de son courant contre les flancs du navire. Cependant nous ne voyons pas encore les rives du Mississipi sur lequel nous voguons ; il nous apparaît comme un fleuve coulant miraculeusement au milieu de la mer. Seulement, à droite et à gauche, de légers renflements de vase étalent sur l'eau leurs contours indécis, et marquent les parties les plus élevées du rivage sous-marin qui s'élève entre l'eau douce et l'eau salée. A mesure qu'on avance, ces îlots de boue deviennent plus nombreux et plus allongés ; bientôt ils se rapprochent l'un de l'autre, semblables à des vagues solidifiées, puis ils se réunissent bout à bout, et finissent par former un rivage continu au-dessus du niveau du courant. C'est à cet endroit que la *barre*, ou digue d'alluvions formée en travers de l'embouchure, atteint sa plus grande hauteur.

« Jusqu'ici, l'eau soulevée par la quille du navire, et refoulée à gros bouillons dans le sillage, est l'eau transparente et bleue du contre-courant sous-marin qui s'étale sous la surface jaune du fleuve ; mais, dès que la quille a touché la barre et que le navire est retardé dans son élan par la résistance de la vase, aussitôt la couleur du sillage passe au jaune sale, et, dans le courant déjà boueux, s'élèvent de nouveaux tourbillons de boue. C'est alors que le pilote doit tenir le gouvernail d'une main ferme et suivre la passe d'un œil sûr, car la barre a près

ACTION DES FLEUVES ET DES COURANTS.   281

d'un mille de long, et il suffit de dévier quelque peu à droite ou à gauche pour engager irrévocablement le corps du navire. Une fois la quille engagée dans la boue du fond, elle soulève par son tangage les particules de vase ténue, et les fait remonter vers le courant superficiel qui les en-

Fig. 86. — Vue du Mississipi à son embouchure.

traîne, tandis que les grains de sable pesant s'accumulent autour de la coque, et, se massant autour d'elle, finissent par la retenir comme des murailles de rochers. Nous passâmes à quelques mètres d'un magnifique trois-mâts, qui s'était perdu de cette manière, et qu'on avait inutilement essayé de renflouer. Autour de lui s'étaient déjà formés d'énormes bancs de sable, pareils à de grandes masses de liége flottant à la surface du fleuve. Le village de Pilots-ville, dont les baraques en planches s'élèvent sur la rive gauche, est généralement connu sous le nom de Balize. En réalité, ce nom appartient à un autre village fondé par les colons français sur la passe du sud-est; mais, depuis que la passe du sud-ouest est devenue la principale embouchure du Mississipi, les pilotes y ont à la fois transporté leur industrie et le nom de leur misérable bourg. Il y a certainement bien peu d'endroits au monde ayant l'air aussi triste et désolé. L'étroite bande de terre où sont groupées les maisons est en même temps le rivage du fleuve et celui de la mer ; les vagues salées et les flots d'eau douce la recouvrent tour à tour et s'y rencontrent dans un dédale de fossés remplis d'un mélange visqueux et corrompu ; partout où un renflement du terrain spongieux permet aux plantes de fixer leurs racines, des cannes sauvages et des roseaux croissent en fourrés impénétrables. Les cabanes sont construites en planches aussi légères que possible, afin qu'elles ne s'enfoncent pas dans le sol détrempé ; et, pour que l'humidité puisse moins y pénétrer, elles sont juchées sur de hauts pilotis comme sur des perchoirs. Aussi, quand le vent d'orage souffle et que les vagues de la mer viennent, l'une après l'autre, s'écrouler dans le fleuve par-dessus le cordon littoral, les maisons de la Balize pourraient bien être emportées si elles n'étaient amarrées comme des navires ; parfois même, le village en vient à chasser sur ses ancres. Les fièvres et la mort se dégagent incessamment du manteau de miasmes étendu sur la Balize ; quatre cents Américains ont pourtant le courage de se percher dans ces baraques et d'y cuver leur fièvre, dans l'espérance de pouvoir rançonner les navires de passage.

« Un léger vent soufflait du sud, et notre capitaine voulut en profiter pour remonter le courant à force de voiles. Par malheur, les détours du fleuve sont très-nombreux et les matelots étaient forcés de louvoyer sans cesse, de brasser et de carguer les voiles pour les brasser encore.

Ils n'en pouvaient plus de travail, quand le navire leur rendit le service de venir s'enfoncer de plusieurs pieds

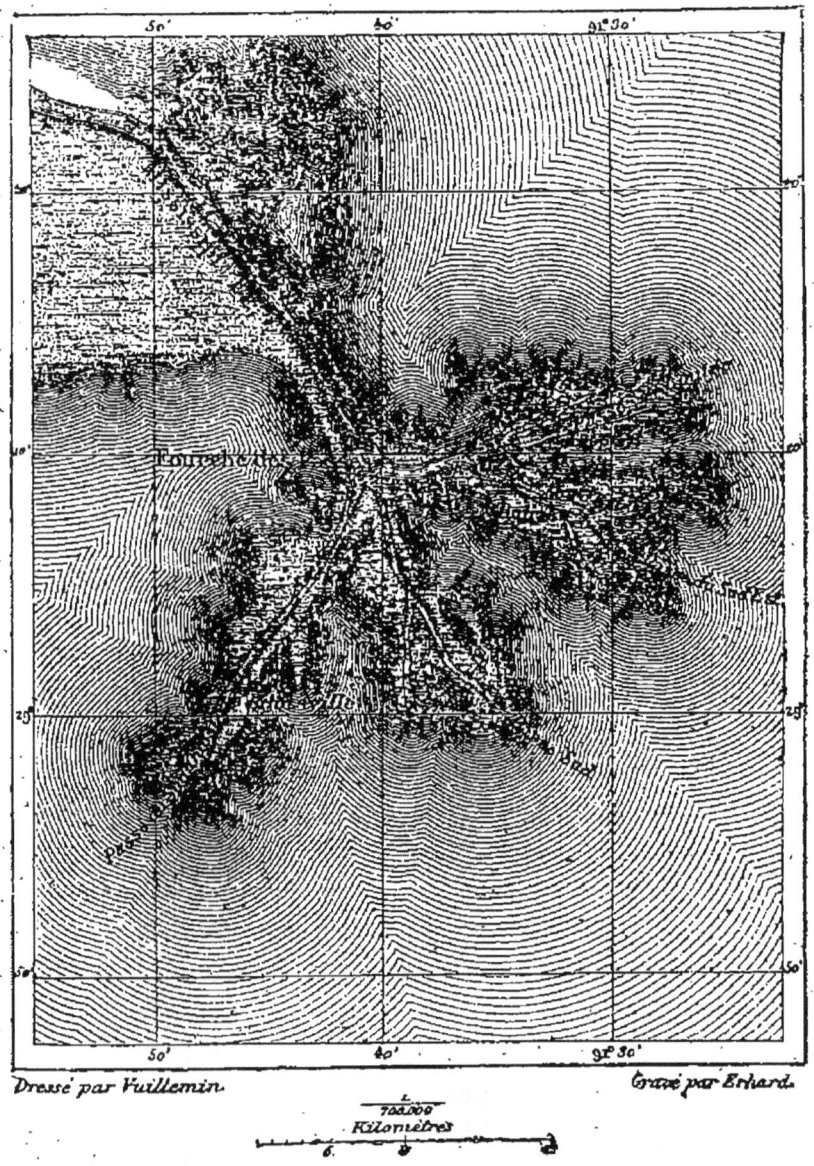

Fig. 87. — Embouchure du Mississipi.

dans la vase molle du rivage... Vers le soir, un remorqueur vint retirer notre navire de sa position ridicule...

Grâce à la puissante machine, nous arrivâmes en moins d'une heure au point où s'opère la ramification du fleuve en plusieurs embouchures. Pendant les 150 derniers kilomètres de son cours, le Mississipi ressemble à un gigantesque bras, projeté dans la mer et tenant ses doigts étoilés sur la surface des eaux. A l'ouest, s'étend le golfe de Barataria ; à l'est, le golfe ou lac de Borgne ; au sud, entre chacune de ses embouchures, la mer plonge aussi son petit golfe, de sorte que, partout, la terre se compose de minces cordons littoraux de vase sans cesse démolis par les vagues, sans cesse renouvelés par les alluvions. En quelques endroits, la levée de terre, qui sépare l'eau salée du courant d'eau douce, est tellement étroite, que les lames viennent souvent déferler jusque dans le Mississipi ; et, si les racines des roseaux ne retenaient la terre de leurs mailles tenaces, il suffirait de quelques lames pour emporter la digue et creuser au fleuve une nouvelle embouchure.

« La seule végétation de ces plages étroites et saturées d'humidité est celle de la canne sauvage ; l'arbre ne peut encore y implanter ses racines. C'est à une quarantaine de kilomètres de l'embouchure seulement qu'il se trouve une motte de terre assez élevée pour qu'un pauvre saule tout rabougri ait osé s'y fixer. A quelques centaines de mètres plus loin, deux ou trois saules plus hardis s'aventurent à leur tour, et font mine de se grouper ensemble ; plus loin encore, les bouquets de saules se rapprochent, entremêlent leur feuillage, forment un rideau continu de verdure pâle, et, cachant la vue de la mer aux voyageurs qui remontent le courant, donnent au paysage une physionomie plus continentale[1]. »

---

[1] Fragment d'un voyage à la Nouvelle-Orléans, par M. Élisée Reclus. (*Le Tour du monde*, nouveau journal des voyages, publié sous la direction de M. Édouard Charton, et illustré par nos plus célèbres artistes. (1er semestre de 1860. Librairie L. Hachette et Cᵉ, Paris, boulevard Saint-Germain, n° 77.)

Énorme progression des deltas du Pô, du Mississipi. — Delta du Nil avancé de 12 kilomètres depuis les temps historiques. — Rhône.

L'empiétement de la terre ferme sur la mer se fait sans cesse à l'embouchure des fleuves munis de deltas. L'ensablement commence par obstruer petit à petit les ramifications les plus anciennes ; une seule reste et se subdivise plus près de la mer. En même temps, de nouveaux dépôts s'avancent à l'encontre des vagues, comme nous l'avons vu pour le Mississipi ; il en résulte que le delta d'autrefois n'est plus celui d'aujourd'hui, et que les branches navigables d'un fleuve changent progressivement.

Les branches du Nil n'avancent environ que de 4 mètres par an. La canalisation établie par les prêtres de l'Égypte n'en est pas la seule cause, il faut y ajouter le courant qui passe le long de la côte, emporte vers l'est une grande partie des alluvions du fleuve et détruit parfois ses rives.

La mer baignait, au temps d'Auguste, les murs d'Adria ; le rivage s'est éloigné de 8 lieues, grâce au mouvement du delta du Pô. La vitesse a été de 25 mètres par an, du douzième au seizième siècle. Depuis lors, elle a beaucoup augmenté, elle est aujourd'hui de 70 mètres.

Le Rhône avance de 50 mètres par an suivant les uns, de 8 mètres suivant les autres : le Mississipi, de 350 mètres. L'immense delta du Gange, situé au fond d'un golfe, doit progresser assez rapidement ; mais il est trop insalubre pour avoir jamais été habité, et l'on n'y trouve aucun monument qui puisse donner quelque notion sur ce point.

Bien des faits prouvent la progression du sommet des deltas, mais aucun n'est aussi frappant que ce qui s'est passé pour le Nil. Jadis ce fleuve se rendait à la mer par sept branches dont trois dominaient. Il n'en reste que deux, celle de Rosette et celle de Damiette. Les branches extérieures (la branche canopique et la branche pélusiaque) se sont comblées, et le sommet du delta, qui était jadis sous le parallèle d'Héliopolis, est aujourd'hui avancé de 12 kilomètres vers la mer.

Dans tous les deltas, on cite le remplacement de branches par d'autres, qui perdront elles-mêmes plus tard leur prééminence.

Le cours du Pô était, du temps des Étrusques, le Pô-di-Primaro ; la branche principale du fleuve s'est reportée plus au nord. Le sommet du delta du Rhône est à Arles. La branche occidentale, appelée aujourd'hui le Petit Rhône, était jadis la plus importante. Elle avait elle-même succédé à une branche plus occidentale encore, le Rhône mort. Le Rhône principal actuel se divise, avant d'arriver à la mer, en plusieurs branches, dont l'une finira par rester seule, par suite de l'oblitération des autres.

Appareil littoral. — Cordon littoral. — Lagunes, étangs maritimes. — Lagunes repoussées par les dunes dans l'intérieur des terres, en Gascogne. — Villages enfouis sous les dunes en Bretagne près de Saint-Pol-de-Léon, et en Gascogne. — Bordeaux menacé.

Les vagues ajoutent leur action à celle des fleuves pour couvrir le rivage d'alluvions. On trouve sur toutes les côtes des matières roulées par la mer, et marquant les limites dans lesquelles elle se renferme. Plus le fond de la mer est rapide, plus cette accumulation est faible. Elle acquiert une grande importance sur les plages basses, où elle engendre les dunes, les barres et tout un cortége de phénomènes que nous indiquerons en quelques mots.

Nous avons vu que l'amas de matières meubles, formant comme un bourrelet élevé par la mer sur les bornes de son domaine, occupe sans interruption tous les rivages. C'est le *cordon littoral*. Quand il se compose de sable fin, et que le sol n'est pas argileux, il édifie, avec l'aide du vent, ces collines de sable qu'on appelle *dunes*.

Les *lagunes* accompagnent souvent le cordon littoral, si le rivage est argileux, et que la contrée soit assez plate pour permettre à l'eau de séjourner dans les moindres plis du sol ou de s'écouler très-lentement vers la mer.

Les *barres* et d'autres phénomènes dont l'étude nous mènerait en dehors de notre sujet, s'ajoutent au cordon littoral, aux dunes et aux lagunes pour constituer par leur ensemble l'*appareil littoral*. « Celui-ci dessine le rivage d'une manière très-nette : en dehors est le domaine de la mer, et en dedans celui de la terre; en dehors l'agitation, en dedans le calme. » (Élie de Beaumont, *Leçons de géologie pratique*.)

Le cordon littoral peut, dans certains cas, devenir un barrage qui ferme presque complétement un golfe, et sépare ses eaux de celles de la mer. Mais, quand même la côte ne présente aucun enfoncement, des lacs salés ou lagunes se forment, si une ligne de rochers visibles ou sous-marins arrête, à une certaine distance du rivage, les dépôts que la mer pousse vers ses bords. La lagune garde une ou deux communications avec la mer, on les désigne sous le nom de *passes*; ou bien elle est complétement enfermée.

Les *étangs maritimes* sont de profondes lagunes. Ils abondent sur les côtes de France. L'étang de Thau, près de Cette, est un des plus remarquables. Si la lagune, tout à fait séparée de la mer, ne reçoit aucun cours d'eau, elle se dessèche et augmente de salure. Dans le cas où elle reçoit une rivière, sa salure diminue. Dans tous les cas, les habitants qu'elle nourrissait subissent des modifications en rapport avec les changements de composition de ses eaux. C'est ainsi que les lacs de la Finlande renferment des animaux d'eau douce, et de plus une sorte de crevette, animal marin capable de vivre dans des eaux moins salées que l'Océan.

La mer empiète sur la terre ferme, non-seulement en l'inondant, mais en l'ensevelissant sous les alluvions rejetées de son sein. Les *dunes*[1], ou collines de sable, se forment, sur les rivages comme dans les déserts d'Afrique, par le transport des sables soulevés par les vents. Elle se

---

[1] *Dune* vient de *dun*, qui, en celtique, veut dire, *lieu élevé*.

terminent du côté de la mer par une pente très-douce, et du côté opposé par un talus d'éboulement. Généralement elles n'ont pas plus de 15 à 20 mètres, et très-rarement elles atteignent 80 mètres, nombre que l'on peut considérer comme une limite supérieure de leur hauteur.

Pour que les dunes se forment vite, il faut que la mer se retire sur une grande étendue, qu'ensuite elle recouvrira de ses eaux et des matières qu'elles charrient. Ces conditions sont remplies sur les plages où le flux et le reflux laissent chaque jour une large zone de sable exposée au dessèchement sous l'influence de la chaleur solaire et des vents.

Pour que les dunes s'accroissent, il faut aussi que les vents du large soufflent plus souvent que ceux de terre, sans quoi l'espace gagné un jour serait perdu le lendemain.

Les dunes se transportent par un mécanisme assez simple. Le vent fait ébouler leur sommet, et se prépare un plan incliné le long duquel il fait monter le sable. Les parcelles, poussées jusqu'au sommet, tombent sur le talus d'éboulement, qu'elles grossissent, et dont la base rejoint la pente inclinée d'une autre colline. Là, même action du vent, même mouvement du sable. Les matériaux de chaque dune sont incessamment transportés de l'une à l'autre, et c'est ainsi que, sans cesse détruites, elles se reforment sans cesse plus loin de la mer, pour céder la place à de nouvelles alluvions océaniques.

Ce sont des vagues de sable, que le vent pousse vers l'intérieur des terres. Comme les vagues de la mer, elles ont une marche inégale, en rapport avec la figuration du sol.

Tout espace uni disparaît sous ce linceul : terres cultivées, forêts, maisons, villages et villes, tout ce qu'elles rencontrent subit leur désastreuse influence. Les étangs reculent devant elles, comme on le voit en Gascogne, où, poussés par les dunes, de nombreux étangs littoraux empiètent chaque jour sur les landes, en élevant de plus en plus le niveau de leurs eaux.

La marée est presque insensible dans la Méditerranée. Les dunes s'y forment avec beaucoup moins de facilité que sur les côtes océaniques.

On peut citer, sur ces dernières, des exemples de villages enfouis, comme les caravanes dans le désert.

Fig. 88. — Village enseveli sous les dunes.

A la place où, avant 1666, on voyait un village près de Saint-Pol-de-Léon, en Bretagne, on ne trouvait, cinquante ans après, que des monticules de sable. Quelques pointes de clochers et quelques cheminées indiquaient seules la présence du pays submergé. Les dunes avaient avancé, en ce point, de 537 mètres par an.

Bien qu'elles ne marchent pas avec une aussi effrayante rapidité, les dunes de la Gascogne progressent de 25 mètres par an. Si leur mouvement était constant, elles atteindraient Bordeaux en deux mille ans. Plusieurs villages gascons, dont les titres du moyen âge rappellent les noms, ont complétement disparu.

Les côtes des Pays-Bas, de la Vendée, de la Patagonie, et surtout celles du Sahara, sont celles où ce phénomène acquiert la plus grande intensité.

Glaces flottantes. — Hivernage aux pôles.

Les glaces flottantes déposent, comme nous l'avons vu plus haut, de grandes quantités de débris au fond de la mer. Elles constituent un des plus puissants agents de transport, mais leurs effets sont limités aux zones arctiques.

Quand on s'approche des pôles, on voit flotter sur la mer des blocs de glace disséminés. Ils sont de plus en plus gros et de plus en plus nombreux, à mesure qu'on marche vers le nord, et l'on trouve, à une haute latitude, une couche continue de glace faisant suite à un sol également gelé.

Malheur au navigateur imprudent qui s'engage dans ces lieux maudits! Il risque à chaque instant de se briser contre un de ces écueils mobiles, dont quelques-uns atteignent une hauteur de 40 mètres au-dessus du niveau de la mer, ce qui correspond à une épaisseur de 280 mètres de glace immergée. Les vents et les courants portent ces montagnes vers le sud, où elles finissent par disparaître. Elles répandent, sur leur route, des débris arrachés aux continents arctiques ou au sol sous-marin des mers polaires.

Si l'explorateur parvient à dépasser la zone où s'agitent ces gigantesques radeaux, il peut s'attendre à chaque instant à voir la mer se prendre en masse autour de son navire, et le retenir prisonnier pendant des mois entiers dans des solitudes où la faim le dévore s'il a le bonheur d'échapper aux mille dangers qui le menacent.

Les célèbres voyages de Davis, de Parry, de sir John Franklin, du docteur Kane, à la recherche du *passage nord-ouest,* n'ont que trop montré le danger que l'on court en cherchant à pénétrer le mystère de ces déserts glacés. On n'a pas oublié non plus l'intrépide et savant de Blosseville. Envoyé, sur *la Lilloise*, dans la zone arctique, pour explorer les côtes du Groënland, il a trouvé la mort avec ses compagnons dans ces régions inhospitalières, et ja-

Fig. 89. — Glaces flottantes.

mais on n'a trouvé aucune trace de cette malheureuse expédition.

La prison est dangereuse, mais la délivrance l'est peut être plus encore. Écoutons le capitaine Mac-Clintok, qui parvint à découvrir les faibles débris de l'expédition de Franklin : « Le 18 août, nous nous trouvions à mi-chemin de la baie de Melville, au détroit de Lancastre, quand, tout à coup, cernés par une immense accumulation de glaces en dérive, nous nous vîmes condamnés à passer l'hiver au milieu du plus vaste champ de glace dont j'aie entendu parler dans ma carrière de marin. Pendant l'hiver, les forces élastiques des couches marines ouvrirent souvent de longues crevasses ou chéneaux dans la voûte solidifiée qui les recouvrait, et ces solutions de continuité dans la glace se produisaient si violemment que, parfois, de longues files de glaçons étaient projetées, comme par l'effet d'une mine, à plusieurs pieds en l'air, et formaient de véritables chaussées de chaque côté des crevasses d'où elles étaient sorties. Pendant notre hivernage, nous nous procurâmes, dans ces sortes de chenals d'eau ouverts, environ 70 phoques qui nous fournirent de la nourriture pour nos chiens et de l'huile pour nos lampes.

« Nous ne retrouvâmes notre liberté que le 25 avril seulement, par 60°30' de latitude, et au milieu de circonstances dont tous les hommes du bord garderont longtemps la mémoire. Une violente tempête s'éleva au sud-est ; l'Océan, soulevé dans ses profondeurs, brisa sa croûte flottante, et, lançant dans un chaotique désordre les masses désagrégées du champ de glace, menaça vingt fois de broyer le *Fox* dans quelque choc inévitable. Nous ne fûmes redevables de notre salut qu'à la Providence d'abord, puis à l'excellence de notre machine motrice et de la forme de notre étrave taillée en coin. »

Ainsi, le navire avait été entraîné à la dérive, avec le banc de glaces, du 75° au 63° degré de latitude, c'est-à-dire à une distance de 300 lieues environ de son point de départ. Une violente tempête avait, au printemps, désagrégé cette masse énorme, dont les débris menaçants avaient continué leur route vers Terre-Neuve pour se fondre dans les eaux du Gulf-Stream.

INFLUENCE DE LA VIE SUR LES VARIATIONS DU LIT DE L'OCÉAN

Formation des récifs de coraux, limite de leur accroissement. — Conditions favorables à leur développement.

La vie exerce une grande influence sur les variations du fond de la mer. Nous avons déjà montré que les animaux les plus petits édifient les plus importantes constructions sous-marines, mais que tous les autres ont aussi leur part d'action dans ce continuel travail de transformation de la terre submergée.

Les mers tropicales fourmillent d'êtres de toutes sortes. Elles sont, à cet égard, bien supérieures aux autres. Mais, même dans ces mers toujours chaudes, les grandes profondeurs sont, comme nous l'avons vu, moins habitées que les rivages, et, à une distance peu considérable de la surface, la vie cesse de se manifester.

Nous allons assister à l'une des scènes les plus intéressantes du grand drame océanien, à la formation des récifs de coraux, si développés dans les eaux du Pacifique, de l'océan Indien et de la mer des Antilles.

Les polypiers s'accroissent sans cesse jusqu'à ce qu'ils atteignent la surface de l'eau. Ils laissent entre eux des intervalles comparables à ceux que l'on trouve entre les branches d'un arbre et entre les arbres d'une forêt. La désagrégation d'une partie des polypiers et des débris de mollusques ou de poissons vivant dans leur voisinage, sert à combler en partie ces vides. Un ciment résultant d'une vraie sédimentation chimique relie tous ces fragments épars.

Les coraux prennent, molécule à molécule, dans l'eau de la mer, le carbonate de chaux qu'ils abandonnent ensuite. Le carbonate se montre parfois sous la forme vaseuse, et, en se durcissant à l'air, devient très-semblable à de la craie. Ce phénomène est remarquable aux Bermudes, où il a été étudié par le naturaliste Nelson. « Après avoir observé la décomposition des coquilles et des polypiers, depuis les moins calcarifères jusqu'aux masses de méandrines et d'astrées, non-seulement en place, mais encore dans tout ce qu'ont produit les travaux exécutés sous la cloche à plongeur pour l'établissement des parapets de l'arsenal, je n'hésite pas à attribuer à la craie des Bermudes la même origine qu'aux divers bancs de pierre plus ou moins solide qui constituent les îles elles-mêmes, seulement ceux-ci résultant de l'accumulation de fragments brisés mécaniquement, tandis que la roche ou pâte crayeuse est due à la destruction, par une longue submersion, du tissu membraneux qui pénétrait toute la masse, et qui abandonne alors la matière calcaire retenue dans ses mailles. Celle-ci, en se précipitant, forme cette substance blanche et tendre, analogue à la craie, qui se trouve au fond des anses et des golfes, mélangée de sables coquilliers, de beaucoup de polypiers, de coquilles bien conservées, et de masses considérables de méandrines et d'astrées. »

Les polypiers coralligènes aiment le séjour des eaux chaudes. Ils ne s'y plaisent que lorsqu'elles sont agitées sans cesse. Cette dernière circonstance donne aux dépôts calcaires qui les accompagnent une texture très-caractéristique. Des cristaux de carbonate de chaux se déposent dans la masse liquide, et deviennent des centres autour desquels se groupent de nouvelles molécules du même corps. L'agitation constante de l'eau imprime un mouvement de rotation aux petits noyaux solides déjà formés et les dépôts se produisent également tout autour, de manière à leur donner une forme sphérique. La roche acquiert par suite une texture dite oolithique.

Enfin les polypiers coralligènes ne se développent que dans les eaux limpides et sur un fond rocheux.

La vie et la nature inanimée. — Les polypes du corail meurent dans le calme des eaux profondes. — Comment explique-t-on la formation des épais récifs de l'Océan Pacifique ? — Récifs côtiers. — Récifs frangés. — Récifs-barrières d'Australie. — Comment le récif devient une île. — Atolls.

« Quand l'Océan lance ses vagues contre les bords extérieurs des îles de la mer Pacifique, on le dirait un ennemi invincible. Cependant on le voit dompté par des obstacles en apparence très-faibles. Jamais il n'est en repos, et les houles, dues à l'action constante des vents alizés, existent toujours. Le tourbillonnement de l'eau sur les brisants est bien plus considérable dans ces îles que dans nos régions tempérées, et l'on ne peut l'observer sans être convaincu que des roches, même de granit ou de quartz, finiraient par céder à des forces aussi considérables et par être démolies. Eh bien, malgré cela, ces petites îles de coraux, si basses, si insignifiantes, résistent, grâce à l'intervention d'une autre force, en quelque sorte opposée à la première, et qui prend part à la lutte. Les forces organiques détachent, un à un, des brisants écumants, les atomes de carbonate de chaux pour les réunir ensuite sous une forme symétrique, des myriades d'architectes sont nuit et jour à l'ouvrage, et l'on voit leur corps gélatineux et mou dompter, à l'aide des lois de la vitalité, la puissance mécanique des vagues contre lesquelles ni l'industrie de l'homme, ni la partie inanimée de la nature ne pourraient lutter avec succès. » (Darwin.)

La vie, faible et chétive en apparence, mais active et multiple, sort victorieuse d'une lutte incessante où la matière inerte menace à chaque instant d'écraser le frêle ennemi dont elle renouvelle incessamment les forces. L'agitation plaît aux polypes. Elle entraîne loin d'eux les matières rejetées ou sécrétées par leur corps, et devenues impuissantes à les nourrir, ou même aussi dangereuses pour eux que de véritables poisons. Le calme des eaux profondes est mortel pour ces petits travailleurs.

Ils vivent près de la surface. Ils ne s'en éloignent pas, suivant Darwin et Dana, de plus de 40 mètres [1]. Comment expliquer dès lors la grande épaisseur de quelques bancs d'une immense étendue, comme ceux des îles Fidji? Le savant anglais Darwin a imaginé une théorie simple de ce fait. Fondée sur des observations très nombreuses, elle est tout à fait d'accord avec ce que la géologie nous apprend sur la structure et les mouvements de l'écorce terrestre.

Puisque le corail ne vit pas hors de l'eau, l'accroissement du polypier est forcément limité à sa surface. C'est ici que la mer, en démantelant le récif, travaille elle-même à l'exhausser. Quand le récif est d'une hauteur telle, dit Chamisso (expédition de Kotzebue), qu'il se trouve presque à sec au moment de la basse mer, les coraux abandonnent leurs travaux. Au-dessus de cette ligne, on observe une masse pierreuse continue, composée de coquilles, de mollusques, d'échinides avec leurs pointes brisées, et de fragments de coraux cimentés par un sable calcaire provenant de la pulvérisation des coquilles. Il arrive souvent que la chaleur du soleil pénètre cette masse lorsqu'elle est sèche, et occasionne des fentes en plusieurs endroits. Alors les vagues ont assez de force pour diviser des blocs de coraux qui ont jusqu'à 6 pieds de long sur 3 ou 4 d'épaisseur, et pour les lancer sur les récifs ; ce qui finit par en élever tellement la crête, que la haute mer ne la recouvre qu'à certains moments de l'année. Le sable calcaire n'éprouve en-

---

[1] D'autres espèces de polypes vivent à une profondeur bien plus considérable, qui va jusqu'à 400 mètres.

suite aucun dérangement, et offre aux graines d'arbres et de plantes, que les vagues y amènent, un sol sur lequel ces végétaux croissent assez rapidement pour ombrager bientôt sa surface éblouissante de blancheur. Même avant que les arbres soient assez touffus pour former un bois, les oiseaux de mer y construisent leurs nids, les oiseaux de terre égarés viennent y chercher un refuge : et plus tard enfin, lorsque le travail des polypiers est depuis longtemps achevé, l'homme paraît et bâtit sa hutte sur le sol devenu fertile.

Les coraux, ne pouvant vivre dans les eaux douces, s'interrompent sur les côtes partout. où un cours d'eau apporte son tribut à la mer. Ils se terminent aussi brusquement à peu de distance du rivage, si le fond de la mer est que très-incliné. Tels sont les *récifs côtiers* ou *récifs frangés*, ainsi nommés à causse de leur position et de leurs fréquentes interruptions.

D'autres fois, un canal assez large et plus ou moins profond sépare le récif de la côte. On le nomme dans ce cas *récif-barrière*. Quelques-uns s'étendent sur une très-grande longueur. Un récif-barrière de la côte occidentale de la Nouvelle-Calédonie se développe sur une ligne de 100 lieues ; un autre suit la côte orientale de l'Australie sur une étendue de 400 lieues presque sans interruption. Le canal qui les sépare du rivage a de 20 à 50 mètres de profondeur, et sa largeur varie entre 50 et 15 lieues.

Les coraux donnent naissance à des récifs annulaires, lorsque la côte à laquelle ils sont adossés est une île peu étendue.

Si cette île est remplacée par un bas-fond, sommet étroit d'une montagne sous-marine, le récif devient une île annulaire, au milieu de laquelle est une lagune séparée de l'Océan, ou communiquant avec lui, comme cela arrive le plus souvent. D'autres fois, la lagune se comble et l'île devient un plateau circulaire.

Dans les deux cas, l'île se nomme *atoll*.

La fréquence de ce phénomène est trop grande, surtout

dans l'océan Pacifique; sa cause a trop longtemps exercé la sagacité des savants, pour que nous n'en disions pas quelques mots.

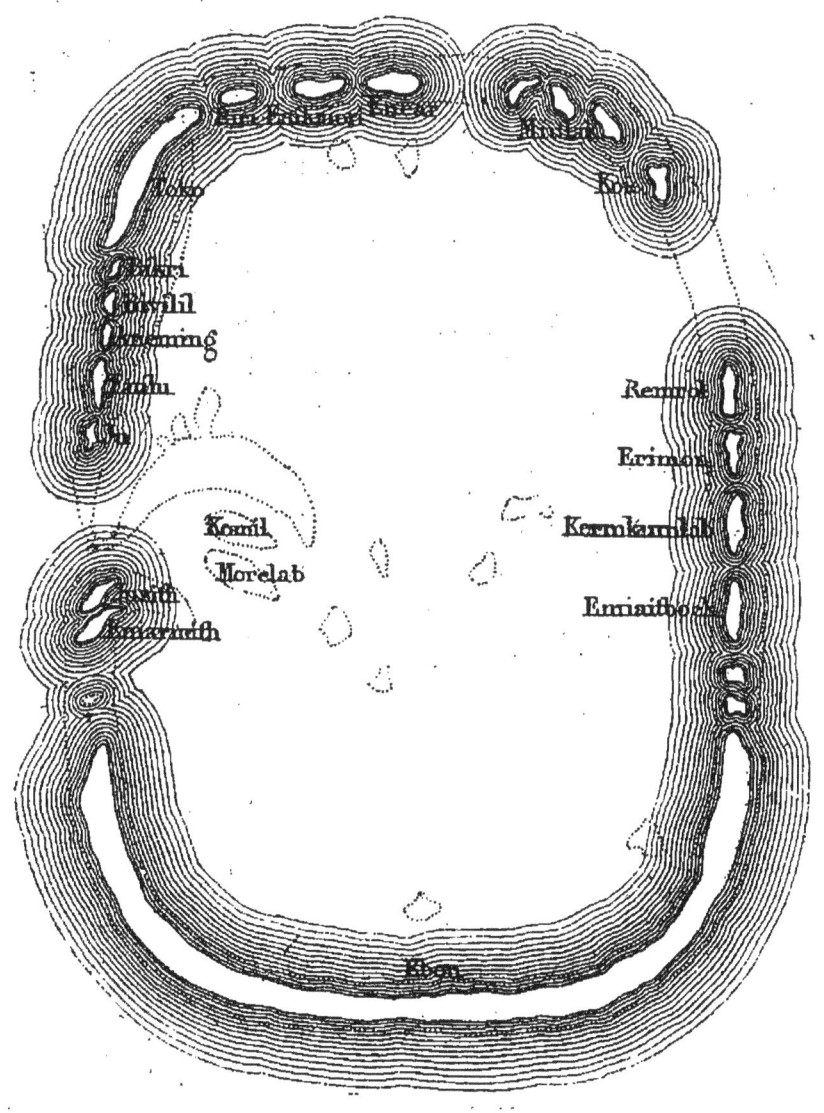

Fig. 90. — Atoll d'Ébon.

La forme des atolls avait tout d'abord fait penser que les coraux avaient pris pour base les bords de cratères sous-marins. La ressemblance grossière entre eux et quelques îles volcaniques avait frappé les premiers observateurs. On voyait des îles, telles que Barren-Island, présenter une ceinture annulaire de montagnes, interrompue par un canal conduisant de la mer dans un lac intérieur. Les montagnes sont les bords d'un cratère, le lac est le fond de ce cratère envahi par l'Océan. Le même caractère général s'observe au premier abord dans un atoll. Mais, comment s'expliquer les dimensions inusitées des cratères volcaniques qui devaient correspondre à des atolls de 11 lieues de diamètre, tels que l'île de Bow-Island, ou d'un diamètre double, comme plusieurs îles Maldives ? Comment admettre aussi que le fond du Pacifique serait émaillé d'aussi innombrables volcans, atteignant tous la même altitude à 40 mètres près ? comment appliquer enfin à la formation des récifs-barrières, dont les atolls ne sont évidemment qu'un cas particulier, la théorie des volcans sous-marins ?

Nous avons vu le fond des mers subir sans cesse des variations très-lentes. Il s'élève en un point pour s'abaisser en un autre, et ce mouvement séculaire est l'agent le plus énergique des modifications observées à la surface de notre planète. Darwin a très-ingénieusement appliqué la connaissance de ce fait général à l'explication des atolls. Nous donnons un résumé succinct de sa théorie.

Les coraux ne vivent pas à plus de 40 mètres de profondeur. Ils sont cantonnés sur les bas-fonds ou dans le voisinage des côtes. D'un autre côté, le trop grand voisinage des terres les gêne pour diverses raisons, parmi lesquelles on doit ranger l'apport d'eau douce par les rivières et l'agitation qui charge l'eau de parcelles terreuses provenant du sol sous-marin. Ils se tiennent, par suite, à une certaine distance des rivages. Tôt ou tard, les vagues, démantelant le récif-barrière, chassent ses débris vers la côte, et tendent ainsi à combler l'espace vide. Quand les polypiers ont atteint la surface de la mer, leur existence devient impossible. Mais, si le sol s'affaisse lentement, il reste toujours une nappe d'eau suffisante au-dessus de la colonie, qui continue de s'accroître.

Supposons une île soumise à un affaissement très-lent. Les masses coralliennes forment d'abord autour de l'île des récifs côtiers. Quand le niveau s'abaisse, ces masses coralliennes s'exhaussent. L'île diminue en même temps d'étendue, et laisse un canal entre elle et ces récifs qui s'accroissent sans cesse. Il arrivera un moment où le voyageur verra un anneau corallien, entourant une lagune qui enveloppera elle-même le sommet de l'île primitive. Enfin, lorsque l'île aura totalement disparu, l'anneau corallien, grâce au travail incessant des polypiers, aura persisté; il environnera une lagune, ou un lac moins profond au centre que près de ses bords. Plus tard, l'affaissement du sol continuant, la profondeur augmentera au centre du lac, tandis que l'amoncellement des débris des polypiers tendra à combler tous ses bords. Le lac ne différera plus d'un autre, l'atoll sera complet. Il finira lui-même par disparaître, ou par prendre un plus grand accroissement si le mouvement du sol change de direction.

La même théorie explique évidemment la formation des récifs côtiers et des récifs-barrières, puisque ce ne sont que les éléments de l'atoll adossés à un continent.

Lenteur de l'accroissement des récifs de coraux, — Keys de la Floride. — Destruction d'îles de corail pendant une tempête, en janvier 1865. — Régions où l'on rencontre les récifs coralligènes.

La croissance des récifs de coraux est très-lente, avons-nous dit; mais on ne possède pas encore d'observations bien précises sur ce sujet.

M. Dana pense que les madrépores branchus croissent de 0^m,41 par an.

Hunt remarqua à Westkey, dans la Floride, en 1857, une méandrine qui avait acquis, en onze ans, 6 pouces de rayon, soit 0^m,165, c'est-à-dire 0^m,015 par an.

Une oculine, étudiée par le même naturaliste, croissait environ de $0^m,019$ par an.

Des méandrines de $2^m,74$ de diamètre, aperçues par Ehrenberg dans la mer Rouge, doivent, suivant cet observateur, remonter à des milliers d'années, de sorte que Moïse aurait pu les voir. Mais cette appréciation d'Ehrenberg semble un peu exagérée.

L'accroissement des récifs est beaucoup plus lent que celui des polypiers qui les composent. La mer les démantelle incessamment. Quelquefois même, de violents coups de mer les enlèvent complétement. C'est ce qui est arrivé, en janvier 1865, dans les îles Palmerston, ainsi qu'il résulte du récit fait par le capitaine Dunn, commandant le brig anglais *Aunis-Laurie*, au consul des États-Unis à Tahiti [1]. Ce marin venait d'essuyer un ouragan terrible par 19°20′ de latitude sud et 162°0′ de longitude occidentale. « En visitant les îles du groupe, dit-il, je les ai trouvées dans un déplorable état. *Les Palmerston consistaient primitivement en sept îles; aujourd'hui il n'y en a plus que six*, celle du nord-est et une partie du banc de corail ayant complétement disparu. »

Les récifs et les îles de corail ne se développent que dans les mers intertropicales. On les trouve par exception aux Bermudes, à la latitude de 33°N., à cause du Gulf-Stream qui passe près de ces îles, et dont les eaux sont très-chaudes.

Les côtes occidentales de l'Afrique et de l'Amérique en sont dépourvues, à cause de l'abaissement notable de température produit, sur ces côtes, par des courants marins venus des pôles.

Nulle part, les récifs ne sont aussi développés que dans les eaux de la Nouvelle-Calédonie et de l'Australie orientale. Ils ont valu aux mers avoisinantes le nom de *mer de corail*.

---

[1] Extrait d'une lettre de M. Withing, commandant de la marine des États-Unis, inséré dans le *Bulletin international de l'Observatoire national de Paris*.

Les atolls de Tahiti et les îles basses sont dans une région dont la température moyenne est de 25°; la mer n'a que 15°,6 près du Pérou et du Chili. Une différence de 10° dans la température suffit donc pour arrêter le développement des récifs dus aux polypiers.

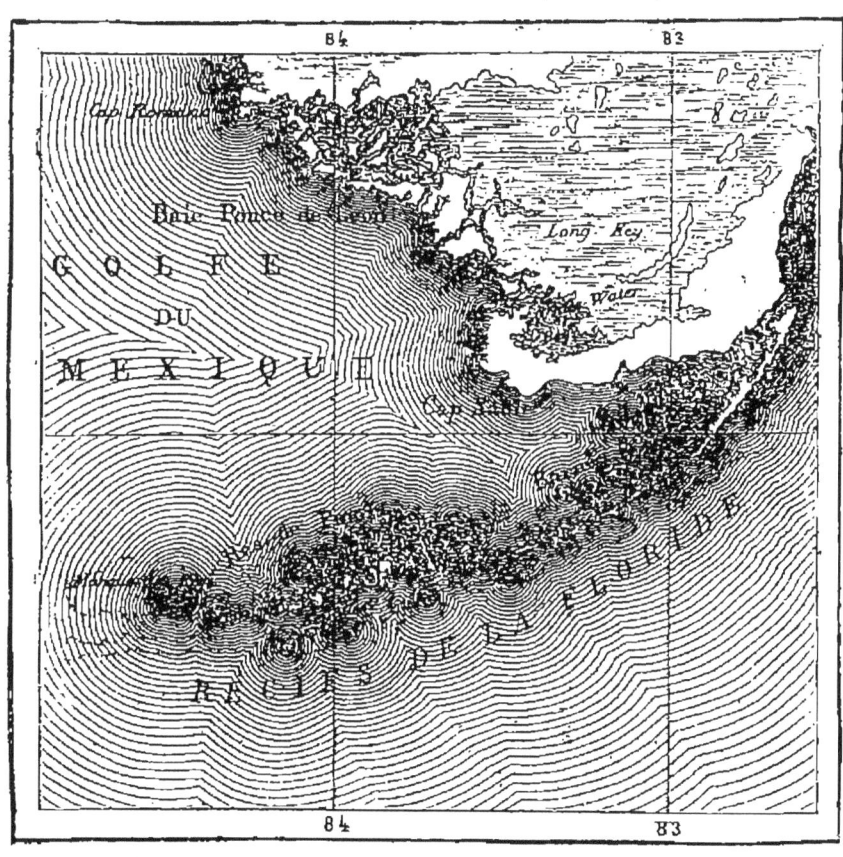

Fig. 91. — Keys de la Floride; dressé par Guillemin, d'après le Coast-Survey.

Le golfe Persique, la mer Rouge et la partie de l'océan Indien comprise entre l'Afrique et Sumatra sont aussi très-riches en polypiers. Il faut remarquer en même temps que ces mers sont les plus chaudes du globe.

Pour la même raison, les polypiers sont très-nombreux dans l'archipel des Antilles et sur la côte occidentale de la Floride. Les recherches d'Agassiz ont montré que toute la péninsule de la Floride est formée de roches appartenant à notre époque, et que ces roches sont principalement composées de bancs de coraux et de coquilles marines. Les côtes méridionales et occidentales de la Floride sont entourées d'une immense quantité d'îles séparées par des canaux très-étroits. Souvent ces îles sont unies entre elles à la marée basse, ou bien elles se relient à la terre ferme par des marécages plats.

Ces îles, connues dans le pays sous le nom de *Keys* (clefs), forment des lignes concentriques autour de la côte, dont elles ne s'éloignent pas, au maximum, de plus de 10 lieues. Elles ne s'élèvent guère que de 6 à 12 pieds au-dessus du niveau de la mer, et sont, comme la terre ferme, formées de coraux morts et rejetés par la mer, de sables coralligènes, le tout cimenté par des infiltrations de carbonate de chaux.

Un récif de coraux vivants s'étend parallèlement à la ligne des keys, en suivant les mêmes courbes, et seulement à une distance qui varie de 2,000 à 6,000 mètres. Entre le récif et les keys se trouve un canal, assez profond pour être navigable (il a de 6 à 7 brasses), et qui communique avec la pleine mer, en un grand nombre de points, par des canaux coupant le récif de coraux vivants.

Généralement les bancs de coraux formant le récif n'atteignent pas la surface de la mer, excepté sur quelques points où des coraux morts et des sables s'accumulent et commencent à former de petits keys.

En dehors des récifs de coraux vivants, vient le Gulf-Stream.

Algues. — Forêts et prairies sous-marines. — Algues flottantes des mers de Sargasse. — Accroissement des côtes par le rhizophora mangle.

Les algues, végétaux marins, laissent, comme les animaux, leurs débris s'accumuler au fond des mers ; mais, ainsi que nous l'avons vu, leur zone vitale est encore beaucoup plus restreinte que celle où s'agitent les animaux. Elles sont principalement confinées dans les hauts-fonds et près des rivages. Leur prodigieux développement y donne naissance à de vastes prairies sous-marines servant de retraite à des myriades d'animaux.

Les racines des algues et leurs innombrables enchevêtrements consolident le fond meuble de la mer et favorisent, dans bien des cas, près des côtes, les empiétements de la terre ferme sur l'eau, travaillant ainsi elles-mêmes à diminuer l'étendue de leur empire.

On trouve au milieu des océans, notamment de l'Alantique, des quantités énormes d'algues qui ne tiennent pas au fond de la mer, très-profonde en ces points. L'abondance des plantes est telle que les premiers navigateurs les prirent pour la terre ferme, et furent très-effrayés de voir leurs navires s'engager de plus en plus dans les herbes qui entravaient leur marche. On sait aujourd'hui que ces immenses accumulations de végétaux sont dues à une sorte de tourbillonnement des eaux dans leur vaste bassin, vers le centre duquel convergent à la longue tous les débris flottants arrachés par les courants aux rivages.

Un arbre, le rhizophora mangle (manglier), joue un rôle très-remarquable dans l'accroissement continuel des côtes de la Guyane, et ajoute son action à celle du courant marin équatorial qui transporte pièce à pièce en face de notre colonie le delta de l'Amazone. Cet exemple montrera la variété des moyens employés par la nature pour obtenir les mêmes effets.

Le manglier croit abondamment sur les plages basses et dans les lagunes. De ses branches émanent des racines, dites adventives. Elles flottent d'abord dans l'atmosphère, dont elles retiennent l'humidité comme le feraient les plus fines éponges. Lorsqu'elles atteignent le sol, elles continuent à croître et à grossir, en s'enfonçant dans la vase à la façon des racines ordinaires. Elles ressemblent à autant de colonnes destinées à soutenir les bras gigantesques du manglier. Chaque racine adventive devient donc un tronc nouveau, d'où rayonneront plus tard la sève et la force, comme du tronc principal. Les racines émanant du nouveau tronc donnent plus de consistance à un sol fangeux, et permettent aux indigènes de pénétrer dans les forêts maritimes crées par ce végétal. Les mangliers prennent possession de tous les bas-fonds à mesure qu'ils se forment. La vase et toutes sortes de corps flottants sont arrêtés par leurs racines, comme par les mailles d'un filet inextricable. Les algues consolident la terre nouvelle du côté de la mer, et l'accumulation des sédiments élève le bas-fond du côté de la terre. Bientôt, dans cette partie, le sol devient trop sec pour que les mangliers continuent d'y végéter. Les cocotiers et d'autres arbres les remplacent, consacrant par leur présence la conquête du continent sur les eaux.

PETITESSE DE L'HOMME DEVANT L'OCÉAN

N'aurais-je pas trompé votre attente, lecteurs bienveillants, que votre patience inépuisable aura conduits page par page de l'introduction à la table des matières? Serez-vous satisfaits de mon petit musée sous-marin, de mes réflexions que j'aurais voulu vous épargner si le besoin de communiquer intempestivement mes pensées ne m'avait entraîné plus loin que je ne l'eusse désiré?

Nous avons étudié la forme du lit des mers, nous avons cherché à nous initier ensemble aux mystères des océans. Que voulez-vous encore?

Vous n'attendez pas sans doute que je vous fasse plonger dans les abîmes insondables, à la fois ouverts et fermés pour nous. J'ai pu, grâce aux appareils plongeurs, vous faire vivre quelques instants d'une vie sous-marine, vous conduire dans quelques vallées peu profondes. Mais suis-je bien coupable si je n'ai pas encore trouvé le moyen de prolonger ces excursions, de les pousser plus loin, de nous passer de cet air, si gênant à cause de son absolue nécessité, d'alléger la pression de 800 atmosphères sous laquelle se durcissent les carrières de nos descendants, de voir sans lumière, de surpasser en agilité, en force, les monstres dont nous deviendrions la proie? En attendant que ces lacunes soient comblées, il est prudent de ne pas séjourner trop longtemps dans un élément pour lequel nous ne sommes pas faits.

Admirons du rivage ce câble fixé aux rochers et se déroulant sur le pont d'un navire filant à toute vapeur. Rien ne le distingue au dehors. Il semble que, avant de s'aventurer sur un désert où tout est uniforme, le marin veuille rester attaché au rivage. Mais nous savons qu'il n'a pas besoin de ce fil grossier pour suivre sa destinée dans le vaste labyrinthe des eaux. Le câble a une autre utilité. Observons son extrémité, sa *coupe*. Des fils de cuivre, soigneusement enveloppés de gutta-percha, en occupent le centre. Le pourtour est formé de cordes, consolidées par d'énormes fils de fer. Les chocs et l'humidité ne peuvent faire sentir leurs effets sur le cœur du câble, ne peuvent interrompre l'ornière que devra suivre la pensée lorsque, reposant sur le fond des mers, l'appareil servira de moyen de communication entre deux causeurs distants de plusieurs milliers de kilomètres.

Tout en admirant l'audace et le bonheur de l'homme, laissons-le s'enorgueillir de pouvoir ainsi jeter au fond des abîmes les rails de sa pensée. Les signaux courent dans le câble ; nous les voyons à ses deux extrémités, mais combien de chaînons nous manquent ! Nous ignorons les mystères de la route ; les dépôts océaniens se produisent sans aucun respect pour la noble destination du conducteur électrique. L'éponge, l'algue, le polypier, l'anatife, la serpule établissent volontiers sur lui leur demeure ; ils ne s'inquiètent aucunement des secrets transmis à travers leur support. Vienne la rupture ; l'homme repêche son câble, il tire de leur élément les imprudents qui l'habitaient, il les étudie et se console de son ignorance comme le lièvre rit de la frayeur que lui cause la grenouille. La masse des animaux qui recouvrent le câble arrive non-seulement à le dérober complétement aux regards, mais à tripler, à quadrupler son volume. Celui que représente la figure n'a certainement pas encore séjourné longtemps sous l'eau. Les animaux et les plantes, d'abord surpris de sa présence, s'accoutument à le voir, commencent à lui tisser son vêtement océanien.

Si le câble est à plusieurs milliers de mètres de profondeur, l'opération de son relèvement est extrêmement délicate et laborieuse. Toute agitation du navire peut le briser; son poids, ajouté à celui des monstres marins achar-

Fig. 92. — Câble télégraphique au fond de la mer.

nés à le retenir, suffit souvent pour le rompre. La partie rompue retourne à l'Océan. Elle recommence à s'enfouir après avoir un instant, par sa chute, troublé le calme des solitudes sous-marines. Plus tard, lorsque l'œuvre des siècles aura changé de fond en comble notre petite planète, lorsque le fond des mers sera montagne, et que la montagne, fatiguée de l'air, aura été se rajeunir sous les eaux, les successeurs de l'homme ne verront pas sans étonnement ces fossiles d'un nouveau genre, débris d'une civilisation plongée dès lors dans l'oubli où se sont noyées celles dont nous interrogeons aujourd'hui les faibles vestiges.

Les naufrages viendront avec leurs débris, témoins incontestables de l'existence de l'homme, ajouter au trouble des géologues de l'époque future. Partout, au milieu des dépôts marins les mieux accentués, le savant rencontrera les restes de notre race envahissante. Il verra nos tunnels percer les couches les plus variées, et là du moins il trouvera un point de repère à ses laborieuses recherches.

Qu'arriverait-il, si non contents de percer les montagnes pour nous éviter les travaux de la montée et de la descente, nous pénétrions sous les mers dans de larges et profonds souterrains, qui s'enfonceraient au-dessous des vagues énormes, des trombes, des glaces, et qui nous offriraient un abri contre les tempêtes ? Au-dessus de nous passeraient les cyclones et les bourrasques ; on entendrait leur effroyable musique, on serait assourdi par le bruit cadencé du coup de mer qui engloutirait le navire, de la locomotive entraînant sur les rails sa lourde suite ; mais on irait avec la vitesse du vent d'un bout à l'autre de l'Océan, dont on braverait les vains caprices.

Jusqu'ici les géologues futurs ont lieu de se rassurer. Nous sommes loin de pouvoir exécuter une pareille entreprise. Les monstres marins peuvent longtemps se jouer avec les câbles télégraphiques, avant de fuir devant le sifflet de la locomotive et les bruits discordants du tunnel sous-marin.

La Tamise a été vaincue par un ingénieur français. En vain elle a laissé filtrer ses eaux, faisant tomber sur les travailleurs une pluie continue ; le souterrain s'est achevé, le fleuve a eu son tunnel. On a songé, il y a quelques années (c'est encore un Français), à déjouer les tempêtes en construisant un chemin de fer sous-marin de Douvres à Calais ; ce projet a d'abord été rejeté comme téméraire. Mais il préoccupe très-sérieusement aujourd'hui les ingénieurs de France et d'Angleterre. Le Pas-de-Calais n'est qu'un ruisseau à côté des grands fleuves américains, et la profondeur de l'eau n'est que de 7 mètres en quelques-uns de ses points. En considérant les difficultés de ce travail, n'est-on pas en droit d'affirmer que nous sommes loin de nous attaquer sérieusement à l'Océan !

Jusqu'à ce que nous cessions de redouter autre chose que l'écrasement dans nos tunnels, la mer fera de nombreuses victimes et engloutira plus d'une riche cargaison. Il ne serait pas sans intérêt de faire la comptabilité de ce grand pourvoyeur, de calculer approximativement ce qu'il nous donne tous les ans et ce qu'il exige de nous en échange. Mais une simple énumération des impôts océaniens serait, je crois, un peu fastidieuse ; l'histoire de leurs péripéties, des ruses employées par l'homme pour les lui ravir serait trop longue pour entrer dans le cadre étroit de ce petit livre.

Détournons-nous plutôt de ce triste spectacle, ne nous attachons pas trop à contempler l'homme quand nous avons sous les yeux de bien plus grands sujets d'admiration. La pellicule péniblement grattée par nous à la surface de la terre compte à peine dans l'harmonie de l'univers ; ses modifications ne sont rien, elles n'ont pour elles ni la grandeur ni la durée. Si, par l'intelligence, l'homme est le chef de la création, la faible influence qu'il exerce sur la nature doit bien humilier son orgueil. Son travail physique passe inaperçu à côté de celui du modeste infusoire ; lui, le géant, il est matériellement pygmée devant l'atome.

TABLE DES GRAVURES

Frontispice. — Ruines du temple d'Hercule, à Gibraltar.
1. Conquêtes de l'homme.................. III
2. Sonde de Brooke................... 4
3. Mesure de la profondeur au moyen d'une bombe......... 5
4. Coupe verticale de l'Atlantique du Yucatan au Sénégal...... 7
5. Coupe du Mississipi à Plaquemines.............. 14
6. Coupe de l'océan Atlantique de Paris à Terre-Neuve....... 15
7. Coupe équatoriale de la terre............... 16
8. Carte des profondeurs de l'océan Atlantique.......... 19
9. Carte du fond de la Méditerranée et de la mer Noire, d'après Böttger.................... 25
10. Profondeurs de l'Adriatique............... 26
11. Profil continu, allant de la pointe méridionale de la Norwége, à travers le Pas-de-Calais, jusqu'à 10° de longitude ouest et 47° de latitude nord.................. 28
12. Coupe verticale du Pas-de-Calais.............. 29
13. Mer phosphorescente au Cap............... 35
14. Marche des rayons de lumière dans l'eau et à sa surface..... 38
15. Marche des rayons de lumière lorsqu'il y a des vagues..... 39
16. Raz de marée à Acapulco................ 45
17. Falaise battue par la vague............... 48
18. Falaise méditerranéenne................ 49
19. Falaise de l'Océan.................. 49
20. Roches percées à jour................. 51
21. Coupe de la mer et du fond sur le trajet des icebergs allant du Grœnland à Terre-Neuve................ 55
22. Origine des sources sous-marines............. 59
23. Poulpe..................... 64
24. Soles et limandes.................. 65
25. Hippocampe.................... 71
26. Attaque des harengs par les thons............. 77
27. Combat d'un espadon et d'une baleine............ 87
28. Pêcheur de perles attaqué par un poisson-scie......... 90
29. Combat d'un matelot et d'un requin............. 91
30. Turbots..................... 95

31. Crabe enragé. 96
32. Bernard-l'ermite. 99
33. Pêche des éponges sur la côte de Syrie............. 105
34. Polypes du corail épanouis à des degrés divers..... 109
35. Branche de corail dont les polypes sont rentrés.... 110
36. Tubipore-musique................................. 111
37. Hydre de Trembley................................ 115
38. Virgulaire. 116
39. Pennatule épineuse............................... 117
40. Vérétille cynomaire.............................. 117
41. Spicules du corail............................... 119
42. Pêche du corail.................................. 121
43. Gorgone éventail (partie grossie)................. 125
44. Gorgone verticillaire (partie grossie)............ 126
45. Gorgone verticillaire............................ 127
46. Gorgone éventail................................. 128
47. Dendrophyllie en arbre (une branche garnie de polypes, deux branches dont les polypes sont morts).............. 129
48. Caryophyllie gobelet............................. 130
49. Astrée punctifère................................ 131
50. Madrépore plantain............................... 132
51. Dendrophyllie en arbre........................... 133
52. Oculine flabelliforme............................ 134
53. Oculine vierge................................... 135
54. Méandrine cérébriforme........................... 136
55. Millépore corne d'élan........................... 137
56. Fongie agariciforme.............................. 138
57. Pholades dans le gneiss.......................... 140
58. Infusoires trouvés au fond de la mer (vus au microscope)..... 144
59. Œufs de squales suspendus à des algues........... 153
60. Drague employée à pêcher les huîtres............. 178
61. Pêche des huîtres perlières...................... 179
62. Plongeurs malais pêchant le trépang.............. 185
63. Plongeurs munis d'appareils Rouquayrol-Denayrouze. 190
64. Plongeurs trouvant une caisse d'or dans le vieux port de Marseille. 195
65. Sauvetage des navires russes à Sébastopol par Gowan.... 197
66. Radoubage de la cale d'un navire en marche....... 201
67. Lancement de blocs artificiels................... 207
68. Coupe verticale de la digue de Cherbourg......... 208
69. Cloche à plongeur................................ 209
70. Appareil à air comprimé.......................... 211
71. Hydrostat sous-marin............................. 215
72. Navire sous-marin de Villeroy.................... 216
73. Dégagement d'une passe........................... 218
74. Coupe d'une mine d'étain du comté de Cornouailles (Angleterre), d'après M. Simonin................................ 220
75. Vue et coupe du détroit de Gibraltar à l'époque de Pline et coupe du détroit actuel................................ 232
76. Paysage sous-marin en Zélande.................... 234
77. Volcan sous-marin en éruption.................... 239
78. Éruption sous-marine aux Açores.................. 244
79. Naissance d'une île près d'Umnak................. 247

TABLE DES GRAVURES.   515

80. Éruption du Timboro en 1821.................. 249
81. Carte de l'Europe après un affaissement du sol de 160 mètres. . . 257
82. Paris sous les eaux...................... 259
83. Delta du Gange........................ 272
84. Delta du Nil......................... 274
85. Embouchure du Danube (branche de Kilia)............ 275
86. Vue du Mississipi à son embouchure............... 281
87. Embouchure du Mississipi................... 285
88. Village enseveli sous les dunes................. 289
89. Glaces flottantes....................... 291
90. Atoll d'Elbon........................ 298
91. Keys de la Floride...................... 302
92. Câble télégraphique au fond de la mer.............. 509

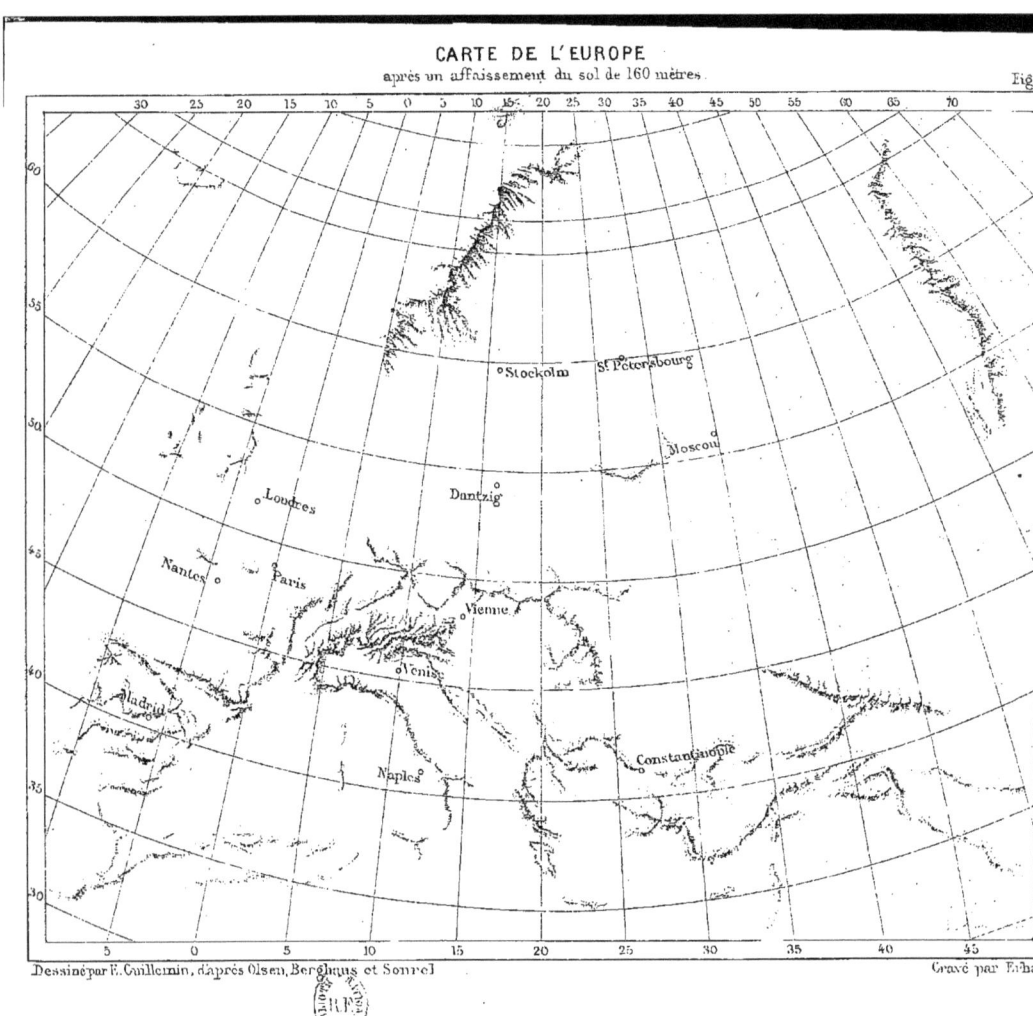

TABLE DES MATIÈRES

INTRODUCTION..................................

LE FOND ACTUEL DE LA MER

OROGRAPHIE SOUS-MARINE.

Sondes. — Sonde de Brooke....................	1
Appareil de M. de Tessan pour la mesure des profondeurs........	5
Construction des cartes et des coupes du sol sous-marin. — État peu avancé de la question. — Initiative de Maury............	6
Analogie entre le relief des continents et celui du fond de la mer. — Coupe équatoriale de la terre...................	12
Océan Atlantique septentrional. — Carte de Maury...........	17
Méditerranée et mer Noire. — Carte de Böttger............	22
Baltique. — Mer du Nord. — Pas-de-Calais. — Manche. — Golfe de Gascogne...........................	27

L'EAU DE MER.

Composition de l'eau de mer. — Variation dans sa salure........	30
Couleur de l'eau de mer. — Phosphorescence. — Influence exercée sur cette couleur par les matières tenues en suspension, par le fond de la mer par l'agitation de l'eau...................	34
Mesure de la température du fond de la mer.............	39
Diminution de la température de la mer à mesure qu'on s'éloigne de sa surface. — Irrégularités introduites dans cette loi par les courants sous-marins. — Température constante et uniforme du fond de l'Océan. — Causes principales des courants sous-marins.......	41

DÉPOTS EN VOIE DE FORMATION AU FOND DES MERS.

Universalité du travail de sédimentation. — Coup d'œil général sur le mécanisme de la sédimentation. — Action des vagues sur les rivages.	47
Dépôts de haute mer et dépôts côtiers. — Importance en géologie des dépôts côtiers pour reconnaître les limites des anciennes mers. — Dépôts des mers françaises....................	50
Charriage des roches par les glaces flottantes.............	54
Eau d'origine terrestre. — Entonnoirs. — Ayeü. — Katavotron. — Sink-holes. — Geysers, — Sources sous-marines, — Dépôts geysériens. — Couches oolithiques........................	56

VIE SOUS-MARINE.

Exhubérance de la vie dans les profondeurs de l'Océan. — Tableau des mers tropicales. — La vie dans les mers tempérées et dans les mers froides. — Illumination naturelle des obscurs abîmes océaniques. . 65
Animaux voyageurs. — Des nids au fond de la mer. — Pêches. 75
Luttes terribles des monstres marins.—Massacre des faibles par les forts. 85
Forêts animées. — Animaux-pierres. 101
Éponges. 105
Polypes. — Leur structure générale. — La reproduction des polypes. — Vie végétative du polype. — Polypier. — Deux grandes classes de polypes, d'après la manière dont se forme le polypier. — Tubipore-musique. 107
Hydre, types des polypes hydraires. — Propriétés extraordinaires des hydres découvertes par Trembley. — Polypes hydraires marins. . . 111
Actinies. — Anémones de mer. — Orties de mer. 118
Corail. — Vertu miraculeuse attribuée au corail par les anciens. — Corail pierre. — Corail plante. — Marsigli découvre les fleurs du corail. — Peyssonnel découvre la vraie nature du corail. — Travaux de M. Lacaze-Duthiers. 119
Le corail ne se trouve que dans la Méditerranée. — Diverses espèces de coraux. — Pêches du corail. — Antipathe, appelé vulgairement corail noir. 123
Gorgones des anciens. — Leur nature animale est découverte par Peyssonnel, Trembley et Bernard de Jussieu. — Gorgone éventail. — Les gorgones sont cosmopolites. 124
Les plus actifs constructeurs sous-marins. — Astroïdes. — Caryophyllies. — Madrépore plantain. — Dendrophyllies. — Oculine, ou corail blanc. — Méandrines. — Fongies. — Porites. — Millépores. 129
Les forçats de la mer. — Les géants et les pygmées de la création. — Les suceurs. — Quelques croyances fabuleuses. — Les poissons chanteurs. 139
Algues. — Forêts vierges et prairies sous-marines. — La vie animale fleurit, et la vie végétale ne fleurit pas. — Les algues sont moins répandues que les animaux. — Leur récolte sur les côtes. — La marée vient à notre aide. 151

LES EXPLORATIONS MODERNES.

Expéditions françaises et anglaises pour les sondages océaniques. — Maury. — MM. Fisher, Folin et Périer. — Le *Lightning*. — Le *Porcupine*. — Le *Challenger*. 157

L'HOMME ET SES TRAVAUX AU FOND DE LA MER.

L'empire des mers est fermé à l'homme. — Tentatives multipliées pour pénétrer sous les eaux. — Perturbations qu'apporterait dans l'ordre social actuel la possibilité de voyager sous l'eau. — La surface de la mer est le lien des nations. 177
Exploration du fond de la mer — Scaphandre. — Homme plongeur de Rouquayrol, et Denayrouze. — Éclairage électrique sous-marin. — Sauvetage d'objets tombés à la mer. — Une caisse d'or retrouvée en quelques heures dans la vase du vieux port de Marseille. 188

TABLE DES MATIÈRES.

Sauvetage des navires russes à Sébastopol par Gowau.......... 196
Radoubage des navires effectué sans les sortir de l'eau, et même en marche... 200
Les sensations du plongeur.—Profondeur à laquelle il peut descendre. 202
Extrême difficulté que présentent les travaux sous-marins. — Fondations sous-marines. — Blocs artificiels fabriqués sur place..... 206
Cloches à plongeurs. — Appareils fixes à air comprimé......... 209
Hydrostat sous-marin de Payerne......................... 212
Navire sous-marin de l'ingénieur français Villeroy............. 215
Emploi des torpilles pour dégager les passes et l'entrée des ports... 217
Mines anglaises au-dessous de l'Océan..................... 220

VARIATIONS DU FOND DES MERS

GÉNÉRALITÉ DES CHANGEMENTS DU FOND DES MERS.

Extension des mouvements de l'écorce terrestre. — Travail incessant de la nature. — Le refroidissement lent de la terre a plissé et brisé son écorce, de manière à lui donner sa forme actuelle........ 225
Rivage. — Sa fixité apparente. — On trouve presque partout des traces du séjour de l'Océan.................................. 229
Élargissement progressif du détroit de Gibraltar depuis les temps historiques. — Anciennes colonnes d'Hercule disparues sous les eaux. — Descriptions d'Avienus, de Pline et de Pomponius Mella. — Mellaria, Carteya, Belon, sous les eaux. — Autres exemples de villes et d'îles submergées, de montagnes séparées violemment du continent.... 231
La quantité d'eau qui recouvre la terre est sensiblement constante — A un soulèvement en un point correspond un affaissement en un autre. — Opinion d'Aristote sur les déluges grecs. — La terre finirait par se dessécher en se refroidissant......................... 235

MOUVEMENTS BRUSQUES DU SOL SOUS-MARIN.

Les tremblements de terre déforment le lit de l'Océan. — Volcans sous-marins... 238
Archipel grec. — Délos et Rhodes sorties des flots. — Accroissements successifs de l'archipel de Santorin...................... 239
Açores. — Naissance et disparition d'îles à la suite de tremblements de terre. — Ile éphémère de Sabrina........................ 243
Volcan sous-marin au milieu de l'Atlantique................. 245
Éruptions sous-marines près du Kamtchatka. — Islande. — Mer enflammée, apparition d'une île près de Reikianess. — Ile de fer sortie de l'Océan près des îles Aléoutiennes.................... 246
Le fond de la mer subit le contre-coup des phénomènes volcaniques terrestres... 248
Produits des volcans sous-marins. — Comment ils diffèrent des produits des volcans sous-aériens............................ 250
Fond de la mer amené au jour à la suite d'éruptions de volcans sous-marins... 253

MOUVEMENTS LENTS DU FOND DE LA MER.

Comment peut-on les constater? — Modifications qu'apporterait à la carte d'Europe un affaissement lent de 10 mètres par siècle. — Paris sous les eaux.—Nouvelle carte d'Europe dans le cas où le niveau de la mer se serait élevé de 166 mètres.—Toulouse et Vienne ports de mer. Anciennes limites de la mer Noire. — Dessèchement des steppes russes. Oscillations du sol dans l'hémisphère boréal. —Pli d'affaissement dans le nord de l'Europe et de l'Amérique. — Exhaussement des régions voisines du pôle. — Mouvement de bascule de la Suède. . . . . . .

Exhaussement du Spitzberg. — Affaissement de la côte occidentale et exhaussement de la côte orientale du Groënland.—Submersion lente des forêts du Labrador et de la Nouvelle-Écosse. —Constructions romaines englouties dans les Pays-Bas. — Naissance du Zuyderzée. — Insuffisance pour l'avenir des digues hollandaises.—La vallée de la Somme et les côtes de Normandie suivent le mouvement des Pays-Bas.

Deux grandes zones d'affaissement dans l'hémisphère sud. — Elles sont séparées par une zone de soulèvement. — L'affaissement dure aux îles Fidji depuis 300 000 ans.. . . . .

ACTION DES FLEUVES ET DES COURANTS SUR LE FOND DE LA MER.

Ensablement des ports. — Deltas. — La marée ronge les deltas. — Les courants marins favorisent et contrarient leur formation suivant les cas. — Les deltas se forment dans les mers peu profondes. — Croissance rapide du delta du Pô due aux défrichements des revers méridionaux des Alpes et à l'endiguement de ses rives.. . . . .

L'Égypte, dit Hérodote, est un présent du Nil. . . . .

Description du delta du Mississipi. — Un village à l'ancre. — Navires perdus dans les sables et la vase du fleuve. . . . .

Énorme progression des deltas du Pô, du Mississipi. — Delta du Nil avancé de 12 kilomètres depuis les temps historiques. — Rhône. . 2

Appareil littoral, — Cordon littoral. — Lagunes, étangs maritimes. — Lagunes repoussées par les dunes dans l'intérieur des terres, en Gascogne. — Villages enfouis sous les dunes en Bretagne près de Saint-Pol-de-Léon, et en Gascogne. — Bordeaux menacé.. 2

Glaces flottantes. — Hivernage aux pôles.. 2

INFLUENCE DE LA VIE SUR LES VARIATIONS DU LIT DE L'OCÉAN.

Formation des récifs de coraux, limite de leur accroissement. — Conditions favorables à leur développement. 2

La vie et la nature inanimées. — Les polypes du corail meurent dans le calme des eaux profondes.—Comment explique-t-on la formation des épais récifs de l'océan Pacifique ? — Récifs côtiers. — Récifs frangés. — Récifs-barrières d'Australie. — Comment le récif devient une île. — Atolls. . . . .

Lenteur de l'accroissement des récifs des coraux. — Keys de la Floride. — Destruction d'îles de corail pendant une tempête, en janvier 1865. — Régions où l'on rencontre les récifs coralligènes.. . . . 3

Algues.—Forêts et prairies sous-marines. — Algues flottantes des mers de Sargasse. — Accroissement des côtes par le rhizophora mangle..

Petitesse de l'homme devant l'océan. 3

Table des gravures. 3

24382. — Typ. A. Laure, 9, rue de Fleurus, à Paris.

BIBLIOTHÈQUE DES MERVEILLES

à 2 fr. 25 c. le volume in-18 jésus
La reliure percaline, tranches rouges, se paye en sus 1 fr. 25 c.

Augé de Lassus. *Voyage aux Sept Merveilles du monde.* 21 vign.
Badin (A.). *Grottes et cavernes.* 55 vign.
Baille (J.). *L'électricité.* 71 vignettes.
Bernard (Frédéric). *Les évasions célèbres.* 25 vignettes.
— *Les fêtes célèbres.* 25 vign.
Bocquillon (H.). *La vie des plantes.* 172 v.
Brévans (de). *La migration des oiseaux.* 40 vign.
Castel (A.). *Les tapisseries.* 22 vign.
Cazin (A.). *La chaleur.* 92 vignettes.
— *Les forces physiques.* 58 vign.
— *L'étincelle électrique.* 76 vign.
Collignon. *Les machines.* 82 vignettes.
Colomb. *La musique.* 109 vign.
Deharme (E.). *La locomotion.* 77 vign.
Deherrypon (M.). *Les merveilles de la chimie.* 84 vignettes.
Depping (G.). *Les merveilles de la force et de l'adresse.* 69 vignettes.
Dieulafait (L.). *Les diamants et pierres précieuses.* 150 vignettes.
Du Moncel. *Le Téléphone, etc.* 67 vign.
Duplessis (G.). *Les merveilles de la gravure.* 54 reproductions.
Flammarion (C.). *Les merveilles célestes.* 81 vignettes et 2 planches.
Fonvielle (W.). *Les merveilles du monde invisible.* 120 vig.
— *Éclairs et tonnerre.* 39 vign.
Garnier (J.). *Le fer.* 70 vignettes.
Girard (J.). *Les plantes étudiées au microscope.* 209 vignettes.
Girard (M.). *Les métamorphoses des insectes.* 518 vignettes.
Guillemin (A.). *Les chemins de fer.* 125 v.
— *La vapeur.* 95 vignettes.
Hélène (Maxime). *Galeries souterraines.* 66 vignettes.
— *La poudre à canon.* 44 vign.
Jacquemart (A.). *La céramique.* 1re partie (Orient). 55 vign.
— *La céramique.* 2e partie (Occident). 221 v.
— *La céramique.* 3e partie (Occident). 49 vign.
Joly (H.). *L'imagination.* 4 eaux-fortes.
Lacombe (P.). *Les armes et les armures.* 60 vignettes.
Landrin (A.). *Les plages de la France.* 107 vignettes.
— *Les monstres marins.* 66 v.
Lanoye (Ferdinand de). *L'homme sauvage.* 55 vignettes.
Lasteyrie (F. de). *L'orfèvrerie.* 63 vig.
Lefèvre (A.). *Les merveilles de l'architecture.* 60 vignettes.
— *Les parcs et les jardins.* 29 vig.
Le Pileur (Dr). *Les merveilles du corps humain.* 45 vignettes.
Lesbazeilles (E.). *Les colosses anciens et modernes.* 55 vignettes.
Lévêque (Ch.). *Les harmonies providentielles.* 4 eaux-fortes.
Marion (F.). *Les merveilles de l'optique.* 68 vignettes.
— *Les ballons et les voyages aériens.* 30 vignettes.
— *Les merveilles de la végétation.* 45 vignettes.
Marzy (F.). *L'hydraulique.* 59 vignettes.
Masson (M.). *Le dévouement.* 14 vignettes.
Menault (E.). *L'intelligence des animaux.* 58 vignettes.
— *L'amour maternel chez les animaux.* 78 vignettes.
Meunier (V.). *Les grandes chasses.* 58 vignettes.
— *Les grandes pêches.* 85 vign.
Millet. *Les merveilles des fleuves et des ruisseaux.* 66 vignettes.
Moitessier. *L'air.* 95 vignettes.
— *La lumière.* 121 vignettes.
Moynet. *L'envers du théâtre.* 60 vign.
Radau (R.). *L'acoustique.* 116 vignettes.
— *Le magnétisme.* 104 vign.
Renard (L.). *Les phares.* 38 vignettes.
— *L'art naval.* 52 vign.
Renaud (A.). *L'héroïsme.* 15 vignettes.
Reynaud (J.). *Les minéraux usuels.* 5 pl.
Sauzay (A.). *La verrerie.* 66 vignettes.
Simonin (L.). *Le monde souterrain.* 18 v. et 9 cartes.
— *L'or et l'argent.* 67 vign.
Sonrel (L.). *Le fond de la mer.* 95 vign.
Tissandier (G.). *Les merveilles de l'eau.* 77 vign. et 6 cartes.
— *La houille.* 66 vign.
— *La photographie.* 76 vig.
— *Les fossiles.* 135 vign.
Viardot (L.). *La peinture.* 1re série. 24 v.
— *La peinture.* 2e série. 11 v.
— *La sculpture.* 62 vignettes.
Zurcher et Margollé. *Les ascensions célèbres.* 39 v.
— *Les glaciers.* 45 vign.
— *Les météores.* 23 vign.
— *Les naufrages célèbres.* 50 vig.
— *Volcans et tremblements de terre.* 61 vig.
— *Trombes et cyclones.* 42 vig.

24718 — Typographie A. Lahure, rue de Fleurus, 9, à Paris.

www.ingramcontent.com/pod-product-compliance
Lightning Source LLC
Chambersburg PA
CBHW060330170426
43202CB00014B/2735